Ruth Pfau

Die Schönheit des Helfens

Ruth Pfau

Die Schönheit des Helfens

Ärztin, Nonne, Powerfrau –
ein verrücktes Leben

Mit einem Nachwort
herausgegeben von Rudolf Walter

HERDER

FREIBURG · BASEL · WIEN

Originalausgabe
© Verlag Herder GmbH, Freiburg im Breisgau 2018
www.herder.de
Alle Rechte vorbehalten

Diese Ausgabe enthält u. a. Teile folgender Bücher von Ruth Pfau:
Wenn du deine große Liebe triffst. Das Geheimnis meines Lebens,
hrsg. von Rudolf Walter, 1985; Wohin die Liebe führt. Afghanisches
Abenteuer, hrsg. von Rudolf Walter, 1995; Das Herz hat seine Gründe.
Mein Weg, hrsg von Rudolf Walter, 4. Auflage 2003: © alle Verlag Herder.

Satz: Barbara Herrmann, Freiburg
Herstellung: CPI books GmbH, Leck
Printed in Germany

ISBN 978-3-451-38148-5

Inhalt

»*Es ist schön, ein hungerndes Kind zu sättigen.*«
(Heinrich Böll)

»*Helfen heißt: Leben ermöglichen. Aber auch: Dasein für andere, selbst wenn es keine konkreten Lösungen gibt.*«
(Ruth Pfau)

»*Um zu lieben, muss man die Schönheit des anderen entdeckt haben. Und irgendetwas Schönes, Kostbares ist in jedem Menschen, vielleicht auch nur etwas Tragisches, aber immer etwas, was ich doch lieben kann.*«
(Ruth Pfau)

Worum es geht

Plötzlich musste ich wieder an die Care-Pakete der deutschen Nachkriegszeit denken. Mitten in Purali – diesem Dürre- und Hungergebiet im Norden Pakistans, einer Gegend, die ich noch aus der Zeit kenne, als wir Monsunregen hatten. *Care-Pakete* – diese völlig lächerlichen, hilflosen, man könnte fast denken: verletzenden Gesten, weil sie so völlig an der Realität vorbeigingen. Gesten aus einem Land, dessen Menschen sich nur vorstellen konnten, dass die Kinder in Deutschland die Schokolade vermissen, und wir wollten *Brot, schlichtweg Brot –*.

Und trotzdem: welch ein Festtag, wenn wir ein Care-Paket bekamen! Ein *Care-Paket*.

Jetzt in Purali stand ich in der Tür des Lehmverschlags und kämpfte mit den Tränen. Der Bub hatte mir diese Kekspackung, die ich ihm hingehalten hatte, sechs Kekse in leuchtendem Stanniol, aus den Händen gerissen und war in wilder Flucht davongerannt, in seinem verschlissenen Hemd. Ich hatte ihn am Tag vorher noch untersucht, Haut und Knochen –.

Sechs Kekse. Ein Care-Paket.

Diese Sache mit der Kekspackung und dem Buben verfolgt mich bis heute. Er starrte auf das glitzernde Päckchen – eine Mischung aus Schrecken, Unglauben, Gier in den großen dunklen Augen –, dann griff er zu, hastig, erregt. Schloss das Päckchen in seine Arme und rannte davon. Und ließ mich, den Tränen nah, zurück.

Mein Erlebnis mit dem kleinen Jungen in Purali war nur eine winzige Geste. Aber kann – oder sollte man überhaupt etwas *sagen*, nach all dem, was passiert ist, und bei all dem Schrecklichen, das immer noch passiert? Muss man nicht eher da, wo man ist, versuchen, irgendetwas zu *tun*? Irgendetwas, sinnvoll oder nicht. Diese lähmende Hilflosigkeit durchbrechen, irgendein Zeichen, irgendeine Geste setzen – eine unsinnige Geste, aber doch eine Geste? Die zeigt, dass man *da* ist, dass man *mit* den Menschen fühlt und den Frieden *leben* will?

Darum geht es.

Aufbruch und Begegnung

Zusehen ist schwerer

Eigentlich wollte ich nicht nach Pakistan. Der Orden hatte mich gebeten, nach Indien zu gehen. Ich hatte zugestimmt. Das Visum verzögerte sich: 10, 12, ja 18 Monate. Dann ergab sich die Möglichkeit, vielleicht über Pakistan doch das ersehnte Ziel zu erreichen. Gleichzeitig hatte auch Pakistan eine Ärztin angefordert. So flog ich ab.

Dass ich damals überhaupt ins Ausland ging, hing auch mit der Situation in Deutschland zusammen. Das Wirtschaftswunder lag in der Luft, aber es war noch nicht ausgebrochen. Gegen mehr Wohlstand und Normalisierung hätte ich nichts gehabt. Damals gab es aber schon ausführliche Informationen über die Dritte Welt. Ich erfuhr, wie die Ungleichheit wuchs. Der Gedanke, dass es Völker gab, für die die Nachkriegszeit mit ihrem Hunger, mit der Obdachlosigkeit, ihren kalten Nächten nicht schreckliche Durchgangsphase war, sondern Dauerzustand, Armut ohne Entrinnen, das entsetzte mich. Ich wollte hin. Und wenn ich es nicht ändern könnte, so wollte ich es wenigstens teilen. Nichts zu tun, das schien mir unerträglich.

Es gibt ein Buch: »Gehenna«. Das habe ich als Kind gelesen. Wer es geschrieben hat, weiß ich nicht. Auch seinen Inhalt habe ich als Zwölfjährige nicht verstanden. Meine Eltern hatten mir die Lektüre verboten. Der Schluss aber ist mir unvergesslich eingeprägt. Es ging um ein Gefangenenlager. Einer aus der Wachmannschaft hatte die Qualen der Häftlinge nicht länger ansehen können. Eines Tages war er verschwunden. Monate später wurde sein Kamerad ins Lager kommandiert, einen Sterbenden abzukarren. Entsetzt erkannte er in dem abgemagerten Skelett seinen Freund. Der sagte ihm, sinngemäß: »Es ist viel schwerer, danebenzustehen und zuzusehen, als dabei zu sein und mitzuleiden.«

Opel oder Käfer?

Ich konnte die Deutschen damals nicht verstehen. Es war die Zeit, als sie glaubten, alles nachholen zu müssen, was sie entbehrt hatten. Die Zeit der Fresswelle, als man in sich hineinstopfte, was es vorher nicht gab. Für Nachholbedürfnis hatte ich Verständnis. Nicht aber für diese Übertreibung. Ein Kind, dem man ein angelutschtes Bonbon aus dem Mund nimmt, wird natürlich greinen und versuchen, ein anderes zu bekommen. Aber wenn jemand mehrere gelutscht hat, warum muss er sich dann unbedingt den Magen verderben? Damals herrschte offensichtlich dieses Bedürfnis, sich den Magen zu verderben. Dieser Nachholdrang war mir zu selbstbezogen, zu egoistisch. Zudem verstand ich nicht, welches Vergnügen im Völlegefühl liegen sollte.

Ich erinnere mich. Wir saßen im Ärztekasino, ich hatte gerade meinen Führerschein gemacht. Wir unterhielten uns, welche Kiste wir kaufen würden. Den Käfer? Orangefarben oder taubengrau? Oder doch besser einen Opel? Plötzlich dachte ich: Wenn das der Sinn des Lebens ist. Verdienen. Auto kaufen. Verdienen. Auto wechseln … Am Abend rief ich meine Provinzialin an: Ich wolle raus. Bald, möglichst sofort. Nach Asien – wo man am Tag von einer Handvoll Reis lebt.

Eine, die auszog, die Armut zu finden

Und so war ich jetzt nach langer, zermürbender Wartezeit unterwegs. Auf der Flucht. Vor der Konsumspirale, die mich langweilte. Vor der Sinnlosigkeit, die mir unerträglich war. Unterwegs nach Pakistan.

Nie werde ich jene erste Ankunft in Karachi vergessen. Ich war vorher noch nie geflogen. Welch ein herrliches und abenteuerliches Gefühl an jenem strahlend blauen Märzmorgen, als wir von Paris-Orly abhoben. Mit einem Aufenthalt in Rom, nach einem traumhaften Flug. Ich hätte ihn vor lauter Glückseligkeit beinahe nicht lebend überstanden. Die Lorbeerbäume blühten und die ersten Rosen. Ich schwelgte in Gold und Herrlichkeit und in der strengen Schönheit des antiken Rom.

Dann der endgültige Abschied von Europa. Ich bin weggefahren mit dem Entschluss, nie wiederzukehren, mich völlig zu »indisieren«. Eine, die auszog, die Armut zu finden. Und ich erinnere mich noch an die große Enttäuschung, als man die erste Mahlzeit im Flugzeug servierte: ein üppiges Menü in vielen Gängen. Dann Zwischenlandung in Teheran, nach einem stürmischen Flug, in einer dieser kleinen Maschinen. Es wurde ein Flug nach Frankfurt aufgerufen. Ich wünschte mir nichts sehnlicher, als mitfliegen zu können. Dann zwischen Teheran und Karachi nur Wüste. Stundenlang nur Wüste: eintönig grau, unwirklich und fantastisch. Schattierungen und Formationen wie der Marmor in St. Peter. Manchmal eine Oase. Allerdings anders als die Oasen meiner Kindheitsträume. Ein paar staubige Lehmhütten unter wenigen schäbigen Kokospalmen. Sonst Öde, Einöde, Verlassenheit. Nach stundenlangem, wirklich stundenlangem Wüstenflug dann plötzlich die Ankündigung durch das Bordmikrofon: »In ein paar Minuten werden wir in Karachi landen. Bitte anschnallen. Die Zigaretten löschen.« Unten ein paar Baracken im grauen Wüstensand. Ein paar kahle Hügel, am Horizont das Meer.

Da überfiel es mich in plötzlichem Entsetzen: In welchem Anflug geistiger Umnachtung hatte ich mich freiwillig in diese verlassene Einöde gemeldet. Es war März damals und sehr heiß in Karachi, als ich im Wintermantel ausstieg. Ich war ziemlich flugkrank und hatte, bis die Messe in unserer Kommunität um 6.00 Uhr war, gut und gerne seit 24 Stunden nichts mehr im Magen. Nicht einmal einen Tee erhielt ich. Man durfte damals ja nichts essen, wenn man zur Kommunion ging. Das Zimmer, das mir zugewiesen wurde, besaß nur eine halbe Wand. Auf der anderen Seite wohnten die Mädchen. Das Radio dröhnte in einer solchen Lautstärke, dass ich mit meinem Koffer auszog. Sicher war ich nicht nur total übermüdet, ich hatte bestimmt auch niedrigen Blutzucker. Ich dachte: So sollte man einen jungen Menschen in einem fremden Land nicht empfangen. Und: Hier bleibe ich nicht.

Der Morgen, der alles entschied

Mein erster Eindruck von der Kommunität war: Morgens wurde unterrichtet. Nachmittags wusch und bügelte man seine Kleider. Es dauerte etwa drei Wochen, bis ich mich auf Englisch verständlich machen konnte. Dann ging ich mit Berenice, einer mexikanischen Mitschwester, die Französisch sprach und Apothekerin war, in die Slums. Mit ihr verstand ich mich sofort. Berenice leitete vormittags einen Kindergarten für die Oberschicht. Davon lebte die Kommunität weitgehend. Nachmittags war sie in diesem Aussätzigencamp. Sie nahm mich eines Morgens mit. Es war der Morgen, der alles entschieden, der alles verändert hat. Das Lager in der McLeod Road, in das sie mich nach Wochen zum ersten Mal mitnahm, war eine illegale Ansammlung von Elendshütten. Eines der verrufensten Viertel der Hafenstadt Karachi. In der Nähe des Hauptbahnhofs, in unmittelbarer Nachbarschaft einer der modernsten und verkehrsreichsten Straßen Karachis. Hier vegetierten die Ärmsten der Armen, die aussätzigen Bettler. In Hütten aus alten Pappkartons, Bambusstöcke mit darübergehängten Säcken. Manche aus ein paar verschlissenen Bambusmatten zusammengebaut. Aber auch die hielten den Regen nicht ab. Und dahinter dieses Elend. Dieses klag- und hoffnungslose Elend: gefühllose Glieder, die nachts die Ratten anfraßen. Schmutz und Ungeziefer. Haschisch, Schlägereien. Etwa 150 Leprapatienten lebten hier, in unvorstellbarem Schmutz. Unvorstellbar, wirklich. Selbst unter den Bedingungen von Karachi, wo rund 80 Prozent aller Leute in menschenunwürdigen Verhältnissen leben. Man stelle sich vor: mitten in der Stadt, aber in einer Senke, die sich zur Regenzeit knietief mit den Abwässern der Stadt füllte, sodass sich das Lager in einen stinkenden See verwandelte. Das Wasser musste gekauft und in die Hütten getragen werden.

Heute klingt alles wie eine billige Reportage. Aber damals war das Wirklichkeit. Greif-, riech-, fühl- und hörbare Wirklichkeit.

Wie wenn man seine große Liebe trifft

Hier also war das Marie-Adelaide-Leprosy-Center, 1957 von einer französischen Sozialfürsorgerin gegründet. Sie gehörte unserem Orden an. Daher auch die Benennung nach unserer Ordensgründerin. Aus allen Teilen der Stadt suchten sie hier Hilfe und Behandlung. Und das war das »Dispensary«, der Behandlungsraum: aus alten Holzkisten zusammengenagelt, ohne Elektrizität, ohne Wasser. Nur zwei winzige Fenster. Der Raum vollgestopft mit Patienten, die sich auf den wenigen Quadratmetern drängten. Dann unerträgliche Hitze, Gestank, Lärm. Asien ist ja ein ohrenbetäubend lauter Kontinent. Und Fliegen, überall Fliegen.

Was mich aber damals noch mehr erschüttert hat, das war dieser eine Patient. Nicht älter als ich, noch keine 30: Mohammed Hassan. Er kam aus dem Norden Pakistans, aus den Bergen. Und er kroch, auf Händen und Füßen, in den Bretterverschlag. Auf allen vieren, wie ein Hund. Vielleicht hätte mich das noch nicht so aufgebracht. Aber dann dies: Seine Mitpatienten traten gleichmütig zur Seite, keiner regte sich auf. So, als sei das eine Selbstverständlichkeit. Etwas, wogegen sich aufzulehnen keinen Sinn hat: dass ein Mensch so auf Händen und Füßen durch Staub und Schmutz kriechen müsse. Und auch das hätte vielleicht noch nicht den letzten Anstoß gegeben, wenn Mohammed Hassan es selbst nicht so gleichmütig hingenommen hätte. In seiner Stimme lag nur dumpfe Resignation. So, als könne es gar nicht anders sein.

Er hatte auch nur ein, ein einziges Leben zu leben! Ein Leben so wie ich!

Dieses Ja zur Entwürdigung hat mich fast betäubt. Dass diese Menschen dachten, ihr Zustand sei normal. Dass sie sich mit dieser Furchtbarkeit abgefunden hatten, die für mich das Äußerste an menschlicher Degradierung bedeutete. Wenn sie darunter gelitten hätten, hätte ich irgendwo noch einen Zugang gefunden. Wir im Nachkriegsdeutschland hatten wenigstens gesagt: Das kann nicht so weitergehen! Hier sagte keiner: Das kann nicht so weitergehen. Ich habe seltene, seltene Anfälle von Jähzorn, Momente, in denen ich nicht mehr Herr meiner selbst bin. »Das Böse anspringen«, hat der heilige Thomas gesagt. Ich wusste plötzlich: Hier, hier musste es geschehen. Wie? – Gleichgültig. Jetzt! »Berenice«, sagte ich mit unterdrückter Erregung, »Berenice, das kann nicht so weitergehen – etwas – irgendetwas werden wir tun –.« Blitzartig liefen in diesen Minuten die Fäden meines Lebens zusammen. Es war, wie wenn man seine große Liebe trifft: ein und für allemal. Dies war nun entschieden und galt für immer. Und alles andere war nur das Ergebnis jenes Augenblickes im Bretterverschlag von McLeod Road.

Wie ein Hund auf der Straße

Es gibt keinen Ort der Welt, wo das Elend so zusammengeballt ist wie in diesem Lepraviertel. Ich glaube, jeder – jeder, der dieses Elend gesehen hätte, mit einem medizinischen Staatsexamen so wie ich, jeder hätte das Gleiche getan.

Man kann nicht einfach danebenstehen, wenn Menschen, die wie wir ein Recht auf Würde und Glück haben, wenn Menschen einfach in Dreck und Krankheit verkommen, wie ein Hund auf der Straße. Ich hatte keine andere Wahl. Ich musste mich auf die Seite dieser getretenen und ausgestoßenen Menschen stellen. Vielleicht war es die Erfahrung mit den Juden im Dritten Reich, die in mir dieses leidenschaftliche und schmerzhafte Verlangen nach Gerechtigkeit geweckt hat. Nichts hätte mich davon abhalten können, ihnen zu helfen. Nicht das Misstrauen der Patienten, nicht der Spott meiner Kollegen. Keine öffentlichen Angriffe, ich täte es aus unlauteren Motiven, ich wollte nur missionieren. Es war keine Entscheidung nötig, und gewiss noch viel weniger ein Tugendakt. Es gab keine andere Möglichkeit.

Operation in der Leichenhalle

Ich erinnere mich noch genau an den ersten meiner Patienten, der starb. Wegen einer Nierenkomplikation bei unbehandelter Lepra. Wir wohnten damals nicht im Camp, wir kamen jeden Tag dorthin. Es war ein riesiges Problem für mich, wie die Gruppe der Kranken reagieren, wie sie diesen

Tod bewältigen würde. Ich hatte aber auch keine Hoffnung, bei unseren Mitteln. Auch bei den beschränkten diagnostischen Möglichkeiten. Wie habe ich geheult, als er starb. Als ich dann aber am Morgen ins Camp kam, sagten alle: »So einen schönen Tod ist noch keiner gestorben.« Meine Reaktion war: Wenn dies schon ein Dienst ist, dass einer einen schönen Tod stirbt, dann lässt sich ja etwas machen.

Ich kam jeden Tag. »Operiert« wurde in der Bretterhütte, auf dem Erdboden kniend. Neben mir ein Patient, der mit dem Bambuswedel die Fliegen aus dem Operationsfeld verjagte. Ich war in den modernen, neu gebauten Krankenhäusern Westdeutschlands »groß geworden«. Und ich hätte nie geglaubt, dass ich an jeder Straßenecke fast die gleiche Arbeit leisten könnte wie in einer gefliesten Poliklinik.

Bald operierten wir dann auch in der Leichenhalle des städtischen Krankenhauses. Nicht einmal eine Garage hätte ich in der Stadt bekommen, wo ich meine Aussätzigen hätte hinbringen können: »Ich würde Ihnen ja gerne helfen. Aber Sie müssen einsehen, ich kann meinen Ruf nicht so aufs Spiel setzen, dass ich anfange, mich mit Aussätzigen einzulassen.« Das war die Auskunft, die ich immer wieder erhielt. In die Leichenhalle konnten wir auch nur, weil ich inzwischen jemand kennengelernt hatte, der in der Krankenhausverwaltung mitzuentscheiden hatte.

Stur sein und sich nicht verblüffen lassen

Ich habe gelernt, dass man aus den unmöglichsten Situationen etwas herausschlagen kann – wenn man nur stur ist und sich nicht verblüffen lässt. Obwohl unsere »Armenklinik« eigentlich nur aus Verpackungsmaterial bestand, kein elektrisches Licht und kein fließendes Wasser hatte, betrieb ich Medizin und nicht Kurpfuscherei. Mit Laboruntersuchungen und

Röntgenaufnahmen. Ich war sogar in Kontakt mit Fachkliniken. Das Verbandsmaterial war aus Betttüchern gerissen und zu Binden aufgewickelt. Und bald bekamen wir dann auch aus Deutschland Medikamentenspenden, vornehmlich Antibiotika, Cortison, Vitamine, Leberpräparate, und auch Infusionslösungen für die jämmerlich dünnen Babys.

Aus Bambusstäben und zusammengebauten Säcken bauten wir vor dem Dispensary ein »Sonnendach« auf. Die Patientenzahl stieg bereits im Jahr 1962 auf über 900. Die Praxis hatte immer noch eine Größe von 8 m auf 8 m. In einer Ecke wurden die Medikamente ausgegeben. In einer zweiten Ecke hat Abdul Rehman sein Labor aufgebaut. In der dritten Ecke wurden die Verstümmelungen und Kontrakturen, zu denen eine vernachlässigte Lepra führt, mit Wachsbad, Massage und Übungen behandelt. Die vierte Ecke schließlich diente als Konsultationsraum.

Der große Regen

1961 kam der große Monsunregen. Generationenlang hatte es keinen solchen Regen in Karachi gegeben. In fünf Jahren nicht einen Tropfen. Höchstens einen Schauer zwischendurch, und das nur alle Jahre. In diesem Jahr erlebten wir plötzlich eine richtige Regenzeit. Es regnete so heftig, dass wir sogar in dem Haus, in dem ich wohnte, mit allen verfügbaren Besen bewaffnet das Wasser aus den Wohnräumen herauszuhalten versuchten. Es fließt einfach in breiten Strömen wie ein Wasserfall vom Flachdach die Treppe hinunter und überflutet alles. Aber in unserer Leprakolonie: da stand an einigen Stellen das Wasser hüfthoch – und welch ein Wasser. Vermischt mit all den aufgelösten Abfällen und den Abwässern der Stadt. Die Kanalisation ist in keiner Weise auf Regen eingestellt. An solchen Tagen wird sie einfach überflutet. Wir haben in unserem Praxisraum schon auf den Tischen sitzend gearbeitet, oder knietief in der jauchigen Brühe stehend – zum Glück hatten wir seit Kurzem Gummistiefel. Vorher hatten wir es barfuß getan. So ist die Infektionsgefahr geringer. Die Kranken marschierten mit ihren eiternden Wunden den ganzen Tag durch diesen stinkenden See. Als ich hinkam, packte man mich auf ein altes, klappriges Fahrrad, und dann schoben sie mich, einer vorn und einer hinten, durch die schlammgefüllten Wege bis ins Dispensary – ich hätte meine Kleider bis über Kniehöhe hochraffen müssen. Das kann man in einem so konservativen muslimischen Land nicht tun. Vorher hatte ich allerdings noch ein paar Hüttenbesuche zu machen. Da mir das Rad doch ein bisschen riskant schien, stellten sie einen Hocker in einen der klapprigen Holzkarren, in denen sie die verkrüppelten Leprakranken zum Betteln fahren. Sie schoben mich unter großem Hallo durch die Kolonie. Damals ging seit acht Monaten schon der Streit um einen Krankenhausbauplatz. Und die Kranken lebten immer noch in den Abwässern der Stadt.

Ich lasse so etwas immer nur so weit an mich herankommen, genauer: Ich versuche es, dass es mich genügend aufbringt, um mich trotz aller Widerstände und Enttäuschungen stur an dem Plan festhalten zu lassen. Sonst denke ich möglichst wenig darüber nach, was mir nicht allzu schwerfällt, da ich praktisch den ganzen Tag ohne Pause beschäftigt bin.

Versuch, übers Wasser zu gehen

Leicht war es damals nicht. Hätte mir früher jemand gesagt, ich würde im Monat bis zu 2500 Patienten betreuen, ohne Krankenkasse im Rücken, ich hätte ihn ausgelacht. Zwölf Stunden täglich waren wir in den Behandlungsräumen und hatten doch das Gefühl, dass die Hälfte der Arbeit unerledigt blieb. Im Dezember 1962 hatten sich die monatlichen Konsultationen mithilfe medizinischer Hilfskräfte bereits auf 4500 erhöht.

Manche Arztkollegen fragten mich, wieso ich gerade die dreckigste und schwierigste Aufgabe in Karachi angenommen hatte. Ich war nie eine Frau für große Projekte. Ursprünglich dachte ich an »geistigere« Dinge als an diesen Kampf gegen die nackte Not, gegen Hunger, Schmutz, Ratten, Fliegen, gegen Opium, Schmuggel und Mädchenhandel. Irgendwie liegt aber in diesem offenen Angriff gegen die schreiendste Ungerechtigkeit auch etwas sehr Geistiges. Eine fast rauschhafte Freiheit, völlig unabhängig von Erfolg oder Misserfolg. Diese Freiheit liegt in der Entscheidung, dass man sich hinstellen kann und sagen: Ich sehe nicht mehr länger zu. Als mir das Elend wie eine Welle entgegenschlug – und die Welle wurde höher, als ich anfing, das erste Urdu zu verstehen und zu begreifen, was hier vorging –, da hatte ich gedacht: Es gibt nur zwei Möglichkeiten. Entweder du fährst heim auf dem kürzesten Wege. Oder du steigst aus dem Boot aus und versuchst, übers Wasser zu gehen, und fängst einfach an. Ich kam mir reichlich verrückt vor damals. Heute weiß ich, dass es die einzig logische Antwort auf dieses Elend war. Und dass es der Ansatz für die Antwort auf die Frage ist, die mich nach dem Krieg umgetrieben hat: ob der Mensch wirklich aus der Sinnlosigkeit eines über ihn verhängten Schicksals nicht ausbrechen könnte.

Wenn Wunder geschehen

Das Wunder, mit dem keiner zu rechnen gewagt hatte, ist wirklich geschehen. Wir bekamen 1962 ein kleines, modernes Krankenhaus im Herzen der Stadt. Wir erhielten in der Folge neue Mitarbeiter, die Anerkennung als Ausbildungsinstitut,

Operationstheater, Stationen, Fachärzte, drei fliegende Ambulanzen in den Außenbezirken von Karachi, 2400 eingetragene Patienten und neun neu eröffnete Außenstationen, vom Himalaja bis zur indischen Grenze. Das alles bereits 1966.

Vier Jahre vorher war das alles noch ein wilder Traum gewesen. Als ich in der Bretterhütte operierte, auf dem Erdboden kniend, neben mir ein Patient, der mit dem Bambuswedel die Fliegen aus dem Operationsfeld verjagte. Als ich dachte, es käme nie wieder, dass ich in einem weißen Kittel Visite machen würde. Mit einem Kollegen einen Fall diskutieren. Einen Wasserhahn aufdrehen, über einem Waschbecken mit Seife und Handtuch.

Es ist eine eigene Geschichte, wie wir in dieses zentral gelegene Krankenhaus kamen. Der Besitzer dieses Gebäudes hatte es dem Lepraprojekt gestiftet, und mit Mitteln aus Deutschland war er in harter Währung abgefunden worden. Ein Freund wies mich damals darauf hin, dass es nach pakistanischem Recht außerordentlich schwierig sei, jemanden aus einem Gebäude herauszuklagen, und sehr einfach, eine einstweilige Verfügung zu erwirken, dass jemand nicht einziehen kann. Die Nachbarn würden natürlich gegen ein Leprakrankenhaus protestieren. So weihten wir nur zwei unserer Patienten ein, luden eines Nachts unsere Kistenmöbel aus der Bretterhütte auf einen Eselskarren, karrten ihn ins Krankenhaus und bestellten für morgens um 8 Uhr drei Patienten. Damit waren wir vor dem Gesetz ein etabliertes Krankenhaus. Wir wagten anfangs nicht, Scheiben einzusetzen. Es landete wirklich alles, von Steinen bis zu faulen Eiern und Tomaten. Und es gab auch die Prozesse, bis in die dritte Instanz. Es gab internationale Gutachten. Der Räumungsbefehl war schon auf dem Tisch des Bürgermeisters. Der sah sich unser Haus dann selber an und ist seitdem einer unserer zuverlässigsten Freunde, bis heute.

Bis heute haben wir allen Versuchungen getrotzt, am Stadtrand neu zu bauen. Unser Platz ist, wo die Menschen sind. Und so steht es heute noch im Zentrum von Karachi, auf einem winzigen Grundstück, aber inzwischen schon acht Stockwerke hoch: das Marie-Adelaide-Leprosy-Center. Das Wunder, das kommt, wenn man seine große Liebe trifft.

Mein langer Weg

Wer den Tunnel hinter sich hat

Ich könnte mein Leben heute so erzählen und morgen ganz anders. Es gibt kein abgeschlossenes Bild. Manches ist zugeschneit in der Erinnerung. Vielleicht auch, weil ich über weite Strecken mit geschlossenen Augen gelebt habe. Sicher, ich habe viel getan. Aber ich bin kein Macher-Typ. Ich tue viel, aber ich mache wenig. Die Grunderfahrung meines Lebens ist »Instrumentalität«. Fügung könnte man sagen. Oder Gnade.

Es gab Zeiten, wo ich den Drang verspürte, nach den Sternen zu greifen. Und Momente, wo ich die Sterne sich nur in den Pfützen spiegeln sah. Als ich 1960 zurückkam von einem Weiterbildungslehrgang im paradiesischen Südindien, von Vellour, zurück nach Karachi, in diesen Dreck, dieses Elend, sah ich plötzlich nur noch die Hütten, die Bretter, hörte nur noch den Lärm. Alles war nur noch platter, hässlicher Ausschnitt. Der Mensch kann aber nichts Hässliches lieben, das geht nicht. Die Vorstellung, dies alles plötzlich nicht mehr lieben zu können, hat mich in Panik versetzt. Bis mir ein Lied einfiel, ein Chanson des französischen Sängers Aimé Duval: »Das hässliche Gesicht, das noch keiner geküsst hat ...« Dieses Gesicht, das schön wird, wenn man beginnt, es zu lieben. Wie hat mich dieser Gedanke erleichtert. Nur von der Tugend kann man nicht leben. Es gab Tage, an denen ich nicht wusste, ob der Satz »So hat Gott die Welt geliebt ...« eine Blasphemie ist oder ein Gebet. Aber rückblickend ist auch dies eine der gnädigsten Erfahrungen menschlichen Lebens: Wer den Tunnel hinter sich hat, vergisst die Dunkelheit. Wenn das Kind geboren ist, dann entsinnt sich die Mutter nicht mehr der Schmerzen.

Trotzdem: Es gibt das Auf und das Ab, Ebbe und Flut, die hellen und die dunklen Stränge, die sich durch mein Leben ziehen, die ich nicht aufrechnen kann gegeneinander, gleichsam »per Saldo« unter dem Strich. Nichts ist auszuschöpfen, am wenigsten das, worauf man sich jeden Tag neu einlässt: das eigene Leben.

Unvergesslich kostbar

Ich war vier Jahre, als die Nazis kamen, zehn, als der Krieg ausbrach. Trotzdem habe ich die Erfahrung einer geborgenen Kindheit. Zumindest insofern wir bejahte Kinder waren. Obwohl ich die »Nr. 4« und immer noch ein Mädchen war (erst das sechste Kind war ein Bub) – meinen Eltern hat das nichts ausgemacht. Als ich geboren war, mickrige 2500 g, sagte meine Mutter: »Wenn alle anderen auch weglaufen und verheiratet sind, die Ruth, die bleibt.« Ich bin dann doch weggelaufen.

Aufgewachsen bin ich immerhin mit dem Gefühl, etwas Besonderes zu sein. Ich war vielleicht acht oder neun, als mein Vater mich in das Büro des Verlagshauses mitnahm, in dem er kaufmännischer Direktor war. Er reichte mich bei seinen Kollegen herum: »Das ist meine Tochter!« Und als ich am Ende des Besuches feierlich die breite Freitreppe hinabstieg, hatte ich ein unvergessliches Gefühl von Einmaligkeit und Kostbarkeit.

Oder die Geschichte mit der roten Karte. Wir Pfau-Kinder wuchsen alle auf mit dem Gefühl, ein geheimes Mandat zu besitzen, das uns Dinge erlaubte, die normalen Bürgern verboten waren. Das Mandat ging zurück auf einen unserer Vorfahren, der eine rote Karte besaß. Wer diese rote Karte besaß, durfte auf Rasen spielen, deren Betreten verboten war, auf Privatwegen Rad fahren, wo Radfahren verboten war – und wenn ein Hüter der Ordnung drohend auf den Übeltäter zukam, zog der lässig die rote Karte aus der Tasche – und der Polizist schlug die Hacken zusammen, legte grüßend die Hand an die Mütze und drehte sich auf seinem Stiefelabsatz um … Das war frühe Kindheit –. Es hat die rote Karte nie gegeben. Aber noch heute gibt es keine sicherere Methode, mich dazu zu bringen, etwas durchzusetzen, als zu sagen, ich dürfe das nicht –. Ich hätte wohl nicht (oder wenigstens nicht so früh) so eisern darauf bestanden, in Azad ein Leprabekämpfungsprogramm aufzubauen, wenn man mir nicht gesagt hätte, dass Azad Ausländern verschlossen sei. Ich stand vor der Barriere – hinter dem nächsten Pass, sagte man mir, sei Musaffarabad, aber dort dürfe ich nicht hin. Warum? Weil ich nicht aus Azad sei. In dieser Stunde schwor ich mir, ich würde nicht eher sterben, ehe ich nicht Musaffarabad nicht nur gesehen, sondern auch ein Anrecht darauf hätte.

Heute ist Musaffarabad meine zweite Heimat und Azad mein bestes Leprabekämpfungsprogramm. Und mit Afghanistan ging es mir später nicht anders.

Wohin ist Gabi verschwunden?

Natürlich gibt es auch die Traumata meiner Kindheit. Heute noch gerate ich bei Massenaufläufen, die bei den pakistanischen Unruhen nicht selten sind, in Panik. Ich muss mich am Zügel reißen, um nicht durchzudrehen. Diese Aufmärsche um die Grünanlage neben unserem Einfamilienhäuschen, dieses Lärmen der Trommeln bei der Mai-Feier der Nazis auf dieser Märchenwiese. Dieses nächtlich-düstere Springen über das Feuer. Unheimlich sind mir diese

Erinnerungen – auch deswegen, weil sie mein Vater so einstufte. Mein Vater, der in kein Klischee passte: ein wenig Biedermeier, und doch erfolgreicher Geschäftsmann. Unter heutigen Kategorien ein Alternativer. Ihn trieb das Problem des Tyrannenmords um, aus religiösen Motiven. Meine Mutter hatte dagegen argumentiert: »Wenn du sechs Kinder in die Welt setzt, dann musst du auch sehen, dass du für sie da bist.« Vor uns Kindern wurde der Konflikt nicht ausgetragen. Aber er schwelte. Einmal war die älteste Schwester bei einem Urlaub vom Arbeitsdienst zu Hause. Sie machte eine Bemerkung, die wohl auf die KZs hinzielte. Meine Mutter brach diesen Satz ab. Er ist nie zu Ende geführt worden. Ich erinnere mich auch, dass in unserer Volksschulklasse ein jüdisches Mädchen war, das nach der »Reichskristallnacht« nicht mehr erschien. Mich hat das sehr beunruhigt. Ich fragte und erhielt keine Antwort, wohin die Gabi verschwunden war.

Welche Tapferkeit

In der Schulzeit waren wir alle im BDM. Ich verachtete das primitiv Proletenhafte an den Nazis. »Bizeps-Kultur« nannten wir das. Aber angesprochen waren wir von dem Elitebewusstsein, das in der Führergruppe gepflegt wurde. Das war verführerisch. Mit dreizehn war mein schwärmerisch verehrtes Ideal die Leiterin unserer »Führergruppe«. Ich war in dieser Kader-Gruppe und gewohnt seit meiner Kindheit, die »Nummer Eins« zu spielen. (Außer im Sport. Sport habe ich immer gehasst.) Ich hatte das Gefühl, dass diese Führerin mich besonders behandelte – und dass es mir zustand. An einem der »Heimabende« redeten wir über Nietzsche. Dann kam der Satz: »Die größte Tapferkeit ist, unberührt zuzusehen, wenn ein anderer leidet.« Das war das Ende. Da war es bei mir plötzlich aus. Ich rannte hinaus. Sie mir nach, sie wollte über die Sache noch einmal sprechen. Ich blieb beim Nein, ging nach Hause und heulte fassungslos.

Dann der Krieg. Ich habe später noch andere Kriege erlebt, in Pakistan und auch in Afghanistan. Als ich die Sirenen in Karachi hörte, da war die Erinnerung an die Bombennächte des Zweiten Weltkrieges plötzlich wieder da. Wir waren 1943 ausgebombt. Und sicher gibt es in meiner Kindheit nicht nur das Urvertrauen, nicht bloß den Glauben, dass eine schlimme Situation nicht ganz aussichtslos ist. Es gab auch das Urgrauen: die Bilder von verletzten, von blutenden Menschen, von zerbombten Häusern und Trümmern. Da, wo vorher eine fest gefügte Welt stand. Jahrelang habe ich mit einer untergründigen panischen Angst gelebt. Jahrelang konnte ich nicht im Dunkeln sein. Auch jetzt noch schreckt mich die Dunkelheit. Nur wenn ein Patient in äußerster Lebensgefahr wäre, würde ich alleine losmarschieren.

Zwar war für uns Kinder auch ein Hauch von Abenteuer dabei, Freude am Heldentum. Das brachten die Nazis ja fertig. Granatsplitter sammeln und damit dann angeben: »Der dickste lag am nächsten bei uns.« Dass wir, nach der Bombennacht, im Wehrmachtsbericht mit Namen genannt wurden, die »jungen Helden von Leipzig«, dass ich Botengänge machte auf Wegen, wo noch nicht explodierte Bomben lagen, dass wir in den Notunterkünften beim Organisieren der Feldküche halfen – das war schon etwas. Aber diese Abenteuerlust war auch Verdrängung, Kompensation der schrecklichen Wirklichkeit, der tiefen Ängste. Der Angst etwa um meine Mutter, die damals schwanger war mit dem Buben.

Katastropheneinsatz Leipzig Hauptbahnhof

Leipzig liegt im Zentrum Deutschlands. Flüchtlingsströme kamen damals von allen Seiten nach Mitteldeutschland. Wir BDM-Mädchen waren im Katastropheneinsatz, schleppten Koffer, gaben Essen aus. Für mich brach eine Welt zusammen über diesem unvorstellbaren Leid. Einen Buben sehe ich noch vor mir, vielleicht vier Jahre alt. Ich fand ihn alleine und schreiend auf dem Bahnhof. Seinen Namen wollte er mir nicht geben, er war viel zu verängstigt. Was sollte ich machen? Da rief ich durch die Lautsprecher: Ich hätte einen vierjährigen Jungen, der sähe so und so aus, und er schrie, und ich wüsste den Namen nicht, und wer einen vierjährigen Jungen verloren habe, der solle sich da und da melden. Eine entsetzliche Situation. Die Züge fuhren an, während die Menschen noch versuchten hineinzuklettern. Es war Winter damals. Die Bombenflüchtlinge aus Dresden erkannte man fast an den Gesichtern. Sie kamen aus einem apokalyptischen Erlebnis. Und ich hatte diesen Jungen und wusste nicht, was tun. Plötzlich rannte eine Frau heran, riss mir das Kind aus den Armen und verschwand. Das muss die Mutter gewesen sein. Diese Panik und diese Hilflosigkeit waren schrecklich.

Wir schleppten 14 Stunden am Tag die Koffer. Wohin? Von einem Bahnsteig zum anderen in der Hoffnung, dass die Leute irgendwie weiterkonnten. Aber selbst wenn sie weiterkonnten, wohin bloß? Auf der einen Seite waren die Russen, auf der anderen Seite die Amerikaner. Man lief nur noch durcheinander. Alles unter ständigen Luftangriffen. Wir waren junge Mädchen und wussten nicht, wie wir die Leute so schnell rein- und rausbringen wollten. Keiner wusste, was er noch machen sollte. Aber man konnte nicht einfach in der Mitte stehen bleiben. Die Leute konnten nicht nur im Bahnhof auflaufen, die mussten ja wieder weg. Wir hatten den Überblick verloren. Die totale Verrücktheit.

Eine Welt bricht zusammen, das Leben geht weiter

Merkwürdig, am Ende dieser dunklen Zeit voller Grauen stand etwas seltsam Tröstliches. Sieg oder Untergang – darauf haben wir alle hingelebt. Seit wir wussten, dass der Sieg nicht zu erringen war, waren wir bereit, mit Würde unterzugehen. Eine historische Erzählung aus der Römerzeit wurde damals viel gelesen. Ein Stamm wollte sich nicht unterwerfen, alle stürzten sich freiwillig in den Vesuv. Das hat die heroischen Kinderträume sehr beflügelt. Als unser Untergang aber gar nicht stattfand, waren wir sehr erstaunt. Wir hatten eine grüne Tür an unserem Garten. Da saßen wir, Walter und ich. Es war ein Mai-Tag, die Kirschen blühten, und der Krieg war vorbei. Die Amerikaner hatten uns überrollt – gestern. Ihre Kampfgeschwader flogen über uns. Aber es bestand keine Gefahr, dass sie uns heute bombten. Sie hatten die Stadt besetzt. Und Walter sagte: »Sieh, das Leben geht weiter.«

Das ist für mich eine Schlüsselerfahrung, dass das Leben weitergeht. Dass es stärker ist als der millionenfache Tod. Dass die Kirschbäume wieder blühten und eine Amsel sang.

Schrecken und Ängste

Was nachher kam, ist mit tiefem Schrecken verbunden. Die Amerikaner hatten die Stadt den Russen übergeben. Mein Vater war noch nicht zu Hause. Mutter litt Todesängste um uns fünf Mädchen, alle in einem gefährdeten Alter. Es war schrecklich, auch nur über die Straße zu gehen oder in der Straßenbahn zu fahren. Ich entsinne mich an eine

Tramfahrt, bei der zwei Russen dabei waren. Aus irgendeinem Grund wurden die beiden plötzlich aggressiv. Ich bin vor zum Fahrer, flehte ihn an, er möge anhalten und mich hinauslassen. Gott sei Dank hat er es nicht getan, wir waren mitten in einem Waldgebiet. Auch die deutschen Fahrgäste waren hilflos. Aber einer, der vorne stand, in einer Ecke, nahm mich hinter seinen Rücken. Diesen Menschen werde ich am Jüngsten Tage wiederfinden, um ihm dafür zu danken.

Die Angst auch ums tägliche Brot. Die Versorgung war total zusammengebrochen. Unser Jüngster war noch kein Jahr. Die Mutter, schwer krank, konnte nicht stillen. Vor Sonnenaufgang schlichen wir, mein Vater und ich, durch die russischen Streifen und versuchten, irgendetwas zu hamstern. Wir konnten dem Buben aber nicht helfen.

Trotz der nächtlichen Ausgangssperre ging mein Vater noch einmal, um die Ärztin zu holen. Die kam aber dann nicht, wegen der Ausgangssperre. Ich bin fast wahnsinnig geworden, als der Junge starb, nachts. Um ihn hatte ich schon so viel Angst, noch ehe er geboren wurde. Wie sind wir herumgerannt, um ihm die Milch zu verschaffen! Ich darf nicht daran denken. Das war die Zeit, als ich dachte, man dürfe keine Kinder in die Welt setzen. Weil meine Mutter viel krank war, hatte ich von der Schule Urlaub genommen, um den Haushalt zu führen. Es gab keine Kohlen damals. Es waren viel zu kalte Winter. Wo wir nur irgendetwas Brennbares finden konnten, haben wir es geklaut. Alle wohnten in einem kleinen Zimmer, alle um den einen Kachelofen herum. Überhaupt nicht daran zu denken, die anderen Zimmer zu heizen. Hier wurde der Bub gewindelt, hier wurde gegessen, gearbeitet. Hier bereitete ich mich auf das Abitur vor. Wenn ich zu Bett ging, froren die Atemzüge auf der Steppdecke an. Nachts um drei stand ich auf, um überhaupt

Ruhe zum Lernen zu haben. Das konnte man nur, wenn die anderen schliefen. Es war keine idyllische Zeit.

Religion war abgelegt

Als ich aus der Schule kam, hatte ich die Religion bereits abgelegt. Meine Eltern waren überzeugte Christen. Sie gehörten einer protestantischen Sekte an, der Freien Evangelischen Gemeinde zur Förderung des Christentums e. V. Eine Sekte, die kaum mehr als 200 Mitglieder hatte und auf Leipzig beschränkt war. Wir wurden immer komisch angeschaut, wenn wir unsere Religionszugehörigkeit angaben. Trotzdem hatten wir nie das Gefühl, »am Rand« zu stehen wegen dieser Überzeugung unserer Eltern. Wir hatten eher das Gefühl, selber am Rand dieser Sekte zu stehen. Keinem von uns Geschwistern hat sie viel bedeutet. Als junges Mädchen habe ich mich stark von religiösen Dingen distanziert. (Obwohl ich nie duldete, dass jemand wegen seiner religiösen Überzeugung lächerlich gemacht wurde.)

Wir Kinder besuchten die Kinder-Bibelstunde, in der viel geredet wurde über Dinge, die ich nicht verstand, die mich auch nicht interessierten. Wenn man sich gelangweilt im Saal umsah, gab es da getreu der alttestamentlichen Weisung kein Bild. Nur ein einsames kleines, billiges Führerbild, das aber, da es das einzige war, unverhältnismäßig an Bedeutung gewann. Dann gab es noch ein Fenster, ein Fenster mit einem madonnenhimmelblauen Vorhang. Ich wusste, dass hinter diesem himmelblauen Vorhang das Paradies begann: grüne Wiesen mit Margeriten und Schmetterlingen in einer blauen Frühlingssonne –.

Eines Tages war der Vorhang zurückgezogen. Dahinter: die tristen Hinterhöfe eines Vorortes von Leipzig, zwei Unterhosen auf der Leine, zum Trocknen aufgehängt.

Danach blieb nur noch das Führerbild.

Wie ich dann doch zum Glauben gekommen bin? Es war sicher umgekehrt. Der Glaube kam zu mir, er hat mich gefunden. Zweifellos haben mir meine Eltern den Weg erbetet. Denn der Glaube lag mir fern – fern – fern. Nur die Frage der Liebe blieb. Blieb nicht nur, sondern gewann Jahr für Jahr an Bedeutung. Aber auch dahin war ein weiter Weg.

Als ich die Schule verließ, war ich einseitig intellektuell ausgerichtet. Wir haben unsere intellektuelle Überlegenheit schon deswegen so herausgestrichen, um gegen den neuen Ton der »proletarischen Volksgenossenschaft« zu protestieren. Mein Rektor sagte mir damals, bei der Abschlussrede der Reifeprüfung: »Man verneigt sich vor der Intelligenz. Man kniet vor der Güte.« Das war sicher eine Warnung. Denn in Richtung Güte bin ich erst später »aufgewacht«. Die Versuchung der Elite gab es unter dem Kommunismus genauso wie vorher im Nazi-Staat. Die Masse, das manipulierbare Stimmvieh, das sind immer die anderen. Ich kenne diesen kühlen und kalten Kitzel. Das Gefühl, eine Situation zu überblicken, zu beherrschen, zu manipulieren. Diesen distanzierten Rausch der Macht. Es gab in der Ostzone später eine Justizministerin, die diesen negativen Typus verkörperte. Ich habe oft gedacht: Du hättest genauso werden können.

Der Tod und die Liebe

Wertsystem hatte ich damals keines. Ich war auf der Suche. Und der Kommunismus war eine reale Möglichkeit. Warum nicht? Als ich aber dann in der FdJ alle alten Bekannten vom BDM wiedertraf, als ich sah, dass unter einer neuen Flagge alles einfach weiterging, da konnte ich nicht einfach mitmachen. Sie sagten das Gleiche unter anderen Vorzeichen. Ich stellte die gleichen Fragen. Was der Tod sei und wie die Liebe, die Liebe hineinpassen würde in ihr System. Das sei doch nun einmal ein erwiesenes, aber nicht erklärtes Phänomen.

Ich hatte eine Oberärztin, die ich als Praktikantin anbetete. Sie sagte, der Marxismus sei allmächtig, weil er wahr sei. Ich legte ihr die Frage mit der Liebe vor. Sie gab keine Antwort. Bald danach fragte ich sie, an einem späten Abend, ob ich die Chance wahrnehmen solle, in den Westen zu gehen, die sich mir ergeben hatte. Sie sagte: »Gehen Sie ruhig. Ich weiß, Sie werden wiederkommen. Denn nur der Marxismus hat die Wahrheit.«

Über die Grenze

In den Westen ging ich 1948, kurz nach der Währungsreform. Ich hatte im Osten keine Aussichten weiterzukommen, wollte es zu diesem Zeitpunkt auch nicht mehr. Die Studienpläne waren ideologisch verseucht. Und das Wichtigste: Mein Vater hatte keine Anstellung gefunden, sein Verlag war verstaatlicht worden. Seine Geschäftsverbindungen, seine Freunde waren im Westen. Nur ich kam als Hilfe für ihn infrage, da die jüngste Schwester noch zu klein war und die andere in Rostock studierte.

Ich kam illegal über die grüne Grenze, wusste nicht einmal, wo sie verlief. Irgendwo bin ich umgestiegen, nachts. »Meinen Sie wirklich, das ist richtig, wenn Sie jetzt in den Westen gehen?«, fragte mich ein junger Volkspolizist, mit dem ich lange Zeit zwischen den Zügen hin und her lief und philosophierte. Er war selber sehr im Zweifel. Dann zeigte er mir den Zug zur Endstation. Dort fragte ich wieder nach der Grenze. Keiner hat geantwortet, alle hatten Angst, viel zu viel Angst. Ich erinnere mich noch genau: Ein Mann, der sich gerade rasierte. Der Schaum über dem Gesicht. Den

Tränen nahe, fragte ich ihn: »Ich muss über die Grenze, wie finde ich die?« Er deutete nur, schweigend und ohne sein Gesicht zu verziehen, hinter sich und wies mir die Richtung. Ich lief noch lange den Berghang herunter, sah unten eine Streife. Um mich zu verstecken, drückte ich mich in eine Scheune. Da kam die Streife nach, drei Volkspolizisten, junge Männer. Sie untersuchten mein Gepäck, das nur aus einer Aktentasche bestand. Obenauf mein Teddybär, den ich sehr liebte, darunter einige Camelia, zuunterst anderes. Mehr hatte ich nicht gepackt. Der eine sagte: »Ich bringe Sie zum Lager.« Wir marschierten gemeinsam einen weiteren Hang hinunter, an einem Wald vorbei. Dann sagte er: »Zweihundert Meter weiter, dann sind Sie im westlichen Sektor.« Vor mir ein Stoppelfeld, ich fing an zu rennen. Der Weg verlief über eine Brücke. Plötzlich kam mir ein Soldat entgegen. Kein Mensch sonst weit und breit. Ich konnte weder in die eine noch in die andere Richtung, ging also weiter, auf einem ganz schmalen Fußweg. Kurz bevor ich auf seiner Höhe war, verließ der Soldat diesen Gehsteig. Und ging an mir vorbei. Als er vorüber war, habe ich mich umgedreht, ihm nachgestarrt. Und ich dachte: Das also ist die Westzone.

Das Wiedersehen mit dem Vater war über die Maßen herrlich. Dann kam eine schwierige Zeit. Als wir versuchten, meine Mutter und meine kleine Schwester nachzuholen, bezahlten wir dreimal an Fluchthelfer. Erst der dritte hatte sie dann später herübergebracht. Zwischendurch gelang mir ein einziges Mal eine telefonische Verbindung mit Leipzig. Und die hat meine Mutter auf der anderen Seite aufgelegt. Dabei hatte ich nur gesagt, es sei schön hier. Für sie muss das über das hinausgegangen sein, was sie in dem Moment ertragen konnte. Es war wirklich keine einfache Zeit. Wir lebten in Wiesbaden in einer Wohnung, die nur aus einem einzigen Zimmer bestand. Wenn ich mich waschen wollte, musste mein Vater spazieren gehen. Mein Vater fing dann wieder im Verlagswesen an. Er hat es sehr bedauert, dass keines seiner Kinder in seinen Beruf eingestiegen ist. Ich war zwar einige Zeit seine Mitarbeiterin, hatte aber zu dieser Welt des Geschäftlichen auf die Dauer kein Verhältnis. Ich war viel unterwegs damals.

Die Fahrradliebe von Maria Laach

Es gab eine Reihe von Begegnungen. Eine davon noch vor dem Beginn des Studiums. Die Fahrradliebe von Maria Laach.

Als ich das erste Mal nach Maria Laach kam, zusammen mit drei Jungen, auf einem eben erstandenen Fahrrad, da war ich noch nicht einmal getauft. (In der Sekte meiner Eltern gab es nur die Erwachsenentaufe.) Und dass es Mönche woanders als im Mittelalter oder in Bayern oder in Novellen gab, das wusste ich damals auch noch nicht. Ich dachte, Maria Laach sei eine Art Museum – und war höchst erstaunt, dass die Mönche nicht ausgestopft waren. Ich freundete mich gleich mit einem Jungen an, der ihre Pferde versorgte. Der versprach mir, mich reiten zu lassen. Ich hatte noch nie auf einem Pferd gesessen. Er stopfte mir die Taschen mit Birnen aus dem Klostergarten voll und erzählte mir von ihrem Abt, der gerne Musik hatte studieren wollen und den man zum Jurastudium nach Rom geschickt hatte. Und er sei auch gegangen, obwohl ihm Jura gar nicht gelegen hätte. Und dann erzählte er mir, dass er ein ganzes Jahr gespart hätte, um zum Karneval in Mainz einmal richtig auf die Pauke hauen zu können; und dass er sich in letzter Minute doch anders entschlossen hätte und sich für das Geld lieber eine Kamera gekauft habe, und da sei die Kamera, heute wäre er froh, dass er sie hätte. Was ich hier täte? Ach, ich – ich wartete auf meine Zulassung zum Medizinstudium und hätte die Zeit zu einer Radtour im Rheintal ausgenutzt. Ob man in die Kirche hineindürfe? Dürfe? Was für eine Frage. Natürlich. Ob ich denn nicht katholisch sei? Nein, sagte ich, nicht mal getauft.

An diesem Tage geschahen zwei entscheidende Dinge in meinem Leben: Ich verliebte mich das erste Mal (in einen Fahrtkameraden), und ich war zum ersten Male der Kirche begegnet. Die Kirche und die Jungen – das war für ein paar Jahre das Spannungsfeld, in dem ich aufwuchs. Bis die Entscheidung endgültig zugunsten der Kirche fiel. Ob jener Mönch in Maria Laach irgendetwas damit zu tun gehabt hat?

Der Junge, mit dem ich mich angefreundet hatte, kam aus einer Nazi-Ordensburg. Er war merkwürdig intakt über diese Zeit gekommen. Eigenartig, wie wenig an manche Menschen herankommt. Und wie andere unter ihrer Zeit zerbrechen. Wir haben uns dann bald wieder getrennt, weil wir beide noch in der Ausbildung standen. Versprachen uns aber: Wenn wir nach sieben Jahren noch nicht verheiratet seien, würden wir uns an einem bestimmten Tag schreiben. Er sollte mir dann sieben gelbe Rosen schicken. Und ich würde antworten. So geschah es dann auch. Aber es war keine Liebe fürs Leben.

Gibt denn keiner Antwort?

Schließlich fing ich an zu studieren. Vermutlich neigt jeder dazu, seine Studienzeit zu verklären. Aber es war wirklich eine Zeit des Aufbruchs, des Neuanfangs. Erst danach bin ich geistig »aufgewacht«. Die grundlegenden Fragen verschafften sich Luft, prägten unser Leben. Das alles bestimmende Gefühl, auch bei den aus dem Krieg Zurückgekehrten: Nie wieder Krieg. Nie wieder Nazi-Zeit. Nie wieder

Judenverfolgung. Dieses »Nie wieder« war ein ganz vitaler Impuls. Es war die Zeit des grenzenlosen Suchens. Wo habe ich es nicht versucht? Ich war in den kommunistischen Wahlversammlungen, fasziniert von der Freiheit der Meinungsäußerung. Ich suchte unter den Anthroposophen. Ich trat dem sozialistischen Studentenbund bei, kandidierte und wurde in die Studentenvertretung gewählt. Ich nahm mich in den Arm und sagte: »… Ein neuer Hedonismus tut uns not!« Dann Sartre. Die Tapferkeit, sich den Fakten zu stellen: es gibt keinen Sinn – warum in einer Lebenslüge verharren, warum sich nicht stellen? Wolfgang Borcherts Ruf in die hallende Leere des Kerkers Weltkugel: Gibt denn keiner, keiner Antwort?

Es war auch eine Zeit großer Unsicherheit. Eine Zeit der Illusionslosigkeit und keineswegs eine Idylle. Damals waren im Schlafsaal der Jungen einfach Wolldecken zwischen den Betten aufgespannt. Treue war kein hoher Wert in diesen Kreisen und Partnerwechsel an der Tagesordnung. Wurde es schwierig, wechselte man die Universität. Der Krieg hat viel zerstört, auch in der Fähigkeit zu echter menschlicher Begegnung. Viele der jungen Männer waren mit hohen Idealen in den Krieg gezogen. Und sie waren in einem Alter, wo die Begegnung mit einer Frau mehr bedeutete, als dass man ein Kondom in die Hand gedrückt bekam mit der Bemerkung: »Passt nur auf, dass ihr euch nicht ansteckt.«

Aufgeweckt zur Liebe

Damals lernte ich H. kennen. Er studierte evangelische Theologie, tief von Fragen und der Wirrnis des Krieges geprägt. Ich ging täglich zur Morgenandacht, um ihn zu treffen. Wir durchlebten und durchliebten ein glückhaftes Sommersemester. Aber diese dunkle Unterströmung in seinem

Leben. Wenn er schlief, konnte er plötzlich auffahren und schreien. In ihn hatte ich mich unsterblich verliebt. An dieser Liebe habe ich wirklich gelitten. An jeder Liebe, die über das Spielerische und Tändelnde hinausgeht, ist Leiden beteiligt. Für ihn bin ich die einzige Frau, mit der es nicht in der Katastrophe geendet hat. Und er hat mir sehr geholfen, meine eigentliche Berufung zu entdecken. Er hat mich aufgeweckt zu dem, was Liebe heißt. Seine Zärtlichkeit, auf dem Boden schmerzhafter Enttäuschungen, war unerwartet behutsam. Er lehrte mich, dass man sein Ich nur in der Zuwendung zum Du finden könne. Das ist für mich die ganz zentrale Wahrheit geblieben. Sie steht für mich auch im Mittelpunkt meiner christlichen Erfahrung, die kein »Ismus« ist und nie in Gefahr war, zu einem dogmatischen »System« zu werden. Uns kann kein System die Antwort auf unsere Lebensprobleme geben. Nur ein Du. Hinter diese Erfahrung, hinter diese Wahrheit habe ich nie wieder zurückgekonnt. H. lehrte es mich.

So ganz anders

Als wir uns trennten, wäre es mir komisch vorgekommen, nun nicht mehr zur Morgenandacht zu gehen. So ging ich weiter. Um diese Zeit las ich Kierkegaard. Ich weiß nicht mehr, was ich gelesen habe. Ich weiß nicht einmal mehr, was eigentlich in den Büchern stand. Ich entsinne mich nur noch, in den langen kalten Winterabenden, die wir in dem einzigen geheizten Raum der Uni verbrachten, an ein atemberaubendes Abenteuer – ein Eintauchen in einen Ozean mit unendlichen Horizonten.

Als ich auftauchte, dachte ich, nun sei alles durchprobiert. Es stünde noch dieses Eine offen, ehe ich die Konsequenzen zöge: die Konsequenz, es lohne sich nicht.

Dieses Eine, Letzte wollte ich noch ausprobieren. Ich suchte die Gemeinschaft mit Kollegen, die sagten, sie seien Christen. Ich sagte, ich würde es auch gern werden, wenn ich nur wüsste, wie man das technisch mache. Sie sagten, das müsse von selber kommen. Das half mir begreiflicherweise nichts.

Ich blieb am Ball. Ich besuchte Einkehrzeiten. Fand vieles kleinkariert, das meiste fremd. Einmal horchte ich auf. Einer sagte: »Liebe Gott, und tue, was du willst.« Das nahm ich mit. Es »geschah« schließlich auf der kleinkariertesten aller Freizeiten. Eine ältere Frau aus Holland. Mit einem schrecklichen Deutsch. Ich hatte gerade noch gelacht, als sie davon sprach, dass man das Böse »nicht einfach so wegbesen« könne. Dann erfuhr ich, dass sie aus einem deutschen Konzentrationslager entlassen sei und seither »die Versöhnung verkündige«. Das machte sie mir glaubhaft. Ich legte ihr meine Frage vor, wie man das technisch mache, ein Christ zu werden. Sie sagte, man müsse beten. Es geschah, ohne dass ich gebetet hatte. Sie hat es wohl für mich getan. Als ich die Treppe hinunterlief, musste ich lachen. Weil es so einfach war – so überzeugend – so beschwingt – so ganz anders – so *verliebt* –.

1951 ließ ich mich taufen, in der evangelischen Studentengemeinde.

Der Herrgott und die Fastnachtsbälle

Meine Mitgliedschaft in jener Studentengruppe war aber von kurzer Dauer. Ich suchte mehr Objektivität, mehr Lehre – und mehr Humor. Zu Fastnacht hatten sie parallel zum Fastnachtsball einen Wortgottesdienst angesetzt. Ich dachte, ich könnte beides mitnehmen, schlüpfte (schon in voller Kriegsbemalung – zum Umziehen wäre keine Zeit

mehr gewesen) fromm und andächtig in die hinterste Bank –
und traf auf wenig Gegenliebe. Ich konnte nicht einsehen,
warum meine neue Liebe nichts mit dem Fastnachtsball zu
tun haben sollte – eine Liebe war total, oder sie war keine
Liebe! Was sollte ich mit einem Herrgott tun, der sich für
Fastnachtsbälle nicht interessierte? Besonders, wenn ich dabei war?

Mein nächster Freund war Altphilologe und katholisch.
Er war zumindest der nächste ernst zu nehmende. Mich fas-
zinierte, wie wichtig ihm das gelebte Leben war. Er fing immer wieder von vorne an, es war immer das gleiche: »Also,
ich habe heute gebeichtet. Das heißt, dass du heute um
zehn Uhr nach Hause gehen musst.« Das hat mir sehr imponiert. Und jeden Morgen um vier, wenn ich dann doch nicht
um zehn Uhr nach Hause gegangen war, begleitete er mich
noch zur Universität. Um fünf Uhr war die erste Frühmesse
im Mainzer Dom.

Katholisch sein fand ich faszinierend. Geworden bin ich
es aber dann erst, nachdem ich mich intensiv damit aus-
einandergesetzt hatte. Aber er hat viel dazu beigetragen,
dass ich es wurde.

Unsere Beziehung ging schief, durch meine Schuld. Ich
liebte ihn mit einer fordernden, schwermütigen, fragenden
Liebe. Vieles an ihm war mir fremd. Später, viel später, als
ich schon in Paris im Noviziat war, sahen wir uns noch einmal. Gingen die alten Wege unserer Studienzeit. Noch einmal tauchte die Frage auf – die Frage, wohin mein Weg in
die Zukunft führe. Ich sagte, ich sei glücklich in Paris. Und
er sagte: »Irgendwie habe ich das schon immer gewusst. Gerade in den Augenblicken, in denen wir uns dem Glück
ganz nah wussten, wenn es greifbar unter unseren Händen
aufblühte, hattest du eine brüske und unvermittelte Art zu
sagen: Aber das Eigentliche, das Eigentliche muss noch

darüber hinaus liegen. Du hast schon immer das Unbegrenzte, Unendliche – das Ewige gewollt.«

Während der Studienzeit, als wir uns trennten, in viel Wirrnis und nach viel Herzeleid, wechselte ich die Universität.

Mensch werden

Ich habe weitergesucht damals, wie trunken. Josef Pieper verdanke ich, dass sich das Neue zu etwas Konstruktivem verdichtete. Was er über die Tapferkeit sagt, beeindruckt mich heute noch: »der Mut, sich um des größeren Gutes willen einer Verwundung auszusetzen«. Das war so unterschiedlich vom Nazismus, wo Tapferkeit hieß: die Zähne zusammenbeißen, sich nichts anmerken lassen. Hier war Tapferkeit etwas Wertbezogenes, etwas, bei dem man sich völlig menschlich benehmen konnte. Diese Befreiung vom kantischen Rigorismus der Pflicht, diese Lösung vom Krampf, der meinte, die Welt selber erlösen zu müssen. Auch die von Thomas von Aquin formulierte Einsicht, dass das Gute auch das Wahre ist, dass Klugheit bedeutet, die Dinge wirklich zu sehen, wie sie sind: diese Freiheit hat mir eine ganz neue Welt eröffnet. Dann die Bejahung des Leiblichen: »Ein Mensch ist etwas Vollkommeneres als eine Seele, weil er einen Körper hat.« Es gibt eine wunderbare Abhandlung von Thomas: Er nennt da unter den Heilmitteln gegen die Traurigkeit der Seele den Schlaf, das Bad, die Wahrheit, die Tränen, die Freundschaft. Dass man sich plötzlich normal und so voll menschlich geben darf: Diesen Mut zum Menschsein verdanke ich Thomas von Aquin durch die Vermittlung von Josef Pieper. Mir ging auf, was Humor ist: die eigenen Grenzen und Schwächen nicht nur zu sehen, sondern sie auch zu akzeptieren.

Konversion

Wie es denn zur Konversion kam, 1953? Eigentlich ganz logisch. *Wenn* man einmal an Gott glaubt, dann muss dieser Gott per definitionem unsere menschlichen Denkkategorien übersteigen. Dann kann er sich nur durch Offenbarung zu erkennen geben. Wiederum logischerweise können wir über den Wahrheitsgehalt dieser Offenbarung, die unsere endlichen Denkkategorien übersteigt, nicht selbst befinden. Es muss also etwas geben, das die Authentizität der Lehre durch göttliche Zusicherung erhält. Wenn sich das geschichtlich in der Kirche anbietet – warum soll ich es dann ablehnen? So war der Schritt zur Kirche also für mich eine logische Folge meiner Zuwendung zum Christentum.

Natürlich war da mehr an untergründigen Strömen als der logische Schluss.

Entscheidend bei der endgültigen Begegnung mit dem Christentum war für mich dies: das Du dort zu entdecken, wo es mit dem Eigentlichen zusammenfällt. Den Sprung zu machen. Sinn kann man letztlich nur erreichen durch einen Sprung. Er ist da. Wie die Liebe schon da ist für die, die lieben. Ob der Sprung ins Leere geht oder ob er aufgefangen wird und trägt, das kann man nicht abstrakt entscheiden, das zeigt sich im Leben. Wenn er nicht getragen hätte, dann hätte ich die Konsequenzen gezogen. Darüber bin ich mir klar. Denn so berauschend fand ich das Leben nicht, habe ich es nie gefunden. Es gibt zu viel Ungerechtigkeit, zu viel Leid, als dass man an diesem Leben hängen müsste.

Eine Liebe ist verrückt

Vertrag mit Sonderklausel

Das »alles oder nichts« war wohl schon in meinem Charakter grundgelegt. In meiner Konversion zur katholischen Kirche lag vermutlich schon die Entscheidung zum Ordensstand. Einmal fragte ich den Jesuiten, der mich in die Kirche aufgenommen hatte, ob er meine, ich hätte eine Berufung zum Ordensstand. Er erwiderte, ausschließen könne er es nicht – ich sollte aber doch erst mal versuchen, ob ich ohne Freund auskäme. Ich hielt nicht viel von langem Warten. »Noch ein Jahr«, sagte ich, »und wenn mir dann der Mann meiner Träume nicht über den Weg gelaufen ist, kann ich es dann als bewiesen ansehen, dass ich eine Berufung habe?« Pater K. meinte, es sei nicht unbedingt der eleganteste Vertrag, aber auch nicht unbedingt abzulehnen. Also: Ich sollte es ein Jahr lang versuchen.

Wir standen beide in der Tür, als ich ihm sagte: »Ich habe mein Herz immer wie auf einem Tablett vor mir hergetragen, weil es nirgendwo Genüge fand. Ich glaube, dort würde es Genüge finden.« Er darauf, noch einmal: Er würde doch ganz gerne den geschichtlichen Beweis dafür haben.

Ein Jahr also.

Der Gedanke, dass ich dann Gewissheit haben würde, beschwingte mich. Und dann setzte ich heimlich dem Vertrag noch eine Sonderklausel zu: ... und wenn ich aber in dem Jahr dem Mann meiner Träume begegnen würde und mich dann trotzdem zum Ordensstand entscheiden würde, wäre das nicht noch mal besser –?!

Wie immer es ausgeht

Es war das Jahr, in dem ich G. begegnete. Ich entsinne mich an die Zeit, an das schöne Gefühl: Wie immer es ausgeht, es wird in Fülle enden. Das hat mich in kritischen Situationen sehr bestärkt, dass ich das Gefühl hatte: Es hat sich entschieden. Ich habe immer das Gefühl gehabt, dass es keine willkürliche Entscheidung gewesen ist. Ich machte meine Medizinalpraktikantenzeit in Winterberg, er studierte noch in Mainz. Er kam jedes Wochenende.

G. war mir geistig sehr ähnlich. Mit einem anderen hätte ich diese Phase wohl nicht durchgestanden. Anfänglich war ich unsicher, wie ich das Verhältnis gestalten sollte, um beide Freiheiten offenzuhalten. Ich sagte mir dann aber: »Das ist nicht die Frage, dass ich ihn zu wenig oder zu viel liebe. Es ist die Frage: Bist du fähig, jeden genauso intensiv zu lieben wie ihn?« Von daher ist mir die Beziehung zu ihm immer Maßstab gewesen. Auch im Verhältnis zu meinen Mitarbeitern und zu den Patienten. Oft, wenn mich jemand nachts rausholte, habe ich mich gefragt: »Wie würdest du reagieren, wenn G. es wäre?« Als ich so dachte, konnte ich auch die Intensität meiner Liebe zu G. steigern. Ich liebte ihn auch deswegen, weil ich mich durch ihn nicht in Besitz genommen fühlte. Das hatte ich vorher bei keinem erlebt: Dass er fähig war, um seiner Liebe willen von sich selbst abzusehen, den anderen als Person zu wollen.

Es war nicht so, dass ich völlig gradlinig und ohne jeglichen Zweifel gelebt hätte. Ein ganzes Jahr lebte ich mit einem Bein hier und einem zweiten Bein da. Einmal, beim Abschied, sagte G.: »Du hast ein Lächeln, das verunsichert mich. Es ist doppeldeutig-grundlos. Oder es hat seinen Grund außerhalb unser beider Zuneigung.«

Er hatte mehr gespürt, als ich ihm sagen konnte. Ich

wusste nicht, wohin mein Leben trieb – welche Entscheidung würde Er treffen? Galt der Vertrag, oder galt die Geheimklausel zwischen uns?

Dann kam der Abend, an dem G. mich fragte – und ich mich fern und fremd und mit unerwarteter Gewissheit sagen hörte: Ich würde ja gern – ich wollte *wirklich* –, aber ich könnte nicht – ich hätte eine Berufung, und mir bliebe nichts übrig, als ihr zu folgen. Und er: Irgendwie hätte er das wohl gewusst. Diese gläserne Wand zwischen uns –.

Wir liefen Stunden durch den nächtlichen Wald. Am Morgen war die Gewissheit unumstößlich: Die Geheimklausel hatte gegolten. Und ich habe nie, nie daran gezweifelt, dass die Entscheidung richtig war. Als er mich gegen fünf Uhr früh an die Bahn brachte, erzählte ich ihm die Geschichte mit der Klausel.

Mein Orden

Als ich mich grundsätzlich entschieden hatte, in einen Orden einzutreten, sagte mir mein geistlicher Berater etwas, was ich nicht vergessen habe: »Es ist wichtig, in den richtigen Orden zu gehen. Mindestens so wichtig wie die Entscheidung, welchen Mann Sie heiraten, wenn Sie eine Ehe schließen.«

Ich habe mich für die »Töchter vom Herzen Mariä« entschieden, eine Gemeinschaft, die nach den ignatianischen Regeln lebt. Ein Orden, der zur Zeit der Französischen Revolution als eine Art religiöse Untergrundbewegung gegründet worden war, von einem Jesuiten und einer bretonischen Adeligen, die in einen Orden eingetreten und wieder ausgetreten war, weil er ihr zu kleinkariert schien. Der Gedanke, dass Frauen allein, ohne Klausur und ohne Tracht, als Ordensfrauen in einer säkularen Umgebung leben könnten, war in der Kirche von damals nicht existent. Mir schien dies eine spannende Möglichkeit: Im Beruf stehen. Sich engagieren, wo Not ist, mitten in der Welt. Ganz in der Nachfolge Christi leben, und doch Rückhalt finden in einer Gemeinschaft.

Einen weiteren Dienst erwies mir mein geistlicher Führer, als er sagte: »Wenn Sie jetzt ins Noviziat gehen, dann halten Sie diese Entscheidung für endgültig. Und sagen Sie dem Herrgott: ›Wenn du mich raushaben willst, dann musst du schon mit Kanonen schießen.‹« Das war wichtig. Denn wenn man einmal »drin« ist, dann stößt man selbstverständlich auf die Kleinkariertheiten, mit denen man bei seinen großartigen Visionen nicht gerechnet hat. Und dann war es für jemand wie mich ja nicht ganz einfach, in einer Frauengemeinschaft zu sein. Da hatte ich zunächst auch Probleme.

Ein Jahr in Paris

Ich habe ein kanonisches Jahr in Paris gemacht, im geschlossenen Konvent. (Ich ging noch als Novizin nach Karachi.) Das Noviziat dauert drei Jahre. Wir sind ansonsten in Zivil und im Beruf. Ich habe also für ein Jahr den Beruf ausgesetzt und bin ins Generalnoviziat. Eine schöne Zeit, in der ich viel lesen konnte. Es gibt ja in der französischen Kirche eine sehr progressive Richtung, aber auch eine sehr konservative. Meine Pariser Mitschwestern gehörten damals eher zur konservativen. Ich wollte z. B. den Abbé Pierre besuchen, den Lumpensammler von Paris, einfach um zu sehen, was der macht. Die Erlaubnis dazu habe ich nie erhalten. Der war viel zu sehr am Rand der Kirche. Französisch verstand ich so wenig, dass ich von den Instruktionen nicht sehr viel mitbekam. Ich hatte aber eine wunderbare flämische Novizenmeisterin. Mein Herz hat sie gewonnen, als sie einmal von ihrer Berufungsgeschichte erzählte. Sie war eine gut aussehende Frau; wenn es aber ernst wurde, blieb sie dabei: »Je suis déjà prise. – Ich bin schon vergeben.« Plötzlich sagte sie, ganz versunken: »Aber Gerard. Der isst noch heute im Gasthaus.« Da wusste ich, diesen Gerard musste sie sehr geliebt haben. Wenn ihr das so nahegeht, dass er noch heute im Gasthaus isst. Aber sonst: Man durfte keine Partikularfreundschaften haben, niemanden auf dem Zimmer besuchen. Es war meist kalt, man heizte nur ganz wenig. Wir hatten Plumeaus, und ich setzte mich morgens damit in die Frühlingssonne. Das schien ein Weltwunder. Es gab eine Riesenaufregung.

Ich bin erst viele Jahre später wieder nach Paris zurückgekommen. Nach 26 Jahren. Da waren noch die gleichen knarrenden Dielen, die Eisenbetten mit den dicken Plumeaus, die verschnörkelten Stühle. Nichts von dem, was mir so spießig und bürgerlich vorgekommen war, hatte sich verändert. Jetzt schien es sogar alternativ.

Gehorsamsproblem oder Fachkonflikt?

Ich habe eine sehr kritische Zeit mit meinem Orden durchlebt, in Pakistan. Was ich als fachlichen Konflikt ansah, wurde in meinem Orden als Gehorsamskonflikt verstanden, was mir absolut nicht einging.

Paris wusste damals alles besser, ohne dass jemand in Karachi gewesen wäre. Der Heilige Geist erleuchtete sie sogar in Leprafachfragen. Es fing an mit einer deutschen Ärztin, die in unser Lepraprojekt in den nördlichen Gebirgsgegenden Pakistans einstieg. Ihr Mann war UNICEF-Vertreter, der sich aber bereits im zweiten Jahr politisch den Mund verbrannte und das Land verlassen musste. Diese junge Ärztin ging natürlich mit ihrem Mann weg. Sie hatte als Hilfe zwei europäische Krankenschwestern. Ich selber war damals im »Gewerkschaftskonflikt« so engagiert, es ging mir so dreckig wie noch nie. Ich *wäre* beinahe nicht über diese Zeit gekommen. Ich hatte einfach nicht die Spannkraft, mich auch noch um diese Provinz zu kümmern, solange das nicht durchgestanden war. Ich sagte zu den beiden, sie sollten in der Zwischenzeit die Stellung halten. Sie waren mir angekündigt als Frauen, die auf eigenen Füßen stehen können, übernahmen aber dann die Gegend als ihr Eigentum und Königreich. Als ich nach zwei Jahren wiederkam, sagten sie, ich hätte hier nichts zu suchen. Ich hatte aber von der Ärztin die Verantwortung übernommen und wollte mir die Sache zumindest ansehen, ich hätte schließlich mehr Lepraerfahrung als sie. Gegen ihren Widerstand drang ich auf Inspektion.

Die Leprahelfer, die in diesem Gebiet seit 13 Jahren arbeiteten, waren bereits im Bummelstreik. Wir hatten in der Zwischenzeit in den anderen Provinzen Aufstiegschancen für diese Leprahelfer geschaffen. Nicht nur aus Gründen sozialer Gerechtigkeit. Diese Posten in einheimischer Verantwortung sind die Voraussetzung, dass das Leprabekämpfungsprogramm vor Ort funktioniert. In dieser Provinz war nichts geschehen, weil diese beiden Krankenschwestern dagegenarbeiteten. Ich drang darauf, dass sie aus dieser Provinz abgezogen würden. Darauf gab es massiven Widerstand gegen mich: von Missionaren, die mit den Schwestern zusammengearbeitet hatten und sich an den Bischof wandten, von der Generaloberin, die sich an meine Provinzoberin wandte. Schließlich kam aus Paris die Order, es wäre doch wohl besser, wenn ich, die ich Muslime verdienten Missionarinnen vorziehen und Streit in der Kirche entfachen würde, aus Pakistan wegginge.

Gott spricht auch durch Muslime

Ich war immer der Überzeugung, dass eine Liebe verrückt ist, oder sie ist keine Liebe. Es hat mich gelockt, zu »gehorchen«. Einfach weil die Idee so irrsinnig war. Ich kam den Anweisungen dann aber doch nicht nach, weil ich meinen muslimischen Leprahelfern nicht zumuten konnte, meine »Verrücktheit« mit ihrer Karriere zu bezahlen.

Das Team fragte meine Oberin ganz offen, wem die Pfau denn nun eigentlich gehöre?! »Ihnen? Dem Orden? Oder nicht ebenso den Patienten – und uns, die ihr Leben auf sie und ihr Werk hin gewagt haben?« Ein Werk, das ich im Gehorsam begonnen hatte – das kurz vor der Übergabe stand und dessen Existenz infrage gestellt worden wäre, wenn ich mutwillig den Abschied genommen hätte. Mehrere kirchliche Meinungen standen gegen die Meinung meines muslimischen Teams. Trotzdem bin ich überzeugt: Gott hat durch mein muslimisches Team gesprochen.

War die Entscheidung richtig? Nach den Folgen zu beurteilen: Ja. Metaphysisch richtig? Wie kann ich das wissen? Ich habe nach bestem Wissen und Gewissen gehandelt, habe versucht, alle Argumente ernst zu nehmen – und habe mich dann in dem Licht entscheiden müssen, das mir zuteil war. Auch Sich-nicht-Entscheiden wäre eine Entscheidung gewesen.

Es gibt in den Regeln unserer Gemeinschaft einen Satz, der mir wichtig ist: In einer Konfliktsituation ist, wenn es der größeren Ehre Gottes dient, der Vorteil eines Außenstehenden dem Vorteil der Gemeinschaft vorzuziehen. Damit konnte ich leben.

Für weniger hätte ich das Leben nicht gelebt

Was das Ordensleben für mich bedeutet? Die verrückte, totale, grenzenlose, unsinnige, verschwenderische Hingabe an eine ebenso, nein: alles übersteigende, verrückte, grenzenlose, unsinnige, verschwenderische Liebe. Für weniger als das hätte ich mein Leben nicht gelebt, sondern wäre ausgestiegen, endgültig und für immer.

Ob man die evangelischen Räte heute leben kann? Sie *werden* gelebt, das ist ihr stärkstes Argument. Gehorsam, Armut, Keuschheit werden gelebt in suchender, weinender, aufrührerischer, tapferer Liebe. Hundert- und tausendfach in allen Ecken der Welt, eine trotzige Liebe gegen und inmitten aller Mittelmäßigkeit und Anpassung. Wie sie zu leben sind? Darauf gibt es wohl heute keine fertige Antwort. Die hat es wohl nie gegeben – so wie die Liebe immer ein Geheimnis gewesen ist, das sich allen fertigen Antworten widersetzte. So wie wir keine Antwort hatten und haben, wie eine Ehe gelebt werden soll. Und ich glaube, beides ist geheimnisvoll verbunden: die Frage nach der ehelichen Liebe und Treue und die nach der Hingabe im Ordensstand.

Wie ich sie gelebt habe und lebe? Recht und schlecht, tastend und suchend, mal im jauchzenden Zugriff, mal im trotzigen Dennoch. Wie das konkret ausgesehen hat? Die Aufnahme ins Postulat, die Probezeit im Orden, war noch vor dem Zweiten Vatikanischen Konzil. Man kniete nieder und küsste den Boden.

Wie stand es doch geschrieben in der »Frau aus Andros«, dem Buch, das mir G. zum Abschied geschenkt hatte? »… und er fiel nieder und küsste die Erde – diese Erde, die uns teuer ist über alle Maßen« –

Ich konnte mich im Glas einer Vitrine sehen und dachte amüsiert: »Das also bist du.«

Und dann: »Das Kleid steht dir gut –.«

Das Noviziat war voll dieser kleinen sinnigen, unsinnigen Gesten, über vieles musste man einfach schmunzeln. Geheimsprache unseres Flirts, ich hatte ja so viel Verrücktes schon vorher *getan,* unter dem Zeichen einer Liebe, die bei Weitem nicht die Ausschließlichkeit der jetzigen Liebe hatte –.

Aber auch jenen Satz trage ich aus der Noviziatszeit in meinem Herzen: »Ce n'est pas pour rire, moi, je t'aime. Es ist gar nicht zum Lachen, ich liebe dich.«

Das Keuschheitsgelübde ist für mich immer das zentrale Gelübde gewesen. Die Totalhingabe, deren Geborgenheit und Freiheit es uns ermöglichen, uns wehrlos und mit *ungeschütztem* Herzen allen Verwundungen der Liebe auszusetzen –.

Das Armutsgelübde war mir ein ganzes Leben lang Last und Aufgabe. Ich habe es immer im Zusammenhang mit der Solidarität gesehen. Bei meinem Entschluss, in die Dritte Welt zu gehen, hat es wesentlich mitgespielt. Im Geheimnis der »Entäußerung« reicht es tief in die geistliche Dimension. Hier hängt es auch zusammen mit Keuschheit und Gehorsam.

Das Gehorsamsgelübde schließlich: Vielleicht muss es in vielen Leben, in Konfliktsituationen und im Alltag gelebt werden, ehe wir wieder eine neue gültige Formulierung finden. Wie es nicht mehr gelebt werden kann, das wissen wir alle. Wie es gelebt werden kann, entdecken wir alle Tage neu – dass es gelebt werden kann und wert ist, gelebt zu werden, würde wohl keiner von uns ableugnen.

Ein paar Dinge können gewiss schon heute gesagt werden: Es kann nur im Gespräch miteinander gelebt werden – im gemeinsamen Suchen nach Gottes Willen; es setzt Humor voraus: man muss wissen, wo und warum man wichtig ist und wo man sich gar nicht so wichtig nehmen soll; es kann nur in Freiheit und Reife gelebt werden: im inneren Abstandnehmen von ichzentrierten Wünschen und den Träumen von eigener Geborgenheit; Dienst und Verfügbarkeit sind Werte, die wir heute fraglos unterschreiben, und sie prägen ganz wesentlich diesen Gehorsam. Aggressionen, die das Wort »Gehorsam« hervorruft, müssen noch lange nichts mit der Sache zu tun haben.

Was also ist mir mein Gehorsamsgelübde wert? Wie sollte es heute gelebt werden? Sicher hat es mich toleranter gemacht. Warum sollte man um Dinge streiten, die es nicht wert wind? Sicher hat es mich auch (beglückt-beglückend) gelehrt, dass man mit Konflikten leben und sich trotzdem gegenseitig annehmen kann; dass Frieden in Spannung gelebt und als Frieden erfahren werden kann. Dass jedes Sich-Loslassen zu einem Zuwachs an Freiheit führt. – Gelebte Freiheit. Das hat mich auch an anderen immer wieder fasziniert. Bei Helen etwa, an der nichts gewöhnlich ist oder banal.

Eine Ausnahme wie Helen

Helen kam im fortgeschrittenen Alter von 50 Jahren als Freiwillige nach Pakistan, während der Alphabetisierungskampagne: die bestaussehende Frau, die ich je gesehen habe. Sie war Privatsekretärin in einem Konzern und hatte sich als Volksschullehrerin in Pakistan gemeldet. Dann trat sie in unsere Kommunität ein. Sie ist Konvertitin. Wir haben uns dick angefreundet. Auch sie hatte eine sehr farbige Vergangenheit, ehe sie katholisch wurde. Sieben Jahre wohnten wir im gleichen Zimmer im Krankenhaus. In der Pionierperiode ging das großartig. Man kann aber nicht verhindern, dass ein solcher Apparat zu einer Institution wird. Helen warf mir damals vor, ich würde die Ideale verraten. Aber irgendwie musste die Sache ja konsolidiert werden. Eines Tages kam sie zu mir mit dem sehr guten Gedanken, sie würde aussteigen. Sie hatte keine Fachausbildung, ich wusste nicht, wo ich sie integrieren sollte. Dann ergab sich die Möglichkeit, in eine Außenstation in Belutschistan umzusiedeln, in ein Fischerdorf an der iranischen Grenze, wo man noch nie einen Christen gesehen hatte und noch keinen Weißen. Sie sprach um diese Zeit auch überhaupt kein Belutschi. Für mich war es aber wichtig, dass wir überhaupt eine Frau in diesem muslimischen Gebiet hatten.

Ich habe sie ein Jahr später besucht. Helen hatte dort eine Kapelle. Es darf eigentlich gar kein Ausländer in diesem Gebiet Pakistans sein. Mit Ausnahme von Helen natürlich. Als ich neulich kam, empfing mich eine Delegation der Fischer und sagte, es täte ihnen furchtbar leid, aber jemand hätte bei Helen eingebrochen. Sie hätten ja nichts gegen Einbrechen, das müsste ich verstehen. Aber bei einer so heiligmäßigen Person wie Helen einzubrechen, das ginge entschieden zu weit. Wenn man sie fragt, wie alt sie sei, sagt sie: »Zwischen 70 und 100.« Die Amerikanerinnen werden immer großartiger, je älter sie werden. Die Honoratioren des Fischerdorfes gaben bei meinem Besuch einen Empfang. Es gibt eine Station der Küstenwacht, bei der ein junger Major ist. Und Helen hatte schon immer gesagt, dass dieser Major »really adorable« sei. Die Küstenwacht hatte Alkohol geschnappt. Es herrscht Alkoholverbot. Aber natürlich wird das dann in den eigenen Reihen ausgesoffen. Sie hatten uns eingeladen, weil sie einen Whisky-Hall gemacht hatten. Wir beide waren die einzigen Frauen. Und wenn Helen einen Whisky hat, ist sie unwiderstehlich. Sie kam, leicht beschwipst, neben mich und sagte: »Du musst dich unbedingt neben diesen jungen Major setzen. So einen charmanten Jungen wirst du nie wieder in deinem Leben sehen.« Ich saß dann neben diesem jungen Major, der seinerseits Helen beobachtete und mir zuflüsterte: »Isn't she adorable?« Helen ist es wirklich. Obwohl sie jetzt »zwischen 70 und 100« ist. Ihr besonderes Apostolat sind die Frauen im Dorf. Wenn eine von ihnen misshandelt oder beschimpft wird, dann spricht Helen mit dem Mann Klartext.

Sie erhält eine kleine Rente, die, wenn sie in Rupien umgesetzt ist, eine ganz schöne Summe ausmacht, mit der sie hier und dort aushelfen kann. Sie bringt Fischerbuben Englisch bei. Es könnte ja sein, dass einer zur höheren Schule gehen kann. Wer in der Volksschule nicht mitkommt, dem gibt sie Nachhilfeunterricht im Lesen und Schreiben. Verlaufene Katzen füttert sie auch. Sie hört BBC und übersetzt die Sendungen dann ins Belutschi. Eine wunderbare Frau, rundum geglückt. Sie hilft einem Lepraassistenten, der in dieser Region arbeitet. Für ihn untersucht sie die Frauen. Wenn er selber unterwegs ist, leistet sie seiner Frau Gesellschaft. Ein ausgefülltes Leben. Gelegentlich kommt sie nach Karachi und lässt sich eine Dauerwelle machen. Dann gibt es in der Kommunität für fünf Tage morgens, mittags und abends nur Eis. Denn Helen liebt Eiscreme über alles. Aber in Belutschistan gibt es kein Speiseeis. Das Fischerdorf hat schon alles mögliche versucht. Sie bekommen Trockeneis, um die Hummer zu konservieren. Auch wenn es in diesem Dorf kein Trinkwasser gibt, dieses Eis gibt es immer. Da haben sie doch wirklich versucht, daraus für Helen Speiseeis zu machen. Ich war gerade da, als die Fischer ihr ein giftgrünes Eis brachten. Sie hatten gedacht, dass Helen entzückt sei. Und Helen war natürlich auch entzückt. Dann hat sie es nicht einmal aufgegessen. Daud, der Lepraassistent, und ich waren gerade bei ihr, und wir haben es mit Todesverachtung gegessen, den leeren Teller zurückgebracht und gesagt, Helen sei begeistert gewesen. Nachdem sie ihr sagten, es sei sehr schwierig gewesen, sagte sie ihnen, sie bräuchten es auch nicht zu wiederholen. Sie war tief gerührt.

Für solch einen Außenposten muss man bestimmt eine besondere Berufung haben. Aber sie ist diese hinreißende Mischung aus gepflegter Amerikanerin aus guten Kreisen und einem unwahrscheinlichen Charakter. Ich weiß nicht, wovon sie sich ernährt. Unsere mexikanische Mitschwester, Berenice, schickt ihr jedenfalls zwischendurch Salt-Biscuits, einmal die Woche über die Flugverbindung.

Es sind Menschen wie Helen, die »anziehend« wirken auf junge Menschen. Weil sie etwas ausstrahlen.

Der Weg und die Nachfolge

Wichtig ist für mich die Wegerfahrung. Es gibt einen Weg nach Astor, so selbstmörderisch und lebensgefährlich, dass selbst die erfahrensten Jeepfahrer vorher gedopt sind. Man fährt so einen Weg nur, wenn man entweder sechzehn ist oder später, wenn man Chunza-Wasser getrunken hat. Es gibt aber nur diesen Weg. Auf der Hinfahrt ging das noch ganz gut. Wir wussten nicht, was vor uns lag. Dann war unser Einsatz beendet, wir mussten wieder zurück. Sonst kann ich unter allen Umständen schlafen. Aber in dieser Nacht habe ich nur gedacht: Um Himmels willen, dieser Weg! Wie sollen wir zurückkommen!

Es war der 13. Mai, 20 Kilometer lagen vor uns. Mindestens 20 Kilometer, vor denen wir zitterten. Dann hatte es aber in dieser Nacht ein wenig getröpfelt. Als wir losfuhren, war ein Jeep vor uns gefahren. Der hatte Radspuren hinterlassen. Wenn man im Wagen sitzt, sieht man nur den Abgrund. Der Jeep ist ja ein wenig breiter als die Radspuren. Da aber vor uns ein Wagen gefahren war, konnte man sehen, dass selbst an den engsten Stellen die Straße breit genug war. Zumindest so breit, dass er gerade noch mit den Rädern durchgekommen war. Ich starrte 20 Kilometer fasziniert auf diese Radspuren und dachte: Der ist ja auch durchgekommen.

Dann kommt man um die Ecke und sieht die Hängebrücke vor sich und eine ganz enge Schlucht, durch die der Wind ständig faucht. Die Brücke bewegt sich infolgedessen, und man muss davorstehen, bis sie kommt, und den richtigen Augenblick abwarten, um mit den Rädern draufzufahren, damit sie stabilisiert wird. Aber auf der anderen Seite, da weitet sich alles, da ist das Abenteuer vorbei.

Mir ging in diesem Moment etwas auf, was ich nie wieder aus dem Kopf brachte: die Frage der Nachfolge. Du läufst ja nur hinterher. Wenn Er es geschafft hat, warum sollst du es nicht schaffen? Er hat es sogar garantiert: »Ich bin der Weg!« Ich weiß nicht, wie man im Westen eine solche Urerfahrung vermitteln kann.

Lebendiges Wasser

Oder Wasser: »Sindapany, sindapany – lebendiges Wasser«, sagen die Pakistani. Sie finden Wasser und nennen es »lebendiges Wasser«. Wenn man drei Wochen das abgestandene Regenwasser vom Vorjahr getrunken hat, weil es das einzige ist – und plötzlich fährt man durch einen dieser kleinen Bäche. Dann halten die Landrover an, und alles stürzt heraus: »Sindapany, sindapany – lebendiges Wasser, lebendiges Wasser.«

Oder ich erinnere mich an einen Flug nach Islamabad. Man fliegt über die Wüste. Plötzlich wird es grün. Man sieht noch nicht, warum. Man fliegt ein wenig weiter und überfliegt den Indus. Und dann weiß man plötzlich, dass wirklich nur das lebendige Wasser das Leben erweckt. Der Indus ist die hässlichste, schlammigste Brühe, die man sich vorstellen kann. Und es blüht trotzdem rundum.

Warum sollte man hierin nicht auch die menschliche Seite der Kirche sehen?

Gott hat Humor. Er kann aus schlammigem Wasser blühendes Leben erwecken.

Geopfert in die Vergeblichkeit

Der Indus ist faszinierend. Er entspringt ganz oben in den indischen Bergen. Was mich in Pakistan an ihm so tief enttäuscht hat, ist eine kilometerlange Schlucht, eine reine Felsenwüste. Dass es das Wasser gibt, hat dieser Landschaft überhaupt nichts ausgemacht. Wenn der Indus Schlamm und Erde anschwemmt, reißt er alles mit der nächsten Schneeschmelze wieder weg. Auf diese Weise hat er sich durch seine Gewalt ein tiefes Felsenbett gegraben. Man kann das Wasser auch nicht hochpumpen, da es an Energiequellen fehlt. Es ist für das Himalajagebiet also völlig nutzlos. Alles schreit nach Wasser, verdorrt, und unten gurgelt und braust es, ohne irgendjemandem zu helfen. Man kann aber von der Indusschlucht hochsehen bis zu den Gletschern. Da entspringen viele kleine Bäche. Sie haben aber nicht genügend Wasser, um sich durchzusetzen, bis sie den Indus erreichen. Sie versickern irgendwo in der Höhe. Aber da, wo sie versickern, bis herunter zum Indus, findet man eine grüne Linie, bewachsen von Bäumen und voll saftigem Grün. Durch den Indus da unten, der sich so lärmend aufspielt und sich so gewalttätig durchsetzt, durch den geschieht überhaupt nichts. Beim Gletscherbach, der es versucht und nicht geschafft hat, da blüht es, sind Sträucher, sprießen die Blumen. Er hat sich geopfert in die Vergeblichkeit, hat Leben geschaffen an seiner Strecke. Solche Erfahrungen mache ich in Pakistan auf Schritt und Tritt.

Ich habe immer als Frau geglaubt

Natürlich habe ich mein Leben nur als Frau leben können – und so auch Anrufe nur als Frau erfahren können. Was anders wäre infrage gekommen? Trotzdem habe ich Jahre, Jahrzehnte gebraucht, um mich ganz mit meiner Rolle als Frau zu identifizieren – ich habe erstaunlich lange und immer wieder die Bewunderung eines Mannes nötig gehabt, um mich als Frau zu akzeptieren. Jahre, Jahrzehnte in mein Ordensleben hinein brauchte ich die Bestätigung, dass ich ja »auch anders gekonnt« hätte. Dass der Entschluss die freie Option für das »je Größere« war (woran ich im Grunde niemals gezweifelt habe – irrationalerweise). In meine Mutterrolle bin ich Patienten gegenüber sehr rasch hineingewachsen, meinen »Jungs« (sprich: Lepratechnikern) gegenüber erstaunlich spät; meinen Verhandlungspartnern gegenüber ergibt sich erst in letzter Zeit ein kollegiales Verhältnis, frei von emotionalen Obertönen (wenn auch nicht frei von menschlichem Interesse!). Insofern habe ich mein ganzes Leben als Frau gelebt – wie sollten da die eigentlichen, die tiefsten Schichten meines Wesens davon ausgenommen sein?

Mehr als eine Krankheit

Ich habe noch nie eine Lepra gesehen

Lepra – wie sieht das konkret aus? Vor Ort? In Pakistan?

Eine Antwort auf diese Frage gibt ein kurzes Miterleben einer Unterrichtsstunde für die in der Ausbildung befindlichen einheimischen Lepratechniker.

»*Leprosy*« (= Lepra) schreibt Dr. Ashfag, der für die Ausbildung verantwortliche einheimische Arzt, mit seiner klaren, zügigen Handschrift an die Wandtafel. Dann streicht er das Wort mit zwei energischen Strichen wieder durch.

~~LEPROSY~~

steht jetzt auf der Wandtafel.

»Ich habe noch nie eine Lepra gesehen«, sagte er zu seinen konsternierten Schülern. »*Ich* habe noch *nie eine Lepra geseen*.« – Verblüfftes Schweigen –. Dann eine Bewegung in der zweiten Reihe. Gul Haider steht auf. »Stimmt«, sagt er mit verschmitztem Grinsen, »ich auch nicht, nur Leprabazillen und Leprapatienten.« Amüsiertes Lachen im Klassenzimmer. Darauf der Schüler Yaseen, ernst werdend: »… deshalb müssen wir auch immer daran denken, dass wir keine *Krankheit* behandeln, sondern *Menschen*.«

Das muss man wissen, wenn man medizinisch über diese Krankheit spricht. Eine Infektionskrankheit, hervorgerufen durch ein dem Tuberkelbazillus verwandtes Bakterium. Lepra ist nicht vererbbar. Lepra ist weniger ansteckend als Tuberkulose. Lepra ist heilbar. Je früher die Krankheit erkannt wird, desto besser sind die Aussichten auf Heilung.

Heute kann Lepra sogar im fortgeschrittenen Stadium zum Stillstand gebracht werden. Schätzungen gehen von 15 bis 20 Millionen Leprakranken in der Welt aus.

Als Symptome treten Gefühllosigkeit, Hautausschlag und Nervenverdickung auf. Die Inkubationszeit beträgt normalerweise drei bis fünf Jahre. Sie kann aber auch länger als 20 Jahre dauern. 20 Jahre, nachdem der letzte infektiöse Leprafall festgestellt wurde, muss die Bevölkerung noch regelmäßig durch Kontrolluntersuchungen erfasst werden. Die Behandlungsdauer der Lepra beträgt im ersten Stadium rund fünf Jahre, im fortgeschrittenen Stadium jedoch 10–20 Jahre. Jahrelang müssen auch die »Geheilten« beobachtet werden.

Lepra ist eine schreckliche Krankheit, bösartig, grausam. Eine Krankheit, die den Körper zerfrisst, zerstört, allmählich zerfallen lässt, wenn nichts dagegen unternommen wird. Zunächst hat man nur einen hellen Fleck auf der Haut. Man sticht hinein. Es tritt Blut aus, aber der Kranke spürt keinen Schmerz. Gefühllosigkeit, das ist der Anfang.

Ich erinnere mich noch an die Anfangszeiten im »Dispensary«, an den fast aussichtslosen Kampf. Nachts krochen die Ratten durch die Wände der Holzhütten und fraßen die Leprakranken an. Da die Nerven taub sind, spüren sie nur einen Schnitt, einen Stich, einen Biss. Nicht mehr.

Die Ratten gingen aber auch an die – gesunden – Säuglinge. Und dann, nach drei, vier Jahren Inkubationszeit, gab es neue Lepröse. Kinderaussätzige.

Ebenso ungeheuerlich, wenn nicht schrecklicher ist die gesellschaftliche Ächtung der Kranken. Die panische Angst vor der Ansteckung.

Eingemauert

Ein erschütterndes Schicksal war das von Adina, einem 14-jährigen Mädchen aus dem hohen Norden Pakistans. Adina, die von der Dorfbevölkerung zwei Jahre in einer Höhle gefangengehalten wurde, weil sie Lepra hatte. In einer Felsenhöhle, zweimal zwei Schritte im Geviert. Davor eine übermannshohe Steinmauer. Der Vater hatte seine eigene Tochter aus dem Haus verstoßen. Von der Familie und den Bewohnern ihres Dorfes wurde sie hier eingemauert, in Serbal, einem Weiler nahe der Grenze zu Battistan. Hier haben wir sie im Jahre 1980 gefunden.

Ich kletterte auf einen Steinvorsprung. Im Höhleneingang erschien ein Wuschelkopf und verschwand gleich wieder. Ich streckte meine Hand über die Mauer. Drüben legte sich eine heiße Kinderhand hinein. »Gut«, dachte ich, »die nonverbale Kommunikation scheint zu klappen.« – »Wie komme ich da hinein … über die Mauer klettern?«, fragte ich Abdullah, unseren Leprahelfer. Er entgegnete: »Ich fürchte, es gibt keinen anderen Weg.« Ich kletterte auf die Mauer und sprang in die Grube hinab. Und da lag Adina auch schon in meinen Armen, gerade dem Kindesalter entwachsen, halb nackt, zitternd in der Kälte. Wir hockten in dem kahlen Steingeviert und lächelten einander an. Ich zog meinen Pullover aus, das Mädchen stülpte ihn sich eilfertig über, zog ihn befriedigt bis über beide Knie. Ich hatte noch ein Bonbon in der Tasche. »Dawai« (= Medizin), sagte sie, und versuchte es gehorsam mit dem Papier herunterzuwürgen. Ich lachte und wickelte es für sie aus. Ich fand noch drei weitere Bonbons in meiner Jackentasche. Sie verschlang sie mit gleicher wilder Gier. »Mitai« (= Süßigkeit), verbesserte sie sich befriedigt: so weit ging unser gemeinsamer Sprachschatz. Dann begann ich mit

der Nachuntersuchung. Die Besprechung mit den Dorfältesten verlief stürmisch. Ein Dutzend Männer saß in der
Runde. Die meisten hatten, auf der Steinmauer hockend,
das Schauspiel schweigend mitverfolgt. Ich ließ keinen
Zweifel an meiner Reaktion auf ihr Verhalten. Wer meinem Gespräch in Urdu nicht folgen konnte, für den übersetzte es Abdullah in ihr einheimisches Khoar. Und trotzdem – es hätte langfristiger, geduldiger Aufklärungsarbeit
bedurft, um dem Mädchen ein erträgliches Leben in der
Dorfgemeinschaft zu ermöglichen. In drei Wochen wird
die Gegend durch Schneefall abgeschnitten sein. Wer will
dann nachschauen, was geworden ist? »Gebt uns Adina,
wenn ihr sie nicht haben wollt!«, schließt Abdullah die
Verhandlung ungeduldig.

Seither bemühten wir uns um einen Jeep, um das Mädchen nach Gilgit mitzunehmen.

Ja – Adina … es war ein Drama. Das Mädchen konnte
kaum noch laufen. Seine Muskeln waren durch die lang er-
zwungene Ruhe so geschwächt. Wir brauchten drei volle
Tage, ehe wir mit dem Jeep (bei dem der Vergaser verstopft,
die Zündkerzen abgenutzt und das Benzin verschmutzt
waren) Gilgit erreichten. Adina lernte in vier Tagen, Sheena
zu sprechen (die Umgangssprache in Gilgit). Am fünften
Tag setzte sie sich in einen Jeep und fuhr los. Als wir sie
schließlich einfingen, sagte sie, sie hätte jetzt Sheena gelernt,
was nun drankäme … In der Zwischenzeit hat sie sich in
Abdullahs Familie eingewöhnt und lernt eisern das Laufen.

Adina ist ein Beispiel dafür, was möglich ist, was Un-
kenntnis anrichten kann, was Hilfe vermag. Doch sie ist nur
ein Beispiel. Es gibt Tausende.

Hashims Schicksal

Hashim wuchs in einem Fischerdorf am Arabischen Meer auf. Jene Fischerdörfer, die sich, verloren zwischen der Unendlichkeit des blauen Ozeans und der unendlich sich hinziehenden Sand- und Felsenwüste, in die Flanken eines kahlen Felsenriffes ducken, dort, wo es eine Süßwasserquelle gibt, um die sich das Leben des Dorfes dreht wie um die Fischerboote.

Großartig, feindselig und abweisend – das sind die gemeinsamen Merkmale von Meer und Wüste. Wer aus der Dorfgemeinschaft ausgestoßen ist, dem stehen nur die Gefahren des Meeres und die der Wüste offen.

Hashim erkrankte, als er sechs Jahre alt war. Mit acht Jahren ließ sich die Krankheit schon nicht mehr verheimlichen: Das aufgedunsene Gesicht, die unförmigen Ohren, die Wunden an Händen und Füßen hatten ihn, für jeden erkennbar, gezeichnet. Die Mutter versuchte, den Jungen im Hause zu verstecken. Aber wer kann schon etwas geheim halten in einem Dorf, das nur aus 20, 30 Hütten besteht? Wo jeder auf jeden angewiesen ist? »Ich entsinne mich noch, als wir Jungen waren, wie wir Hashim mit Steinwürfen verjagten, sobald er wagte, sich unserer spielenden Gruppe zu nähern«, erzählte mir zwölf Jahre später der zum Dorfhäuptling herangewachsene Altersgenosse von Hashim.

Es ließ sich nicht mehr verheimlichen. Die Familie wurde unter Druck gesetzt. Die Dorfgemeinschaft trieb Hashim in die Wüste. Der älteste Bruder baute ihm eine kleine Lehmhütte und versprach, ihm Wasser und Essen zu bringen. Das war möglich, solange nicht der Sandsturm wütete.

Einmal wurde der Junge noch im Basar gesehen. Dort, wo man den Fischfang nach Rückkehr der Boote versteigert. Dann war jede Spur verwischt. Der Bruder fand die Hütte leer, zusammengestürzt. Die Dorfbewohner, die abends am Feuer zusammensaßen am Strande, erzählten den zurückkommenden Bootsinsassen, dass Hashim das gleiche Schicksal getroffen habe wie andere Aussätzige vor ihm: Dass die wilden Tiere getan hatten, was die Dorfgemeinschaft nicht tun konnte.

Ein Dorf, das überleben will in diesen Gebieten, muss hart sein. –

Hashim hat mir nie erzählt, was er als Kind in diesen verlassenen Nächten in der Wüste gelitten hat. Wenn ich das Gespräch vorsichtig auf die Zeit zu bringen versuche, winkt er ab. »Gott ist gut zu mir gewesen«, sagt er, »er hat mich nach Karachi gebracht, und dort habe ich meine zweite Mutter gefunden.« Eine Kamelkarawane hatte den halb bewusstlosen Jungen damals irgendwo in der Wüste aufgefunden. Irgendwie kam er nach Karachi. Wie, entsinnt er sich selbst nicht mehr so recht. Auch ich weiß nicht mehr so recht, wie er eigentlich ins Krankenhaus kam. Es geschieht zu oft, dass irgendjemand einen Patienten ins Krankenhaus trägt und dann verschwindet. Wir fragen nie, woher jemand kommt; wenn er schwer krank ist, wird er in ein Bett gebracht, und die erste Frage wird vielleicht nach zwei, drei Wochen gestellt – oder gar nicht. Damals dachte ich, Hashim sei ein alter Mann, so hatte ihn die Krankheit verwüstet. Er sprach kein Urdu und ich kein Belutschi, außerdem war es uns beiden in den ersten Wochen kaum nach einer Unterhaltung zumute; dazu war er zu krank und ich zu angespannt: Wir hatten keine Hoffnung, den Jungen, der sich eine schwere Nierenkomplikation zugezogen hatte, zu retten.

Warum er schließlich die Krankheit überlebte, an der so viele meiner Patienten in den ersten Jahren starben, als wir die Leprapatienten noch im letzten Stadium bekamen? Hashim hat eine Erklärung bereit, gegen die auch wir Ärzte kein

Gegenargument vorzubringen wissen: »Gottes Ratschluss.« Ich entsinne mich noch, wie ich schließlich nicht mehr zusehen konnte, wie die Schmerzen den Jungen an den Rand der Verzweiflung trieben, und ich ihn in einem ratlosen und letzten Versuch auf Cortison setzte – und mich damit zu beruhigen versuchte, dass Hashim gar nicht mehr so viel Zeit vergönnt sei, dass die Nebenwirkungen ihm schaden könnten.

Heute? Heute ist Hashim auf Heiratsurlaub. »Ich habe nie zu hoffen gewagt«, sagte er, als er sich verabschiedete, »dass Glück auch für mich gemeint sein könnte – und nun sieh –.« Er hatte den Tag, an dem er für geheilt erklärt wurde, mit einem großen Fest gefeiert, Blumengirlanden für die Ärzte und Tee für die Angestellten. Sechs Wochen später verlobte er sich. Er verdient bescheiden, aber regelmäßig als Hilfspfleger im Krankenhaus. Im Frühjahr dieses Jahres kam der wahrhaft große Moment seines Lebens. Wir unternahmen unsere erste »Expedition« nach Makran, seiner Heimat, einem noch sehr unerschlossenen Wüstengebiet zwischen Karachi, der iranischen Grenze und dem Arabischen Meer. Hashim nahmen wir mit als Übersetzer. Nach zwölf Jahren das erste Mal wieder in Richtung Heimat –.

In der zweiten Woche erreichten wir Sur, jenes verlassene Fischerdorf, in dem Hashims Geschichte begann. Staubverkrustet, durstig und erschöpft stolperten wir in das Haus des Dorfältesten, der uns nach östlicher Sitte mit großer Gastfreundlichkeit empfing. Er stellte uns einen Raum für die Medikamente und Instrumente zur Verfügung, für unsere »fliegende Ambulanz«. Leprafälle? Nein, die gäbe es im Dorf nicht. Er entsinne sich, dass vor 10 oder 15 Jahren der jüngste Sohn von Ruzy – wie war doch sein Name –? »Hashim«, sagte Hashim, der neben uns stand. Der Dorfälteste fuhr getroffen herum. Ob er ihn kenne? »Ja«, sagte Hashim, auf Belutschi. »Ich.«

Die Nachricht verbreitete sich wie ein Lauffeuer im Dorf. »Hashim, Ruzys Sohn, ist zurück – geheilt! Unmöglich! – Doch – Assistent einer ausländischen Ärztin – im Hause von Mohammed Ali –.«

Es wurde ein richtiges Festgelage am Abend, zu dem das ganze Dorf beisteuerte, bei dem Hashim den Ehrenplatz einnahm und aus demselben Krug trank, der die Runde im Kreise der am Boden hockenden Dorfgenossen machte. Bei dem Hashim das Wunder seiner Heilung wieder und wieder erzählen musste. Am gleichen Abend kamen drei Patienten aus dem Dorf zur Behandlung, die bislang ihre Krankheit verheimlicht hatten, und am Morgen fanden wir noch einmal zwei. Wenn der Aussatz heute heilbar war, warum dann solche Furcht? Von da an war das Eis gebrochen. Wo immer wir im Küstenstrich in ein Dorf einfuhren, da war schon die Nachricht uns vorausgeeilt, dass unsere Medikamente den Aussatz heilen würden. Wir hatten ja den lebenden Beweis mit uns, dessen Geschichte jeder kannte und den jeder tot geglaubt hatte. Wir eröffneten zwei Außenstationen in dem Gebiet, in denen heute schon 140 Patienten in Behandlung sind.

Leben verwandeln

Mahatma Gandhi, ein großer Freund der Leprakranken, hat einmal gesagt: »Lepraarbeit bedeutet nicht nur medizinische Hilfe, sie verwandelt die Lebensenttäuschung in Freude, persönlichen Ehrgeiz in selbstloses Dienen. Wenn du das Leben eines Kranken verwandelst oder den Wert seines Lebens verändern kannst, so kannst du sein Dorf und sein Land verändern.« Das könnte ich unterschreiben.

Ich hatte kein prinzipielles Fachinteresse an Lepra, das hat sich entwickelt. Lepra ist auch ein fachlich sehr interessantes Gebiet. Das allein hätte mich nicht motivieren können. Faszinierend an der Lepra ist für mich, dass man mit Menschen ein Leben lang zusammenlebt. Wenn einer Malaria hat, kommt er, man heilt ihn aus und sieht ihn nicht wieder. Die Kinder, die ich vor mehr als zwanzig Jahren entbunden habe, die kommen jetzt schon wieder mit ihren eigenen Kindern. Die Leprabehandlung ist lebenslang. Man kann zwar klinische Ausheilungen erzielen. Um aber Rückfälle zu vermeiden, müssen die Patienten die Medikamente weiter einnehmen. So ergibt sich ein langfristiges Verhältnis zu den Familien. Bislang gibt es eine Lepraform, die wir lebenslang behandelt haben. Es ist jetzt eine neue Medikamentenkombination von der Weltgesundheitsorganisation vorgeschlagen worden, die die Behandlungsdauer auf zwei Jahre verkürzt, dann aber noch eine mindestens zehnjährige Überwachungsphase vorsieht. Die Schwierigkeiten in der Leprabekämpfung sind sehr viel mehr von der mangelnden Infrastruktur her bedingt als vom Krankheitsverlauf. Die Arbeit in den Labors ist abgeschlossen. Wir kennen zwar noch nicht die Form der Übertragung, aber doch Ursache und Ausheilungsmöglichkeiten. Rein medizinisch ist das Problem fast gelöst. Aber die Frage bleibt, wie man die Medikamente an die Patienten bringt. Wenn eine Straße irgendwo im Norden gebaut wird, bringt das die Lepraarbeit weiter. Die Bevölkerungsdichte ist in vielen Teilen Pakistans gering, und die Verkehrswege sind in trostlosem Zustand.

Stammesgesetze

Zur mangelnden Infrastruktur kommen andere Probleme: die Stammesgesetze etwa.

Ein Februar im Norden Pakistans. Schnee lag in den Bergen. Die Sonne stand strahlend am blauen Winterhimmel. Das Gebiet am linken Ufer des Indus war erst vor wenigen

Jahren zu Pakistan gekommen. Vorher hatte man dort nach eigenen Gesetzen gelebt, unabhängig und abgeschlossen von allem, was sich in der Welt ereignet hatte. Es herrschte das Gesetz des Stärkeren und das Gesetz der Kugeln. Als ich 1969 in Pattan war, hatte man uns von Yagistan aus zwei volle Tage belagert. Sie schossen auf jeden, der sich im Basar von Pattan zu zeigen wagte. Das Tal ist so eng, dass man von der anderen Bergflanke ohne Mühe die ganze Schlucht beherrscht. Kein Berghof, der nicht seinen Wachturm hat, aus rohen Steinen gefügt und mit Schießscharten versehen. Jeder lebt mit jedem in Blutrache. Wenn man bei einem Stamm übernachtet, muss man beim anderen, feindlichen Stamm erst einmal klären, wieso man dort gewesen ist. Die Gastfreundschaft ist etwas Symbolisches. Bevor wir ein Dorf betreten, muss der verantwortliche Lepraassistent zunächst einmal herausfinden, welche Parteien es im Dorf gibt. Dann gilt es, die Aufmerksamkeit gleichmäßig auf diese Gruppen zu verteilen:»Mit euch essen wir zu Mittag, mit euch zu abend. Beim Dritten schlafen wir und nehmen das Frühstück ein.« So hat jeder die gleiche Ehre des Besuches. Trotzdem gibt es stundenlanges Palaver, warum man wo mit wem zusammen gesehen wurde.

Die Ausweglosigkeit des Mohammed Akram

Ich erinnere mich an einen anderen Einsatz in den Bergen. Eine gnadenlos in Steinschluchten brennende Sonne. Halsbrecherische Klettertouren und Gletscherbäche, die kaum zu durchqueren waren. Plötzlich Hundegebell. Fünf Schritte weiter eine Biegung, die Schlucht öffnete sich. Niedrige Hütten, am Steilhang verstreut, aus rohem Stein gefügt, die meisten von einem Wachturm überragt. Wachtürme müssen gebaut werden, ehe man sich einen Wohnraum leisten kann.

Oben am Berg auf den taschentuchgroßen Terrassenfeldern wurde Mais geschnitten. Eine Frau löst sich plötzlich aus der Gruppe. Läuft uns entgegen, mit fliegendem Rock und wehendem Schleier. Sie schließt mich in ihre Arme, küsst mir die Hände zum Willkomm. Nimmt mir den Bergstock ab (da nichts anderes abzunehmen ist – die Jungen tragen das Gepäck). Ehe ich Abdullah fragen kann, wer es denn sei und was die Begrüßung denn bedeute (wir kennen uns nicht), hat sie mich in die Steinhütte gezogen, einen kalten, dunklen Raum, ohne Fenster. Ich kann nichts unterscheiden, bis sich die Augen ein wenig an die Dunkelheit gewöhnt haben. Dann wird alles allmählich klar.

Ein Mann, noch keine vierzig, hat sich von der Bettstelle erhoben und streckt uns die Hände entgegen. Verkrüppelte Hände – ein Leprapatient. Er begrüßt Abdullah wie einen alten Freund. Die Frau hat die Kissen auf der Bettstelle aufgeschüttelt, Ziegenmilch gebracht, jetzt hockt sie auf dem Boden, schaut flehentlich zu mir auf, sagt etwas auf Sheena, das ich nicht verstehe. Abdullah übersetzt: »Der Junge ist noch im Gefängnis, sagt sie. Den Mann haben sie auf Kaution entlassen. Weil er Lepra hat.«

Das ist die Geschichte:

Mohammed Akram hat eine Schwester, blauäugig und hellhäutig, mit langen, pechschwarzen Zöpfen. Die Burschen reckten die Hälse, wenn sie morgens vor Sonnenaufgang zur Quelle ging, um Wasser zu schöpfen. Zwei Stammesälteste verlangten das Mädchen gleichzeitig zur Frau, die Heirat sollte die alte Blutrache lösen.

Lange hatte Mohammed Akram mit der Entscheidung gezögert, ehe er sich eines Tages kurzfristig für einen der Bewerber entschied: »Ich konnte das Mädchen doch nicht beiden geben, und ich konnte sie doch auch nicht daheim behalten –.

70

In der Hochzeitsnacht griff der Gegenstamm an. Man hatte mich vorgewarnt, so hielt ich mit meinem ältesten Sohn auf dem Turm Wache. Beim Auftauchen des feindlichen Stammes legte ich an. Die erste Kugel traf den Stammesältesten. Was hätte ich sonst tun können? Ich musste handeln –. Es besteht seit Langem Blutrache zwischen unseren Familien …«

Stammesfehden, Blutrache: Vor dem pakistanischen Gesetz erfüllen sie den Tatbestand des Mordes. Mohammed Akram und sein Sohn wurden von der Polizei gestellt, ins Gefängnis eingeliefert. Auf Mord steht Todesstrafe – durch Erhängen.

Die Familie war ohne Schutz im Dorf zurückgeblieben. Der alte Vater lebte noch, ein fortgeschrittener Leprafall, der sich nur noch kriechend auf Händen und Füßen fortbewegen kann. Wer würde die Frauen vor weiteren Überfällen schützen? Mohammed Akram:

»… ich habe mir den Kopf zerbrochen, was ich tun könnte, um aus dem Gefängnis herauszukommen. Schließlich kam mir meine Krankheit zu Hilfe – ich habe den Krankenbericht dem Gefängnisvorsteher eingereicht, der hatte solche Angst vor Lepra, dass er eine Eingabe gemacht hat, und so bin ich auf Kaution freigelassen worden …«

Mohammed Akram kann seine höhlenartige Zuflucht nicht verlassen: Wenn ihn der Gegenstamm sieht, ist er Freiwild. Aber er hat sein Gewehr, er kann seine Familie verteidigen! »… Und der Junge ist immer noch im Gefängnis«, sagt die Frau.

Blutgeld

Schweigen –. Ein hoffnungsloses, bedrücktes Schweigen. Der alte Vater ist in den Raum gekrochen, sitzt nahe der Tür auf dem Boden. Das Gewehr hängt über dem Bett. Ein paar Tontöpfe. Eine gegerbte Ziegenhaut, die zum Wasserholen benutzt wird. Mehr befindet sich nicht im Raum.

Gefangene einer Stammessitte, die der Einzelne nicht zu durchbrechen weiß –.

»… und?«, sagte ich, zu Abdullah gewandt.

»Den Jungen auch zum Leprapatienten erklären«, sagt der finster, »was bleibt sonst übrig?«

Aber die Blutrache?

Die geht nach strengen Regeln weiter, und wenn der Gegenstamm angekündigt hat, dass Mohammed Akram auf der Liste steht, entgeht er ihnen nicht.

Keine Lösung?

»Blutgeld –«, sagt Abdullah. »Wenn der Gegenstamm zustimmt. Und dann: Wer zahlt es?«

»Frag Akram«, sage ich. »Sollen seine Kinder und Enkelkinder noch am Galgen sterben, weil sie die Blutrache vollziehen *müssen*?«

Blutgeld – und wieder versinkt das Gespräch für mich im unbekannten Wellenschlag des Sheena. Akram ist einsilbig. Die Frau bringt heiße Maisfladenbrote und Tee. Abdullah sagt: »Selbst wenn er alles verkauft, Felder und Vieh, kann er das Blutgeld immer noch nicht bezahlen.«

»Wie viel braucht er zusätzlich?«, frage ich. »8000 Rupien«, sagt Abdullah.

»Dann kann er als Land-Taglöhner in Gilgit arbeiten.«
»Und die Familie?«

»Die kann er mitbringen.«

»Und dann ist die Blutrache erledigt?«

»Ja«, sagt Abdullah. »Das ist muslimisches Recht.«

Wir kauen an den Fladenbroten. Schlürfen heißen Tee. Und versuchen uns mit den Konsequenzen vertraut zu machen: Das Land der Väter verkaufen – was sagt der alte Vater dazu?

… aber dann wird der Sohn aus dem Gefängnis entlassen, die Mordanklage zurückgezogen –

Ein flehender Blick der Mutter.

Was nützen die Felder den Kindern, wenn auch sie am Galgen sterben, weil sie die Blutrache vollziehen *müssen?* Und die fehlenden 8000 Rupien?

Die müssen irgendwoher kommen …

Draußen jagen Akrams Jüngste kreischend die Hühner. Ein paar Sonnenstrahlen fallen schräg durch die Dachöffnung in den dunklen Raum. Der alte Vater seufzt. Er sagt etwas. »Was hat er gesagt?«, frage ich Abdullah.

»Was nützen die Felder den Kindern«, übersetzt Abdullah, »wenn sie am Galgen sterben, weil sie die Blutrache vollziehen müssen?«

Auf dem Rückweg durch die Schlucht. »Du bist dir sicher, dass du ihnen Arbeit verschaffen kannst?«, frage ich Abdullah. »Ja«, sagt er.

»Und Sie, dass Sie 8000 Rupien zusammenkriegen?«

»Sieben Menschenleben«, sage ich, »1150 Rupien pro Menschenleben, ich bin mir sicher. Und Akram wird einwilligen?«

»Ja«, sagt Abdullah.

Ich bleibe einen Atemzug lang stehen, mitten in der Schlucht. Schließe die Augen. Vor mir das Gesicht der Frau, die aufblühende Hoffnung in den Augen der Mutter. Der Bub – sagt sie –, sie werden ihn freigeben – nicht hängen – sie werden ihn freigeben –?

»Ist Ihnen nicht wohl?«, fragt Abdullah.

»Doch«, sage ich und nehme die Felskletterei erneut auf, »ich bin bloß glücklich.«

Empörende Diskriminierung

Es sind auch diese archaischen Gebirgsstämme, bei denen die Situation der Frauen himmelschreiend ist. Eine Entwürdigung, die nicht weniger schlimm ist, weil sie nicht als solche empfunden wird. Und die ich doch zu ignorieren versuche. Eine Diskriminierung, die mich immer wieder zutiefst, bis aufs Blut empört. Wenn das Essen aufgetragen wird, wird es den Männern serviert. Was übrig bleibt, geht in die Frauengemächer zurück. Man muss wissen, *wie* die Männer in diesem Land essen. Die einzige Solidarität, die ich in Pakistan nicht durchgehalten habe, ist die Solidarität mit den Frauen. Ich muss die Privilegien eines Mannes haben. Ich sage immer: Wenn die Hindus recht haben und wir mehr als ein Leben leben, dann werde ich mich in meinem künftigen Dasein der Frauenfrage in Pakistan widmen. In der Regel haben Frauen nur die Funktion, Kinder zu gebären. Ihr Wert wird nach der Zahl der Söhne geschätzt, die sie auf die Welt bringen. Wenn man einen Mann fragt: »Wie viel Kinder hast du?«, dann nennt er die Anzahl der Söhne. Auf dem Land ist die Frau nur eine unbezahlte Arbeitskraft. Die Männer bringen sich in diesen Gegenden aufgrund der Blutrache um. Mit dem Ergebnis, dass jeder drei bis vier Frauen hat. Bei unserem letzten Aufenthalt waren wir zu Gast bei einem Dorfältesten, einem 57-Jährigen. Der hatte vier Frauen. Er stellte sie mir vor und sagte in einer ganz hässlichen Formulierung, dass keine dieser Frauen fähig wäre, ein Kind zu »werfen«. Wie habe ich bedauert, dass ich keinen Dialekt gesprochen habe, sonst hätte ich ihm wenigstens vor seinen Frauen sagen können: »Wenn du steril bist, kannst du nicht sie dafür verantwortlich machen.« Ich sagte ihm: »Geh in die nächste städtische Klinik und lass einen Samentest machen.« Wir kletterten fünf Kilometer den

Berg hinauf, hinter der Tochter eines Patienten her. Sie war die zweite Frau eines Bergbauern und hatte einen Knochentumor in der Stirnhöhle. Ihr Gesicht war aufgetrieben und verunstaltet. Es sah wirklich schrecklich aus. Aber statt seine Frau zum Arzt zu schicken, heiratete ihr Mann eine andere. Die erste war gut genug, um das Vieh zu versorgen und auf dem Feld zu arbeiten. Ich hätte ihn kaltblütig erdrosseln können. Am Abend kamen wir an einer Bergbauernhütte an, ich war ziemlich erschöpft. Abdullah sprach mit dem Bauern, der sich über den Besuch freute und zwei geflochtene Bettstellen herausbrachte. Eine Frau breitete das Betttuch darüber. Auf den Boden legte sie eine Decke, auf die ich mich setzen durfte. Die Jungs nahmen auf dem Bettgestell Platz. Sicher, auch das war nicht persönlich gemeint. Aber wenn ich solche Diskriminierungen drei Wochen hintereinander erlebt habe, dann bin ich fix und fertig. Dann kann ich meine eigenen Leprahelfer nicht mehr sehen. Bloß weil sie Männer sind.

Erfolg in Pluderhosen

Die Unterordnung der Frau ist nicht im Koran verankert. Sie ist Ausdruck der Stammesstruktur. Schließlich haben sich auch im christlichen Mittelalter die Theologen allen Ernstes darüber unterhalten, ob die Frau eine Seele hat oder nicht. Lepraarbeit ist also nicht ohne Veränderung der Sozialstrukturen, ohne Bewusstseinsänderung auf Dauer erfolgreich. Dazu eine Geschichte aus Belutschistan:

Ich bin mit einem Team von fünf Leprahelfern im Wüstengebiet von Makran im Landrover unterwegs. Irgendwie läuft die Arbeit nicht so recht an. Wann immer wir uns einer Gruppe von Zelten nähern, laufen die Frauen fluchtartig davon – Kinder auf dem Arm oder sie hinter sich her zerrend.

Wir halten Kriegsrat. Daud hat eine Erklärung: »Die einheimische Panjabi-Tracht, die Sie tragen, gleicht der Männertracht in Makran – vielleicht erkennen die Frauen Sie aus der Entfernung nicht als Frau?« Das Argument scheint einleuchtend. Wir besorgen uns eine Makrani-Frauentracht, weite Pluderhosen, ein schwingendes, buntfarbiges Obergewand, unter dem man unbehelligt Zwillinge erwarten kann, ohne dass es irgendjemandem auffallen würde, ein großes Schultertuch zur Verschleierung. Der Erfolg ist durchschlagend. Wenn wir uns jetzt einer Gruppe von Zelten nähern, strömen uns die Frauen entgegen. Wir schlagen unsere fliegende Ambulanz auf dem Zeltplatz auf: eine geflochtene Bettstelle unter einer Kokosmatte, die Schatten gibt. Die Nachricht verbreitet sich mit Windeseile – die Kranken aus der näheren und weiteren Umgebung werden gebracht. Ich sitze auf der Kommandobrücke (der geflochtenen Bettstelle) und gebe Anweisungen ans Team: – Bitte erst Lepra-Vorsichtsuntersuchung, – dann Anamnese erheben – Fieber und Blutdruck messen, hier – bei der Frau …

Ich habe völlig vergessen, dass ich die Tracht der Frauen von Makran trage. Auf den Wanderungen hat der zuständige Lepratechniker Befehlsgewalt – während der Fahrt der Fahrer des Landrovers – während der Sprechstunde fällt die Befehlsgewalt an mich. Alles das hat sich frag- und mühelos eingespielt. Erst der durchdringende, beobachtende, amüsierte, entzückte Blick zweier Mädchen reißt mich aus meiner Rolle. Die sitzen auf dem Boden, an die Zeltpflöcke gelehnt, kichern hinter ihrem Schleier und genießen mit großen, hungrigen, entzückten Augen diese so ganz und gar neue Situation: Dass da eine der Ihrigen auf der Kommandobrücke sitzt und die ganze Meute Männer hier- und dahin kommandiert –!

Bewusstseinsbildung? Sicherlich nicht. Aber vielleicht der Anfang einer Frage – vielleicht ein wenig Zuwachs an Humor.

Eine Kerze anzünden

Ich weiß, dass unsere Arbeit nicht mehr ist als ein Tropfen auf den heißen Stein. Aber in ein Menschenleben passt vielleicht nicht mehr hinein als ein Tropfen. Und wenn jeder seinen Tropfen dazugibt, kann sich viel ändern.

Ich hatte es ja ursprünglich noch mit einer allgemeinen Praxis nebenher versucht. Dann sah ich an einem Tag 50 Patienten. Am Abend, als ich völlig erschöpft aus der Praxis kam, standen da weitere 50. Die einen fluchten, weil man sie nicht untersucht hatte. Ich untersuchte am nächsten Tag 100. Als ich herausging, standen da weitere 100. Am dritten Tag dachte ich: Es ist sinnlos, 150 Menschen den Eindruck zu vermitteln, man würde sie behandeln. Ich habe dann nicht gesagt: »Ich kann euch nicht behandeln«, sondern: »Wir haben nur Leprabehandlungsmöglichkeiten«. Mir selber sage ich: Als der Herrgott auf die Welt kam, ist er auch nur in Palästina gewesen. Das Unmögliche wird von keinem verlangt.

Die Jesuiten haben zwei Wahlsprüche, die mir immer sehr imponiert haben: »Wir tun, was wir können. Mehr können wir nicht tun.« Der zweite: »Weitermachen ist Unsinn. Aber aufhören ist noch unsinniger. Also machen wir weiter.« Meine Leprahelfer sagen: »Something is better than nothing. – Etwas ist immer noch mehr als gar nichts.« Und das gibt es auch in einer poetischen Formulierung: »Es ist besser, eine Kerze zu entzünden, als die Dunkelheit zu verfluchen.«

Und trotz aller Bemühung: Man ist immer auf den Zufall angewiesen. Zufälle, glückliche – und solche, die einen an den Rand der Verzweiflung bringen. Wenn man unterwegs ist bei den Armen, dann kann man nicht unter dem Gesichtspunkt der Lepra sozusagen selektionieren. Man muss sich zwar konzentrieren. Aber die Probleme hängen zusammen. Manchmal scheint es hoffnungslos. Ich suche mich immer wieder zu bescheiden – und doch das Unmögliche zu organisieren. Auch wenn es nicht organisierbar ist.

Das Dorf in Yagistan

Das ist der Alltag, wenn wir unterwegs sind. Etwa im Norden Pakistans. Es regnete in Strömen in Yagistan, dem Yalkot-Tal, das auf unserem Programm stand. Wir wussten, dass es dort Lepra gab; es war aber noch keiner von uns dort gewesen.

Ein Patient hatte sich im Januar bis zu einer Außenstation durchgefragt. Bei seinem Sohn, der ihn begleitete, wurde ein Frühfall erkannt. Wir diagnostizierten weitere fünf Frühfälle in der Familie. Es wurde uns über zwei weitere Patienten, die weiter oben im Tal lebten, berichtet. Wir schliefen nachts in der Hütte des Patienten zu fünft auf den drei geflochtenen Bettstellen, zusammen mit fünf Kühen und dem hustenden Leprapatienten in dem einen dunklen, fensterlosen Raum.

Am Morgen hatte sich das gesamte Dorf versammelt. Wir begannen unsere Arbeit auf dem überdachten Felsvorsprung vor dem Haus des Patienten: eine Flut von Frauen, Kindern, Männern, deren Sprache nur Fazl verstand. Grausam das Geschrei und der Gestank, der eisige Wind von den Schneebergen, die Hilflosigkeit angesichts dieser Flut von Armut! – Der Zustand des kleinen Mussalin, den ich gestern Abend mit einer beginnenden Lungenentzündung gesehen hatte, hatte sich hoffnungslos verschlechtert. Ich hatte einen Jungen ins Tal geschickt, um Antibiotika zu kaufen (es gibt eine »Apotheke« im Basar) – die Medikamente kamen zu spät!

Eine Frau in Wehen – sie hatte acht Kinder geboren, zwei hatten überlebt. Jetzt bat mich der Mann, ich solle doch etwas tun, dass sie ein gesundes, kräftiges Kind zur Welt brächte. Was sollten meine Eisentabletten in dieser Stunde bei der Blutarmut noch helfen? Vielleicht für die nächste Schwangerschaft.

Bei den nächsten vier, fünf Patienten ließen sich keine krankhaften Befunde erheben: Bauchschmerzen, Rückenschmerzen, Gliederschmerzen – wir gaben eine Handvoll Vitamine. – Der Nächste: Herzschwäche. Wir hatten im Jeep Digitalis. Der Sohn wurde beordert, uns das Gepäck ins Tal zu tragen und die Medikamente abzuholen.

Der Nächste, der Nächste, der Nächste –

Um 1 Uhr war das Essen bereitet: Fladenbrot und Curry. Wir waren hungrig und erschöpft. Vom Patientenstrom noch kein Ende abzusehen. Ich beschloss, ins nächste Dorf aufzubrechen, in dem unsere Leprapatienten auch schon warteten.

Was einem das Herz zerreißt

Während wir den Abstieg beginnen, die Bitten und den Protest der zurückbleibenden Dorfbewohner noch im Ohr und Herzen, zerbreche ich mir zum hundertsten Male den Kopf, wie man eine Lösung finden könnte, den vielen Hilfe suchenden Patienten gerecht zu werden und die Lepraarbeit weiterzuführen – ein seit Jahren ungelöster Konflikt. – Nein, es sind nicht die Felspfade und nicht die schwankenden Brücken, nicht die Nächte in den Berghütten und nicht die kargen zwei Mahlzeiten am Tage, die das Leben hier draußen hart machen für uns – es ist die unendliche Not, in der wir allein nicht helfen können, die uns immer und überall begegnet, die das Herz zerreißt und zermürbt.

Einmal kamen wir in über dreitausend Metern Höhe in ein Himalajadorf. Ein Patient lief uns entgegen: »Meine Tochter hat eben entbunden. Aber die Nachgeburt kommt nicht heraus.« Ich ging zu seiner Hütte und konnte den Befund zunächst auch nicht interpretieren. Es war ein kaum beleuchtetes, höhlenmäßiges Zimmer. Dann entdeckte ich: Die Mutter hatte die Tochter entbunden und dabei die gesamte Gebärmutter herausgedrückt. In der Meinung, das sei die Nachgeburt, hatte sie versucht, sie herauszuholen. Wir waren zu Fuß unterwegs und hatten kaum etwas dabei. Es gab keine Möglichkeit, eine Narkose zu geben oder sterile Instrumente zu verwenden. Aber irgendetwas musste gemacht werden. Ich sagte: »Wenn Mohammed Alf hier nicht herein darf, dann mache ich überhaupt nichts.« Da ließen sie schließlich unseren Lepraassistenten in den Raum. Ich hatte tatsächlich nur zwei Aspirin und eine noch nicht geöffnete Tempo-Taschentuch-Packung. Das war das Sterilste. Dann wusch ich die Hände im Bach, erklärte ihr, dass wir sie nicht ins Krankenhaus schaffen könnten, weil sie den Transport nicht überleben würde. Die Frau hat so tapfer mitgearbeitet. Wir waren beide total nass geschwitzt, bis ich die Reposition gemacht habe. Wir mussten dann höher ins Tal. Als wir nach fünf Tagen zurückkamen, ging es ihr gut.

Ich sage mir: Hier ist man zufällig einmal vorbeigekommen. Was passiert in den anderen Fällen?

Meine Jungs, meine Schüler

Der Schutzengel von Makran

Es war 1971. Wir wussten, dass in einem Wüstengebiet Pakistans, in Makran, Leprakranke lebten und dass es dort keine Behandlungsmöglichkeiten gab. Keiner von uns war jemals dort gewesen. Es war meine erste Wüstentour. Wir kannten das Land, die Wege nicht. Und so geschah es, dass wir in Tohad, der letzten Station, um zwölf Uhr mittags aufbrachen. Ohne zu wissen, dass um diese Zeit regelmäßig von zwei bis vier Uhr nachmittags der Sandsturm einsetzte.

Die Wege in Pakistan sind meist Fahrpisten. Man fährt der Spur nach, die sich im Sand abzeichnet. Als der Sandsturm einsetzte, verwischten sich die Fahrspuren. Es war wie im Nebel. Wir konnten etwa drei Meter sehen und meinten, einmal rechts und dann wieder links Andeutungen der Spur zu erkennen. Wir fuhren hierhin und dahin, hatten bald völlig die Richtung verloren. Der Dieselvorrat ging zu Ende. Unsere einheimische Schwester Rose betete den Rosenkranz. Wir anderen ließen den Wagen anhalten, stiegen aus. Was wir draußen tun wollten, wussten wir selber nicht. Aber Gott kann den Schutzengel in vielerlei Gestalt schicken. Wir stiegen aus. Plötzlich näherte sich uns ein dunkler Schatten, ganz langsam kam ein Lastwagen auf uns zu. Später erfuhren wir, dass auf dieser Strecke manchmal acht Tage lang kein Fahrzeug fährt. Der Lastwagen hielt an, der Fahrer kam heraus. Wo wir hinwollten?

»Nach Dschivanni.«

»Das findet ihr nie.«

»Kannst du uns den Weg zeigen?«

»Das findet ihr nie. Die einzige Möglichkeit ist: Hängt euch an mein Rücklicht.«

Und das taten wir.

Wir fuhren, fuhren, fuhren. Fuhren immer dem Rücklicht nach. Wir hatten alle Angst, dass uns der Diesel ausgehen würde und wir zurückbleiben müssten. Plötzlich hielt der Wagen. Der Fahrer sagte: »Da ist die Hauptstraße. Wenn ihr euch zwischen den aufgeworfenen kleinen Sandhügeln haltet, kommt ihr nach Dschivanni«, drehte sich um und fuhr weiter. Wir erreichten noch am selben Abend Dschivanni.

Drei Wochen waren wir unterwegs und fanden 56 unbehandelte Leprapatienten.

Einer ist mir noch besonders in Erinnerung. Es war in einem kleinen, verlassenen Dorf an der Küste. Dem Fahrer unseres Wagens war ein Mann beim Freitagsgebet in der Moschee aufgefallen. Die Moschee war ein mit Palmblättern überdachter Gebetsplatz. Nach der Gebetszeit wurde ich gerufen und untersuchte den Kranken: Ein Fall, der noch geheilt werden konnte. Aber was mich erschreckte, tief erschreckte, das war der Blick, mit dem mich der Mann ansah. Es war ein Blick eines gehetzten Wildes, dem man den Fluchtweg versperrt hatte. Ich hatte gedacht, er müsste sich freuen, dass wir ihn heilen konnten. Später erfuhr ich, dass in diesem Dorf vor nicht langer Zeit ein 12-jähriger Leprapatient, ein Junge, in der Wüste ausgesetzt worden war. Seine Spur hat sich verloren. Jetzt verstand ich, was dieser Blick sagte.

Was können wir tun?

Wir haben einheimische Leprahelfer ausgebildet, die die Wüste kennen. Die, wenn sie den Weg verlieren, sich notfalls an den Gestirnen orientieren können oder am Stand der Sonne. Die wissen, wenn die Sandstürme aufkommen und wann die Zeit ist, in der man sich in die Wüste wagen kann.

Da ist Wilson, da ist Mean, die heute in Makran unterwegs sind. Da sind all die anderen Leprahelfer, »meine Jungs«, die ich so liebe, weil sie den Weg sichern. Weil sie die Straße von Jericho nach Jerusalem ausbauen und den Niedergeschlagenen den Dienst der Barmherzigkeit erweisen. Ihnen dabei zu helfen, ist für mich das Schönste.

Verstehen ist schöner als Nachplappern

Es gibt nichts Spannenderes im Leben, als jemandem zur Selbstverwirklichung, zum Blühen oder zur Entfaltung zu verhelfen. Albertus Magnus, der Lehrer von Thomas von Aquin, hat gesagt: Es gibt für einen Lehrer keine größere Seligkeit, als sich von seinem Schüler übertroffen zu sehen. Wahrscheinlich ist dies auch in jedem Verhältnis zwischen Eltern und Kindern das eigentlich Aufregende. Die Bereicherung fließt einem von dem anderen zu. Es muss der andere sein, von dem man zurückerhält, was man selber gedacht oder im Ansatz gelebt hat. Ich unterrichte leidenschaftlich gerne. Diese Jungs haben die mittlere Reife, das Schulsystem ist auf dem System der Koranschule aufgebaut. Das heißt aber: Auswendiglernen. Wenn die zum ersten Mal selber eine Entdeckung machen! Es dauert in der Regel sechs Wochen, bis der Erste fragt: »Warum?« Vor Kurzem habe ich mit ihnen Botanik gemacht. Wir haben unserem Kurs nämlich zunächst ein naturwissenschaftliches Grundlagenstudium vorangestellt. Die Entdeckung, dass man das, was man in einem Buch gelernt hat, auch wirklich in der Natur sehen kann, dieses Entzücken ist wunderschön.

Fast alle haben zwar die mittlere Reife, aber das bedeutet noch lange nicht, dass sie auch nur wüssten, was eine Zelle ist. Man sagt »Zelle«, und sie starren einen verständnislos an; man sagt »Gewebe«, da schütteln sie die Köpfe; man sagt »Nerven«, und da leuchtet es in ihren Gesichtern auf: Nerven, ja, die sind ihnen bekannt, in denen wird doch das Blut durch den Körper verteilt. – Aber das Unterrichten macht unheimlich viel Freude: Es ist, wie wenn eine Kerze in der Dunkelheit aufleuchtet, wenn sie plötzlich *verstehen*. Ich habe nie gewusst, dass Lehren etwas so Schöpferisches ist. Was ich vor allem beglückend mit ihnen erlebe: jemanden abholen. Das sieht konkret so aus:

Sie hatten ihr Anatomie-Werkbuch noch gar nicht benutzt – sie wussten nichts damit anzufangen. Sie saßen noch immer brav auf ihren Stühlen und lernten auswendig, so wie man es ihnen in den Koranschulen beigebracht hatte: »Das Schädelskelett besteht aus zwei Teilen: dem Cranium und dem Gesichtsschädel …« Buch zu. »Das Schädelskelett besteht aus zwei Teilen, dem …?? dem … Cran … Cranium, und dem Gesichtsschädel.« Buch auf.

Wir hatten gemeinsam auf drei, vier Seiten verschiedene Zeichnungen buntfarbig ausgemalt. »Jetzt schaut euch das noch mal im Zusammenhang an«, sage ich. Blau – blau – blau. Rot – rot – rot –. Das Erkennen wächst in ihren Augen. Ha! Der Durchblick!

Natürlich musste der Temporalisknochen über dem Temporallappen des Gehirns liegen! Deshalb hatten sie also den gleichen Namen! Und natürlich musste die Gehörerinnerung im Temporalislappen gespeichert sein, denn der Temporalisknochen enthielt ja eindeutig den Gehörgang!

Überraschtes Entzücken.

»Und das ist genau, warum ihr euch so leicht mit politischen Sprechchören für dumm verkaufen lasst«, sagte ich trocken.

»… die Lehr- und Lernmethode –«, sagt Kurban Ali betroffen. »Schon in der Volksschule. Einer liest vor –.« Kurban nimmt sein Buch, liest laut: »D-ee-r M-o-n-d i-s-t r-o-t«, und wir im Chor (noch lauter): »D-e-r M-o-n-d i-s-t r-o-o-o-t.«

»Genau das«, sage ich.

Betroffenes Schweigen. Amüsiertes Grinsen. Dann Salma, das einzige Mädchen in der Klasse: »… dabei ist Verstehen *viel* schöner als Nachplappern.« Einhellige Zustimmung. Abholen.

»… und er wandte sich um und schaute ihn an.«

Das müsste man können. Jedes Mal. In das Leben des anderen einsteigen, ihn abholen und zur je größeren Weite befreien. –

Ich hatte das gute Gefühl an diesem Abend, dass wir mehr gelernt hatten, als dass sich der Temporalislappen des Gehirns unter dem Temporalisknochen der Schädeldecke befindet.

Das neue Leben des Mubarik

Die Lepraarbeit ist nur mein Vehikel, mit dem ich in die pakistanische Gesellschaft eindringen kann: mit dem, wofür ich stehe. Ich habe kein abstraktes Konzept, das ich anwenden, übertragen oder zum Erfolg bringen will. Aber da, wo ich das Gefühl habe: Hier ist das geschehen, wovon ich geträumt habe, da ist es über die Jungs geschehen. Und es geht wirklich nur so. Eines ist etwa das Durchbrechen des starren Verhältnisses von Vorgesetzten und Untergebenen. Wo eine Sache besser läuft, obwohl nicht stramm gehorcht wurde. Es läuft einfach durch Osmose. Da gibt es die schöne Geschichte mit Mubarik. Er ist Patient, Afghane, den wir erst kürzlich angestellt haben.

Eines Tages, morgens, warf mir Mohammed Hassan ganz unabsichtlich Sonne über den Weg. Ich traf ihn auf der Treppe. »Hör«, sagte ich, »ist das wahr, Mubarik hat sich freiwillig für den schwierigsten Posten in Belutschistan gemeldet? Was ist in den Jungen gefahren?«

»Das ist echt«, sagte Hassan, »darauf können Sie sich verlassen.«

»Wieso«, sagte ich, »das Baby –«

»Ist er nicht mehr«, sagte Hassan, »wenn Sie fünf Minuten Zeit haben, erzähle ich Ihnen, warum.«

Ich nahm mir die fünf Minuten.

Und das ist die Geschichte.

Mubarik ist Lepraassistent. Er hatte seine Stelle verloren, weil er bei einer Missionsgesellschaft hinausgeflogen war. Als er sich bei uns bewarb, brauchte ich gerade Verstärkung fürs Team in Belutschistan. Ich sagte ihm, er könne mitkommen.

Mubarik machte Ausflüchte. Er sei doch Patient. Wie könne er die Strapazen der Reise überstehen. Und er könne die Hitze nicht vertragen. So lange zu Fuß schon gar nicht.

»Ach was«, sagte ich, »du bist dreißig Jahre jünger als ich, was ich kann, kannst du noch längst.«

Und er hätte noch nie Fladenbrot gegessen, nur Reis –.

»Ich auch nicht, ehe ich nach Pakistan kam«, sagte ich ganz unpädagogisch und ungeduldig, »also, wenn du willst, kommst du morgen um sechs mit deinen Sachen ins Krankenhaus, 6.15 Uhr fahren wir ab.«

Mubarik kam.

Mittags erreichten wir die letzte Kreisstadt. Dann begann die Fahrt in die Wüste. Abends übernachteten wir in einem der »Hotels« von Belutschistan, Strohhütten am Rande der Piste. Das Team aß Fladenbrote. Mubarik hatte sich Kekse mitgebracht.

Am nächsten Tag das Gleiche: Mittags: Das Team aß Fladenbrote, Mubarik Kekse. Am Abend: Wir Fladenbrote, er Kekse. Dann waren die Kekse aufgebraucht.

Es hatte am Tage geregnet. Die Durchquerung eines der reißenden Regenwasserflüsse hatte uns mehr Zeit gekostet, als wir veranschlagt hatten. Keine Hoffnung, unser Ziel am Abend zu erreichen. Ein Ziegenhirte nahm uns in sein Zelt auf. Wir teilten die Wolldecken brüderlich, die wir im Jeep hatten.

Der Regen hatte die Piste weithin zerstört. Der Jeep sprang und tanzte über die Schlaglöcher. Es gab nur einen gefederten Sitz im Wagen. Wir einigten uns auf Sitzwechsel nach jeweils 50 km: damit jeder einmal auf dem gefederten Sitz sitzen konnte.

»Warum erzählst du mir das alles?«, frage ich Hassan. »Ich bin doch dabei gewesen.«

»Wegen Mubarik«, sagte Hassan. »Mubarik ist als Kind von seinen Eltern ausgestoßen worden. Er hat seine ganze Kindheit in einem Leprosarium verbracht. Er ist dort in die Schule gegangen, hat dort seine Ausbildung gemacht, hat dort gearbeitet; die Schwestern haben viel für ihn getan, aber er hat das Leprosarium nie verlassen. Sie haben Ihre Decke mit ihm geteilt, Sie haben hinten im Jeep gesessen und ihm den gepolsterten Sitz überlassen, Sie haben seine Krankheit total ignoriert – er sagt, er habe nie gewusst, nie geträumt, niemals zu hoffen gewagt, dass er noch einmal als *normaler Mensch* behandelt werden würde – keine Furcht und keine Rücksicht und keine Sonderbehandlung, sondern einfach so, ganz normal –.«

Das hat sein ganzes Leben geändert.

»Sie können sich darauf verlassen«, sagt Hassan: »Mubarik traut es sich zu. Schicken Sie ihn nach Belutschistan. Es ist ihm ernst.«

Ich war den ganzen Tag noch richtig ein wenig beschwingt. Der Herrgott hat Humor. Da hatten wir einen Patienten auf die Beine gestellt, ohne jede Absicht. Sechs

Wochen unbeabsichtigte Psychotherapie, und das Ergebnis: eine freiwillige Meldung auf den schwierigsten Posten in Belutschistan. Das Team muss doch also offensichtlich in Ordnung sein, dass es so etwas erreicht, ganz nebenbei.

Ich sagte Mubarik, es wäre okay mit Belutschistan, und dass ich froh wäre, dass er sich gemeldet hätte. Er sagte, er brauche noch ein Mikroskop und Laborgeräte, und wenn es sich machen ließe: einen Schlafsack! Denn es gäbe keine medizinische Grundversorgung in dem Gebiet: deshalb das Mikroskop, damit er wenigstens die häufigsten Krankheiten richtig diagnostizieren könne. Und er wolle ja doch nicht in der Außenstation sitzen, sondern die Dörfer besuchen: deshalb der Schlafsack. Ich versprach, mich zu bemühen, beides zu beschaffen.

»Die gleiche Decke, das gleiche Essen, der gleiche Sitzvorteil. Bei Mubarik hat das das Leben völlig umgekrempelt.« Ich habe es nicht einmal gemerkt.

Als der Jeep zur Seite rutschte

Das schönste Erlebnis hatte ich mit Ashraf, dem verantwortlichen Teamleiter für die Leprahilfe in Kaschmir. Einmal ging er morgens um elf Uhr auf Fahrt, an einem Tag, an dem es in Strömen regnete. Diese Gebirgspfade bestehen aus rotem Lehm, der in solchen Situationen wie Schmierseife wirkt: Links der Berg, rechts der Abgrund. Jedes Mal, wenn der Wagen nach der rechten Seite wegrutschte, erstarb das Gespräch im Jeep. Wenn er nach der Bergseite rutschte, nahm es Ashraf wieder auf. Nach zwei Kilometern sagte ich: »Ashraf, ist das denn wirklich nötig?« Er: »Ja!« Okay! Er ist der Teamleiter. Ich habe mir die ganze Fahrt über den Kopf zerbrochen, wieso ich Küken ausgebrütet habe, die sich so verantwortungslos benehmen. Dass er das ganze Team in

Lebensgefahr bringt! Wir hätten ja ruhig noch einen Tag warten können. Möglicherweise wäre er nicht durchgekommen, wenn es weitergeregnet hätte. Okay! Dann hätten wir eben weiter warten müssen. Wir waren wirklich der einzige Wagen unterwegs. Nur eine Militärstreife überholte uns; als sie fragte, wieso wir unterwegs seien, erwiderte ich: »Ashraf hat gesagt, wir müssen fahren.« Weiter unten im Tal hatten wir dann noch einen Patienten zu versorgen. Es ging einen Steinweg hoch zu seinem Haus. Ashraf sagte: »Da keine Frauen in diesem Dorf sind, können Sie hier unten bleiben. Wir haben nur Medikamente hochzubringen. Wenn Sie mitgehen, brauchen wir zwei Stunden, wenn wir allein hochgehen, brauchen wir nur zwanzig Minuten. Warum warten Sie nicht?« Ich wartete also unten im Wagen, dann kamen die drei wieder herunter. Man konnte sie den ganzen Steilhang herunterrasen sehen. Offensichtlich hatten die drei oben gewettet, wer zuerst unten sei. Ashraf war der Erste, die beiden anderen hinterher, eine halsbrecherische Tour. Und plötzlich ging mir auf: Dieser Entschluss, unter diesen Umständen loszufahren, war bei Ashraf gar keine Unverantwortlichkeit. Das war sein Alter. Als er unten ankam, sagte ich ihm: »Es tut mir leid, dass ich die ganze Zeit so genörgelt habe. Mir ist etwas aufgegangen.« Und dann setzte sich Ashraf hin und sagte mir: »Ich bin ja so froh, ich habe mir die ganze Zeit den Kopf zerbrochen, wieso Sie so missmutig sind. Denn als wir durch die Archanala gingen, da war es doch nicht anders.«

Die Rückfahrt

Als wir durch die Archanala gingen … Das lag fünf Jahre zurück, und es war eine Fahrt, bei der ich selber Teamleiter war. Eine Brücke war weggeschwemmt worden, und wir mussten auf die andere Seite des Flusses. An dem Tag hatte das Militär in der Furt den Verkehr eingestellt, weil der Wasserstand zu hoch war. Wir hatten gesagt: »Was das Militär nicht wagt, dazu hat das Leprateam immer noch den Mut.« Und wir sind durch die Archanala. Ich habe auf der anderen Seite fassungslos hinter einem Felsen geheult. In der Mitte des Flusses dachte ich: »Das schaffen wir nie.«

Danach habe ich so etwas nie wieder gemacht.

Aber Ashraf hatte als meinen Führungsstil die Archanala in seinem Kopf. Und als er in dem Alter war, in dem ich damals gewesen bin, hat er sein Team über diese Strecke gejagt. Da dachte ich mir: So ist das also mit den Kindern. Es kommt heraus, was man ihnen beigebracht hat. Und dann hat Ashraf gesagt: »Wenn ich mir in Musaffarabad überlege, ob ich zurückkomme, dann können Sie sicher sein, dann fahre ich nie los.« Und er hatte recht. Bei der Rückfahrt habe ich mir gedacht: Es gibt bestimmt keine Mutter, die das Glück hat, aus fachlichen Sachzwängen auf dem Moped ihres Achtzehnjährigen zu sitzen. Ich habe die Fahrt zurück mit Ashraf genossen. Und ich dachte mir, wenn er sein Archanala-Erlebnis noch nicht hatte, dann kann ihn der Herrgott auch nicht abstürzen lassen. Er wird es auch nicht. Wir sind in Seiner Hand.

Warum lässt du das zu, Gott?

»In Gottes Händen.« Das muss man ernst nehmen.

Shamsher brachte das Telegramm.

Es war 20 Minuten nach acht Uhr morgens. Ich stand im vierten Stock auf der Treppe, Abdul Salam … tot …

24 Jahre alt. Er hatte im letzten Jahr seine Ausbildung als Leprahelfer gemacht. Ein Junge aus den Bergen: wach, begeisterungsfähig, an ein hartes Leben gewöhnt. Er hatte eine

der unerschlossensten Bekämpfungszonen in Azad übernommen, war vor sechs Wochen zum Hauptverantwortlichen für ein Leprabekämpfungszentrum ernannt worden, aufgrund seiner guten Arbeit …

Der Unfall war bei Noseri passiert: Der Bus war in den Abgrund gestürzt. Die »Straße« von Noseri nach Athmugam und weiter nach Sharda und Kehl, ein suizidaler Ziegenpfad, in den Berg gehauen, gerade breit genug, dass die Räder des Wagens Platz haben. Ich bin ihn oft gefahren – niemals, ohne bereit zu sein … Einmal brauchte ich unbedingt eine Unterschrift unter ein Abkommen, wir kamen und kamen nicht weiter. Dann lud ich den verantwortlichen Beamten unschuldig nach Kundl Shahi ein – um nach Kundl Shahi zu kommen, muss man die Straße über Noseri fahren. Ich brachte das Gespräch wie zufällig auf das Abkommen, kurz nach Noseri. Der Beamte sagte nur abwesend: »Ja, ja« zu allem, die Augen starr geradeaus, die Knöchel weiß, so waren die Hände verkrampft. In Kundl Shahi bekam ich die Unterschrift: Ich hatte ihn endlich überzeugen können, dass die Jungen mehr als einen gewöhnlichen Einsatz leisten.

Es gibt Hunderte, Tausende von Straßen im Norden, die gleich gefährlich sind wie die von Noseri. Und trotzdem ist den Leprateams noch nie etwas passiert. Als ich den verrückten VW-Bus-Unfall baute – als der Suzuki-Jeep den Berg hinunterfiel – als sich der Willy-Jeep im Felsen verfing und der Wagen dadurch in letzter Sekunde zum Stehen kam –.

Einmal, als wir im trockenen Flussbett von den Sturzfluten überrascht wurden und wir es wider alles Erwarten noch schafften, Allrad-Antrieb, Suzuki-Jeep, da sagte das Dorf, keiner wäre da durchgekommen, aber das Leprateam, mit dem habe es schon was auf sich, dem passiere nichts, der Herrgott könne es sich nicht leisten, die zu verlieren –.

Und wir haben alle in der Überzeugung gelebt: dass es sich der Herrgott nicht leisten kann, uns zu verlieren.

Es ist zu oft und zu wundersam gut gegangen, als dass wir nicht hätten die Überzeugung entwickeln müssen: dass es mit dem Leprateam etwas Besonderes auf sich habe –.

Und jetzt Abdul Salam!

Der ganze Bus, 34 Todesopfer.

Warum tust du das? Warum lässt du das zu? Wäre es dir nicht ein Leichtes gewesen, diese Fahrt zu verhüten? Du wusstest doch, dass die Bremsen nicht in Ordnung sind. Es gibt doch so viele Bergrutsche zur ungelegenen Zeit, warum hältst du solch einen Bus dann nicht durch einen Bergrutsch bei Dhanni auf?

Tapferkeit – nein, es hat nichts mit Naivität zu tun. Es sollte nichts mit Naivität zu tun haben. Wie sagt doch Thomas von Aquin: »... die Bereitschaft, sich um des größeren Gutes willen verwunden zu lassen ...«

Und Vertrauen hat nichts mit einem magischen Vertrag zu tun – oder sollte nichts zu tun haben mit Magie. Du bist mit den Leprateams – natürlich bist du mit den Leprateams, sonst könnte ich es nie wagen, sie auf *solche* Straßen zu schicken –, du bist mit den Jungs, auch wenn ich nicht sehen kann, wie du mit Abdul Salam gewesen bist ...

Dein Wille geschehe.

Wenn nichts passiert – und wenn etwas passiert.

Dein Wille geschehe.

Verrückt. Ist da vielleicht irgendetwas Einsichtiges dabei? Nicht dass ich es sähe.

Aber ich habe alles auf eine Karte gesetzt. Irgendwann in meinem Leben habe ich entschieden, dass ich alles auf *diese* Karte setze. Weil ich keine Alternative sah. Und ich sehe auch heute noch keine Alternative.

Afghanistan war immer mein Traum

Unterredung mit dem Präsidenten

Meine Ernennung zur nationalen Beraterin für das Lepra-
kontrollprogramm war 1980 erfolgt. Auch wenn ich ehrenamtlich arbeitete, war es doch eine regierungsoffizielle Plan-
stelle. Der Präsident hatte viel für die Lepraarbeit getan, es
wäre also unfair gewesen, ihm die Afghanistan-Pläne zu
verheimlichen. Würde man mich schnappen, könnte jeder
sagen: Da hat dieser General unter dem Deckmantel christli-
cher Nächstenliebe seine Spionin ins Gebiet der Aufständischen geschickt. Aber wenn der Präsident jetzt Nein sagte?
Verständlicherweise war ich nervös. Ich hatte die Unterredung ganz diplomatisch begonnen: »Wir bekommen eine
ganz neue Leprawelle ins Land mit den Flüchtlingen.« Der
Präsident sagte, das wisse er, und fragte: »Haben Sie ein Konzept?« – »Ja«, sagte ich. »Man muss die Leprawelle in Afghanistan abfangen. Jeder Geheilte, der zurückkehrt, schickt uns
fünf neue Fälle.«

»Irgendwelche konkreten Pläne?«, wollte er wissen.

»Ja«, sagte ich.

Schweigen.

»Wollen Sie selber gehen?«, fragte er.

»Ja«, sagte ich.

Ich sehe ihn noch, wie er zurückgelehnt in seinem Sessel
saß. Und als ich Ja sagte, klatschte er in die Hände und sagte:
»*Wonderful!*«

Ich wäre ihm beinahe in die Arme geflogen.

Man muss sich das überlegen: der Präsident eines Landes,
der für eine Handvoll Leprapatienten ein politisches Risiko

eingeht! Mit meiner Mission war nichts für den Islam zu gewinnen. Er fragte uns, ob wir noch irgendetwas brauchten. Ich sagte, dass ein geländegängiger Wagen für die Expedition wichtig sei. Gemeinnützige Organisationen können schlecht Ausgaben innerhalb Afghanistans buchen, die den Geruch des Illegalen und Politischen haben. Der Präsident hat uns dann einen Toyota-Landcruiser zur Verfügung gestellt.

Illegal ins Land der Träume

Afghanistan war immer mein Traum. Wie auch Azad Kaschmir immer ein solcher Traum gewesen war. Ich wollte nicht sterben, ohne in Azad Kaschmir gearbeitet zu haben. Die Hochebene des Hazarajat war ein anderer Traum. Als ich 1984 endlich in Hazarajat stand, da dachte ich: Jetzt fehlen nur noch Tibet und der Mond in der Liste meiner Kindheitsträume.

Hazarajat. Eine fremde Felsenwüste, violett verdämmernd im Abendlicht. Steppengebiete mit niederem Dorngestrüpp. Gelegentlich, ganz unerwartet, einer dieser kleinen Flüsse. Und dann ein Tal, das von einem so ganz besonderen Grün ist, weil man so lange kein Grün mehr gesehen hat. Und diese unendliche Weite. Die afghanische Hochebene vermittelt den Eindruck, man müsse nur springen und würde dann fliegen. Dieses Land ist eine Startbahn für die Unendlichkeit.

Und wie die Afghanen ihre Pferde reiten, ohne Sattel. Schon die Jungen verschmelzen mit den Tieren. Wenn ich auf einem Pferd sitze, sitze ich auf einem Pferd. Was aber reiten heißt, das weiß man erst, wenn man diese afghanischen Jungen gesehen hat.

Und die Tapferkeit dieser Menschen, die in diesem Land bleiben und überleben! Da ist irgendwo in den Bergen eine winzige Quelle, die mit unendlicher Geduld und Ausdauer und nie versiegendem Erfindungsreichtum umgeleitet wird, um winzige Felder anzulegen. Da wird gesät in der Hoffnung, dass es irgendwann einmal regnen wird. Und in der Zeit der Ernte wird in diesem Hochland von Zentralafghanistan jede Ähre einzeln gepflückt, so wie wir Blumensträuße pflücken, jeder Grashalm wird geerntet und für das Vieh getrocknet, und was an niedrigem Dornengebüsch übrig geblieben ist, wird sorgsam eingesammelt, damit man im Winter heizen und das Essen kochen kann.

Schon in den 60er Jahren hatte es eine Anfrage der afghanischen Regierung, damals noch unter dem König, gegeben: Ob wir nicht afghanische Lepraassistenten ausbilden wollten? Wir hatten damals noch niemanden, der auf Persisch ausbilden konnte. Und ich wusste damals noch nicht einmal genau, wie es in Pakistan weitergehen sollte.

Aber der Traum war geblieben.

1984 war ich zum ersten Mal illegal in Afghanistan, einem vom Albtraum des Krieges zerfleischten Land. Hassan und Mubarik, die beiden afghanischen Lepraassistenten in unserem Karachi-Team, sie waren die treibende Kraft. Sie wollten zurück in ihr Land, als Mumtaz, ein vierundzwanzigjähriger Flüchtling aus ihrer Heimat, uns beinahe unter den Händen gestorben war. Ja und dann gingen sie tatsächlich zurück, kamen wieder und sagten: »Es ist möglich, man kann arbeiten!« Natürlich war viel Abenteuer dabei … Aber nicht nur. Dazu haben wir zu viel Not gesehen.

Und dann hat die Außenstation, die wir damals aufgemacht haben, überlebt. Hassan und Mubarik konnten weiterarbeiten. Dr. Vanni ist dazugestoßen, und dann kam Ion. Und ich habe davon geträumt, geträumt, geträumt, dass ich wieder zurückkomme nach Afghanistan. Und ich bin wiedergekommen.

Wer hat die Menschen gefragt?

Was diese Zeit für mich bedeutet hat?

1984: die Erfahrung Israels während seiner Wüstenwanderung, »Bani Israel« – Hassan grinste mich überrascht und erleichtert an, wenn wieder einmal etwas wundersamerweise gut gegangen war: ein Hirtenzelt, das uns in der Nacht in der Einöde aufnahm – den MGs um eine knappe halbe Stunde entkommen – Fahrspuren einer Piste vor uns, als wir schon glaubten, den Weg in der Einöde verloren zu haben. – Dass es in der Regel gut ausgeht – wir werden es nie vergessen, Mubarik, Hassan und ich, wie wir »unter den Flügeln des Allerhöchsten« gereist sind, »eine Wolke am Tage und eine Feuersäule in der Nacht«.

Als ich dann 1987 wieder nach Afghanistan fuhr, war mir merkwürdig flau zumute. Kein Geleitschutz der Mudschahedin diesmal, kein eigener Wagen (dieses winzige Stück »Besitz«, Illusion einer Miniprivatsphäre – in dem man, wenn nötig, auch schlafen, wohnen, Sprechstunden abhalten kann).

Es war Frühling damals, die Schneeschmelze war gerade vorüber, an den Hängen blühten die Frühlingsblumen, weiß, gelb, rosa, blassblau.

1989 und im Frühjahr 1990 war ich wieder da.

1984, 1987, aber 1989 und 1990 fast noch stärker, war da die Erfahrung des Leids … Ein ganzes Volk wurde unterdrückt und litt, ohne dass die Welt sich auflehnte. Ein Volk, für das Unabhängigkeit, *Freiheit,* die höchsten Werte sind. Afghanistan: ein Land, das nie erobert oder kolonialisiert war, und wenn in der Vergangenheit Aggressoren eingedrungen sind, dann haben sie es nicht beherrscht. Ein ganzes Volk wurde in einem Konflikt der Großmächte zerrieben, ohne dass die Menschen je gefragt worden wären, ohne dass sie

sich zur Wehr setzen konnten. Wer hat diese Bergbauern gefragt, die Frauen und Kinder, all die kleinen Leute, die diesen
Konflikt nie gewollt haben? Welche Öffentlichkeit hat sich
um sie gekümmert?

Die russische Invasion war ja damit begründet worden:
Die sozialistische Regierung habe bei ihren Reformen so
viel Widerstand erfahren, dass sie sich nicht im Sattel halten
könne. Der afghanische Widerstand war von Anfang an
überzeugt, einen »Heiligen Krieg« zu führen gegen die Un-
gläubigen. Kompromisse waren nicht möglich.

... aber unsere Worte verweht der Wind

Meine Sorge war nicht die Politik des Widerstands. Meine
Sorge galt den Menschen. Ein Volk im Widerstand gegen
die eigene Regierung hat keine Krankenhäuser, keine Schulen, kein öffentliches Transportwesen, keine Banken, keine
Post, keine Gerichtsbarkeit. Hier mussten Menschen sterben, weil die Infrastrukturen zusammengebrochen waren,
weil die Menschen dieses ohnehin armen Landes von den
eigenen Ressourcen abgeschnitten waren. Kinder, die
Durchfall haben, müssen heute nicht mehr sterben. Wer
Blutverlust hat, muss heute nicht mehr sterben. Wenn wir
das Recht für uns in Anspruch nehmen, bis in unser hohes
Alter auf einer Intensivstation versorgt zu werden, warum
sollen diese Menschen bei akuter und lebensgefährlicher
Verletzung nicht ärztlich versorgt werden? Und wenn Krieg
als Mittel der Fortsetzung von Politik bei uns geächtet ist,
dann darf das doch nicht nur für uns gelten. Zumal hier
nicht zwei feindliche Armeen gegeneinander kämpften. Zumal dieser Krieg nie erklärt worden war. Hier kämpfte eine
Regierung, unterstützt von einer Weltmacht, gegen die
Zivilbevölkerung.

Was mich bedrängte und nicht schlafen ließ, das war die Sprachlosigkeit der Menschen, denen ich in Afghanistan begegnet bin: »… aber unsere Worte verweht der Wind.« Und als ich 1987 von Afghanistan direkt nach Deutschland abreiste, sagte mir mein engster Mitarbeiter, Ion: »Sie müssen hinausschreien, was wir hier sehen. Sie müssen der Welt erzählen, was die Menschen hier leiden, wie sie sterben …«

Die violetten Distelstauden

Als ich 1989 wieder nach Afghanistan kam, war Hochsommer. Die meisten Bergbäche waren versiegt, die Sonne hatte die Hänge unbarmherzig ausgedörrt, die Blumen vertrocknet – nur die Disteln hatten überlebt und die Berghänge erobert, stachelig, übermannshoch. Die Ziegenherden wagten sich nicht an sie heran, ihre raue, stachelige Oberfläche schützte sie … Es ärgerte mich, dass die Disteln es als Einzige geschafft hatten, mit ihrer Lebensphilosophie der abweisenden Aggression.

Und dann geschah das Unerwartete. Erst ein, dann zwei, dann ganze Hänge: Die Disteln trieben Knospen. Die Kelchblätter noch stachelbewehrt. Aber dann öffneten sich die Knospen, und eine Überfülle weicher, violetter, zärtlicher Blütenblätter quollen hervor. Wehrlos, sanft, duftend: am Ende und als Krönung eines stacheligen Distelstammes. Und die wiegenden Blütenköpfchen zogen Schmetterlinge an, gaukelnde Schmetterlinge über feindseligen Distelwäldern. Und ich dachte plötzlich: Wie schön, dass es die Disteln geschafft haben – was ihnen Zukunft und Leben gibt, das sind diese verletzlichen, sanften violetten Blütenköpfchen, ohne deren Mut zur Wehrlosigkeit es schon längst keine Distelstauden mehr gäbe …

Tag der Entscheidung

In der Burka durch die Nacht

Sommer 1984. Der Tag der Entscheidung. Werden wir über die Grenze kommen? Mitten in der Nacht, gegen drei Uhr, Abfahrt von Quetta. Ich stehle mich heimlich in der Burka, der Verschleierung der muslimischen Frau, aus dem Kloster der St.-Joseph-Schwestern, die mich die vergangenen Tage beherbergt haben. Ich hatte ihnen gesagt, ich ginge, wie üblich, in den Außendienst. Ich wollte sie nicht in unser illegales Abenteuer verwickeln. (Später sind sie einer unserer zuverlässigsten Stützpunkte in Quetta geworden!)

Ein roter Toyota-Landcruiser, der Rebellenführer Haji am Steuer, ich in goldgelber Burka neben ihm, Hassan auf dem Rücksitz. Der Schlagbaum am Stadtrand öffnet sich wie von selbst, der rote Jeep ist ihnen entweder bekannt, oder jemand hat den Wachen etwas zugesteckt. Die Sicherheitsbestimmungen um Quetta sind streng, ich hatte mich an dieser Barriere immer ausweisen müssen.

Die Nacht ist pechschwarz. Fünf Kilometer vom Stadtrand entfernt halten wir, steigen aus. Die Augen haben sich an die Dunkelheit gewöhnt, wir können gerade die Umrisse eines vollgepackten Toyota erkennen, der am Straßenrand parkt. Wir wechseln die Fahrzeuge, der rote Jeep mit Haji wendet, verliert sich in der Dunkelheit, kaum dass zwei Sätze auf Persisch gewechselt worden sind. Von den beiden Männern im Toyota-Jeep kenne ich keinen; einer spricht Englisch. Gut, dass Hassan bei mir ist – sonst käme ich mir doch sehr verloren vor. Ob ich aufgeregt war, damals? Ich weiß nicht. Es war die Erfüllung eines lang geträumten Traumes.

Durch die Steppen von Belutschistan

Endlose Fahrt durch Belutschistan. Wenn wir einer Militärstreife begegnen (und die Piste ist gut bewacht), gehe ich in Deckung: Die zeltförmige Burka verschleiert mich völlig, es gibt nur ein kleines Stoffgitter, durch das man hindurchsehen kann, aber es kann keiner ausmachen, wer unter der Burka steckt. Die Männer im Jeep, obwohl Afghanen, haben pakistanische Ausweise.

Die Piste sind Radspuren in der öden Unendlichkeit der Steppe; wir sind staubverkrustet, durstig und durchgeschüttelt, kein Gedanke, dass man im Jeep etwas lesen könnte, um sich die Eintönigkeit der Stunden zu vertreiben; erst bete ich meinen Rosenkranz, dann denke ich an Hamid.

Hamid, einer der ersten Lepraassistenten von Belutschistan, der heute für die Durchführung des Programmes in der ganzen Provinz verantwortlich ist: Provincial Leprosy Field Officer, in der mittleren Beamtenlaufbahn, eine unerwartete Karriere, die dem Projekt unendlich gutgetan hat! Wie oft schon bin ich mit ihm diese Strecke gefahren. Nicht nach Afghanistan, aber auf der Suche nach Leprapatienten im Grenzgebiet, in Belutschistan. Weiter durch öde Steppe, auf einer endlosen Piste. Nach zwölf Stunden Fahrt durch Staub und Hitze ist, gegen drei Uhr nachmittags, endlich Badami in Sicht: eine trostlose Ansammlung von Lehmhütten in einem trostlosen Steppengebiet. Grenzstation der Mudschahedin, schon mehr Afghanistan als Pakistan.

Auch die Mudschahedingruppe, die Hassan im Exil ausgemacht hatte, hatte einen Grenzposten in Badami. Der Führer dieser Gruppe war mein erster Kontakt mit dem »Widerstand« gewesen, damals in Rawalpindi. Ich entsinne mich noch genau. Sie waren in dem roten Toyota vorgefahren, sprachen weder Urdu noch Englisch und sagten, sie hätten die

Möglichkeit, Weizen, Decken und Schuhe nach Zentralafghanistan zu bringen, wenn wir ihnen zu dem nötigen Geld verhelfen würden. Hassan übersetzte. Ich versprach, mein Bestes zu tun. Sie hatten auch schon eine europäische Ärztegruppe über die »graue Grenze« gebracht. Später hatten wir uns wieder getroffen, in unregelmäßigen Abständen. Und langsam hatte der Plan dieser ersten Expedition Gestalt angenommen.

Sturzflutgefahr

Jetzt stehen wir unter ihrem Begleitschutz, werden willkommen geheißen, sie teilen Fladenbrote und Tee mit uns. In meine Burka gewickelt, schlafe ich todmüde auf dem Rücksitz des Jeeps ein.

Um drei Uhr morgens eine überstürzte Abfahrt – weiter nach Afghanistan. Mond- und sternenlose Nacht, es fängt an zu regnen, wir waren gewarnt worden. Wie? Ich ahnte es nicht. (Wie die »Buschtrommel« funktioniert, das habe ich erst später erfahren.) Regen, das heißt Sturzflutgefahr: Der Sand verwandelt sich in tückischen Morast. Der Fahrer trifft die Entscheidung zum sofortigen Aufbruch, er hat die Verantwortung. Wenn man zu lange wartet und das Wasser dann einsickert, versinkt man im Morast und ist verloren.

Das trockene Flussbett am Grenzübergang ist plötzlich ein reißender Strom, die Sanddünen haben sich in tiefen Schlamm verwandelt. Kein Wunder, dass wir stecken bleiben, die Räder mahlen sich bei jeder Umdrehung tiefer ein. Wir sind fünf im Wagen: zwei junge Widerstandskämpfer, der Fahrer, Hassan und ich. Mitten in der Wüste, in der pechschwarzen Dunkelheit, springen die vier Männer aus dem Wagen, verschwinden in der Nacht. Ich habe keine Ahnung, wohin. Vermutlich suchen sie die Furt. Ich sitze im Wagen, lausche gespannt, mit angehaltenem Atem. Warten,

warten – bis mir die Untätigkeit unerträglich wird. Ich öffne die Jeeptüre – vielleicht höre ich etwas. Oder soll ich sie rufen? Ich versuche auszusteigen – und bin schon knöcheltief in den Morast eingesunken. Hastiger Rückzug auf den sicheren Sitz im Jeep – und wieder lausche ich in die Nacht.

Da taucht Hassan auf – Ibrahim – Ashraf – Jan Ali –. Ibrahim springt auf den Führersitz, wirft den Motor an, die anderen schieben. Als sie wieder im Wagen sitzen, sind sie von Kopf bis Fuß bespritzt. Der Jeep quält sich mühsam durch den Schlamm, aber er schafft es. Nach fünf Minuten sind wir wieder sicher auf felsigem Boden. Steppe mit niedrigem Dorngebüsch. Die Piste, Radspuren nur, vor uns im matten Schein der abgeblendeten Scheinwerfer. Manchmal verlieren sie sich auf felsigem Grund, dann wieder sind sie tief in den Sand eingegraben.

Mohn im Bombentrichter

Zwischen Pakistan und Afghanistan hat es im strengen Sinn eigentlich nie eine Grenze gegeben. Im Norden leben Bergstämme, die auf beiden Seiten der »offiziellen« Grenze zu Hause sind. Ich war früher schon einmal in Afghanistan, damals aber ohne es zu wissen. Diese Bergstämme verweigern die Antwort, wenn die Frage gestellt wird: »Befinden wir uns noch in Pakistan, oder sind wir schon in Afghanistan?« Für sie gibt es diese Grenze nicht. 1947, bei der Teilung des indischen Subkontinentes in Indien und Pakistan, hat man sich offiziell zwar auch über die nördliche Grenze geeinigt; diese Grenze ist aber sehr unorganisch, da der gleiche Gebirgsstamm diesseits und jenseits der Grenze lebt. Bewacht sind nur einige Abschnitte. Beim Khyberpaß etwa musste man immer eine Grenzstation passieren. Im Stammesgebiet war das immer anders. Die halbnomadischen

Afghanen kamen immer zu gewissen Weideplätzen in Pakistan. Sie blieben während des Winters und gingen im Sommer wieder zurück.

Der Regen hat jetzt aufgehört. Beim Morgengrauen dann der erste afghanische Posten.

Dann wieder stundenlange Fahrt durch dürre Steppe – vegetationslose Bergzüge – durch enge Täler und weite Ebenen. Später landwirtschaftlich genutztes Gebiet. Das Leben scheint so normal und friedlich, die Bauern bestellen ihre Felder, Ziegenhirten weiden ihre Herden – für Stunden kann man völlig vergessen, dass man sich im Kriegsgebiet befindet. Bis wir das erste ausgebombte Dorf durchfahren. Verlassene Felder, von Unkraut überwuchert: eine Strafaktion der Zentralregierung. Verbrannte Erde. In einem Bombentrichter blüht blutroter Mohn. Als ich 1987 durch das gleiche Dorf fuhr, saß ein Kind auf einer Ruine. Zwei Felder waren bestellt! Das Leben ging weiter.

Hassan ist zurückgekommen

Hassan nennt einige Zahlen: Einwohnerzahl von Afghanistan: 17 Millionen. 3–4 Millionen sind nach Pakistan geflohen, etwa halb so viel in den Iran, eine Million Menschen vielleicht hatten es nach dem Westen geschafft, eine Million sind im Kampf umgekommen. Afghanistan braucht jeden seiner Menschen.

Was mich jetzt glücklich (und auch ein bisschen stolz) macht: Hassan, der ehemalige Leprapatient und jetzige Leprahelfer, der ein sicheres und geregeltes Leben in Karachi hätte führen können, ist zurückgekommen, um seinen Landsleuten zu helfen. Was auf ihn wartet, ist ein aufreibender Jeep-Alltag, ein Leben der ständigen Knappheit, allein mit seiner Verantwortung in einem so von Stammesfehden geschüttelten, von außen bedrohten Gebiet. Wenn ich nach zehn Wochen wieder zurückgehen werde und wenn er durchhalten wird, dann ist dies heute die Geburtsstunde des Leprabekämpfungsprogramms in Afghanistan.

Drei Jahre war Hassan der Übersetzer in unserem Krankenhaus in Karachi gewesen für alle afghanischen Patienten. Das Elend war für ihn nicht abstrakt, keine Zahl. Drei Jahre hatte er vom Leid der Familien zu Hause gehört, hatte er dem Schrecken ins Gesicht gesehen. Wir hatten zwischenzeitlich fast vergessen, wie furchtbar unbehandelte Lepra sein kann. Viele Komplikationen dieser Krankheit hatten wir in der Ausbildung nur in Dias zeigen können. Und plötzlich lagen die Stationen wieder voll: verkrüppelte, erblindete, mit Wunden bedeckte Menschen. Und das alles war nur die Spitze eines Eisbergs. Denn was uns erschreckte: Ganz selten war eine Frau darunter. Offensichtlich hatten es die Männer noch geschafft, sich durch das Wüsten- und Steppengebiet durchzuschlagen und über diese unbewachte Grenze zu kommen. Aber wer hätte schon sein Leben für eine aussätzige Frau aufs Spiel gesetzt? Wieder hatte es die Schwächsten in der sozialen Hierarchie getroffen. Ihnen war nur zu helfen, wenn man sie aufsuchte.

Mir war damals klar: Unsere Chancen für die Bekämpfung der Lepra in Afghanistan standen besser als in Pakistan, weil wir mit einer erfahrenen Kerntruppe anfangen konnten. 1983 hatten sich Hassan und Mubarik in das Gebiet durchgeschlagen, aus dem die meisten unserer Leprapatienten kamen, um herauszufinden, ob eine Arbeit dort überhaupt möglich wäre. Ich hatte ihnen versprochen mitzukommen, wenn sie einen Sinn darin sähen. Und nach ihrer Rückkehr schaltete die Ampel auf Orange.

Willkommen in Afghanistan

Jetzt waren wir also in Afghanistan. Nachmittags sechs Uhr. Vor uns die Straße Kandahar – Kabul, bewacht von einem russischen Posten, der, rings eingeschlossen von den Mudschahedin, aus der Luft versorgt wird. Der Posten hat Radareinrichtungen und Raketenwerfer. Wir fahren im vollen Tageslicht auf die Straße zu.

»Es ist unwahrscheinlich, dass sie schießen«, sagt Hassan. »Warum?«, will ich (begreiflicherweise) wissen.

»Weil sie die Vergeltungsmaßnahmen der Mudschahedin fürchten, wenn sie eines unserer Fahrzeuge abschießen.«

Zehn Minuten später. Der Posten, die Straße liegen hinter uns, wir sind außer Reichweite der Raketen, in einem Gebiet, das fest in den Händen der Aufständischen ist. Seit 1969 habe ich von diesem Augenblick geträumt.

Spät abends. Es ist stockdunkel. Wir sind seit zwanzig Stunden unterwegs. Der Jeep nimmt eine scharfe Kurve, folgt einem steil ansteigenden Pfad, hält an. Eine Tür öffnet sich, Laternenschein, jemand sagt in fließendem Englisch »Willkommen!«, eine Minute später strecken wir uns auf den bunt überzogenen Schaumgummimatratzen aus, die im Gästezimmer aufgelegt sind. Tee. Wenn ich die Augen schließe, bin ich noch immer im Jeep. Wenn ich sie öffne, beginnt sich das Zimmer zu drehen. Der Fahrer ist in Hochstimmung. »Die schönste Fahrt, die ich hatte, seit der Krieg ausgebrochen ist«, sagt er, »keine Schwierigkeiten, und was haben wir gelacht!«

Gelacht über Hassans Erzählungen, auf Persisch, denen ich nicht folgen konnte.

Ich bin todmüde. Ehe das Essen aufgetragen ist, bin ich schon eingeschlafen.

Hoffnungslosigkeit, Wunder, Alltag

Unnötig – unvermeidlich

Um fünf Uhr morgens ist das Team schon wieder auf den Beinen. Unser erstes Ziel: das Feldlazarett, das eine ausländische Hilfsorganisation vor vier Jahren eröffnet hat. Auf dem Weg eine kurze Rast in der Volksschule von Sangishanda, der einzigen Schule im ganzen Distrikt, von einer deutschen Spendergruppe finanziert – eindrucksvoll!

Wir fahren eine Stunde durch kahles Felsengebirge, ehe wir das »Krankenhaus« erreichen, drei Lehmhäuser, vier Zelte, wie ein Adlernest auf einem öden, steinigen Berggipfel, anderthalb Stunden zu Fuß von jeder menschlichen Behausung entfernt. Warum dieses unzugängliche Felsenversteck? Aus Sicherheitsgründen, sagen sie, das vorherige Krankenhaus im Basar haben die Russen ausgebombt. Auf der höchsten Stelle des Berges ist eine Flak montiert. Wir gehen einmal kurz durch den Komplex, einfachste Technologie, fachliches Niveau erstaunlich gut, menschlich eine Totalkatastrophe. Mir blutet das Herz. Wie traurig – wie total unnötig – und doch: unvermeidlich. Hier prallen westliches Freiheitsverständnis und östlicher Fundamentalismus unvermutet und unvorbereitet aufeinander – europäische Jugend, die ihren Lebensstil unbekümmert um die schockierten muslimischen Mitarbeiter lebt. Das musste zu einem Konflikt kommen! – Dieser Abgrund ist zu tief, als dass jetzt noch einer die Brücke schlagen könnte – – –. Wir werden zurückkommen und weitersehen.

Typische Geschichten

Wir sehen die Krankenblätter durch. 23 eingetragene Leprapatienten, fast alle unregelmäßig behandelt, die Adressen stimmen offensichtlich nur in wenigen Fällen – aber 23 eingetragene Patienten, die sich freiwillig gemeldet haben, das bedeutet, dass Lepra häufig vorkommt in diesem Gebiet.

Am Nachmittag zurück nach Sangishanda. Wir laden unseren Medikamentenvorrat in der Schule ab, packen für die nächsten Wochen (es ist eine Wahnsinnsarbeit, das Nötigste in dem Toyota-Jeep zu verstauen) und verbringen die zweite Nacht schon in Takus.

Einige Tage später. Den ganzen Tag lang Konsultationen in der Moschee von Houssaini. Wir finden heraus, dass Houssaini nur eineinhalb Stunden Fußweg von Chirbagh entfernt ist, und dort gibt es vier Leprapatienten. Ich bin sehr aufgeregt. Aber Stammeszwistigkeiten verhindern wieder, dass wir weitergehen – die örtliche siegreiche Gruppe hat ein »martialisches Gesetz« verkündet: Keiner darf ins Tal hinein oder heraus, sonst schießen wir ... Nein, ich kann das Team nicht dazu bringen, es trotzdem zu versuchen. Eineinhalb Stunden und vier Patienten ... »Im nächsten Frühjahr«, sagen sie, »wird sich die Situation normalisiert haben – und die Kämpfe werden woanders sein. Dann gehen wir auch nach Chirbagh.«

Ein Dorfbewohner erzählt eine typische Geschichte: Seine Frau war krank, Leberbeschwerden. Er brachte sie zu eben jenem Notkrankenhaus – drei Stunden Jeepfahrt, dann eine Stunde zu Fuß. Die Ambulanz war überfüllt, er konnte nur zum unausgebildeten paramedizinischen Personal gelangen, nicht bis zum Arzt. Sie kamen mit Paracetamol zurück. Auf dem Rückweg entschieden sie, eine Ärztin in ihrer Privatpraxis im Basar zu konsultieren. Er erhielt ein

Rezept, aber weil Fahrgeld und Behandlungsgebühr alles verbraucht haben, konnte er die Medizin nicht kaufen. Zurück zu Hause gelang es ihnen, Geld zu beschaffen, und sie brachten das Rezept zum Shinday-Basar, der von ihrem Dorf zu Fuß zu erreichen ist. Das verschriebene Mittel gab es in der kleinen Apotheke nicht. Der Ehemann gab auf, und die Patientin blieb unbehandelt – bis wir im Haus unseres Patienten Anwar die Konsultation verabredeten.

Ein anderer, Arbeiter ohne Landbesitz, hat weder das Geld, sein Kind zu dem europäischen Ärzteteam zu bringen, noch den nötigen Urlaub: Es ist Erntezeit, er arbeitet als Tagelöhner auf den Feldern, die einzige Möglichkeit im Jahr, etwas zu verdienen. Wir verschaffen ihm Geld und sorgen dafür, dass er eine Hilfe für seine Arbeit findet. Seltsam – die »soziale Gerechtigkeit«, die der Kommunismus verspricht, ist unter den unterdrückten, besitzlosen Landarbeitern von Hazarajat noch kein Diskussionsthema …

Im nächsten Tal ein junges Mädchen. Sie lebte allein im Dorf. Ihre Eltern waren tot, sie hatte keine Geschwister. Sieben Leprafälle waren in ihrer Familie bekannt, keiner hat überlebt. In einer Hütte wohnte sie, mit einem Schaf und einer kleinen Katze. Eine gut aussehende junge Frau, die mitten im Dorf in totaler Isolation lebte. Sie hatte Landbesitz, aber keiner würde um ihre Hand anhalten. Wir fragten sie, ob sie mitkommen wolle nach Pakistan, dort könne sie heiraten. Nein, das wolle sie nicht. Ich habe das Bild noch immer vor meinen Augen: die dunkle Lehmhütte – draußen die Kochstelle unter einem Reisigdach, zwei Steine, noch warm, auf denen sich das Kätzchen dehnt – das Mädchen auf der Schwelle im Türeingang, die Arme um das Schaf gelegt, ihren Kopf in seinem weißen Fell vergraben –. Allein.

Schleier des Leids

In den nächsten Tagen: Patienten, Patienten, Patienten – von Sonnenaufgang bis Sonnenuntergang. Hassan sagt, die Mudschahedingruppe erwartet von uns, dass wir uns um alle Kranken kümmern. Ich protestiere: »Unmöglich!« Er sagt: »Wenn wir die Mudschahedin nicht gewinnen, können wir auch unser Lepraprogramm nicht durchführen.« »Gut«, resigniere ich, »du weißt das besser – der Nächste – – –.«

Um drei Uhr nachts Hufgetrampel im Hof. Ich schaue durchs Fenster – Vollmondnacht, zwei Reiter, sie springen vom Sattel, binden die Pferde an – dann klopft es schon an meiner Tür. Hassan sagt, sie haben den Jungen mit der Vergiftung gebracht, er ist in einem kritischen Zustand. Ich werfe meine Kleider über, der vorgeschriebene Schleier spart mir die Zeit, die Haare zu kämmen. Stethoskop, Blutdruckapparat. Das Kind ist bewusstlos, keucht mühsam, die Blase bis zum Nabel gefüllt. Wir müssen katheterisieren – womit? Hassan hat einen sterilen Katheter im Gepäck. Wir saugen ab, spritzen Kortikosteroide – katheterisieren – saugen ab – womit? Der Stethoskopschlauch bietet sich an. Bei Sonnenaufgang schlägt der Bub die Augen auf und verlangt eine Tasse Tee. Unmöglich, das Kind jetzt den Eltern allein zur Pflege zu übergeben – wie lange aber können wir uns im Dorf aufhalten? Es gibt nur eine Lösung: das Kind im Notkrankenhaus stationär aufzunehmen. Vier Fahrstunden über die Piste. Ich halte das schwer kranke Kind auf meinem Schoß. Es ist ein zärtlich verträumter Spätsommertag, pastellene Farben, violetter Schimmer über den Bergen, dessen jenseitige Schönheit einen fast schwermütig stimmt, das durchsichtige Filigran der Bäume am Ufer des Baches, ein Junge in waghalsigem Galopp, barfüßig und sattellos auf dem Pferd, die roten Röcke der jungen Mädchen beim

Heuen – ich halte den Jeep an. Noch einmal absaugen, spritzen. Wir haben eine Thermosflasche mit heißem Tee, der Junge nippt ein wenig – der Vater hüllt ihn sorgfältig in das große Wolltuch –.

Warum, muss ich plötzlich denken, warum habe ich mich freiwillig und für immer für die Schattenseite des Lebens entschieden? Sodass all die Schönheit um mich herum mich nur durch den Schleier des Leids erreicht? Warum nur?

Die Bitte mit Kalaschnikow

Während wir an einem der nächsten Tage auf dem Weg zurück zum Basar sind, werden wir von einer Delegation »gebeten«, die Kranken in ihrem Dorf zu untersuchen. Mit ihren Maschinengewehren fuchteln sie vor unseren Wagen: »Wir haben Kranke im Dorf. Und ihr müsst kommen.« – »Wir können nicht«, sagen wir. »Wir können einfach nicht, wir haben unsere Route festgelegt, wir behandeln nur Leprakranke.« Der Kommandeur zuckt die Achseln. Und sagt wie beiläufig: »Und wenn wir mit unseren Gewehren an der Kreuzung stehen, dann werdet ihr nicht mehr sagen, es geht nicht.«

»Stell den Motor ab«, sagt Hassan. »Und lass mich aussteigen.« Der junge Kommandeur dreht sich um: bewaffnet mit einer Kalaschnikow, bärtig, den Patronengürtel umgeschnallt; sein Turban lässt ihn einen guten Kopf größer erscheinen als Hassan.

Hassan, im offenen Buschhemd, mit seinem breiten, wohlwollenden Lächeln, geht auf den bärtigen Mann zu, streckt ihm die Hand zum Gruß entgegen.

»Du kannst schießen«, sagt er, »ich bin nicht bewaffnet.«

Der Kommandeur lässt seine Kalaschnikow sinken. Lehnt sie an einen der dürren, dornigen Büsche, die hier und da die Jeep-Piste säumen.

»Findest du richtig, was du gesagt hast?«, fragt Hassan.

»Wieso?«, sagt der Mann mit dem Maschinengewehr.

»So in die Gegend zu drohen, ehe ihr gefragt habt, mit wem ihr es zu tun habt?«

»…?«

»Wir sind seit vier Uhr morgens unterwegs«, sagt Hassan. »Wir haben von Dorf zu Dorf Kranke behandelt. Keiner hat uns gezwungen, hierher zu kommen, wir tun das, um unseren Brüdern und Schwestern zu helfen.«

»Es tut mir leid«, sagt der Mann mit dem Maschinengewehr. »Aber wir haben Kranke im Dorf. Ich bin verantwortlich für mein Stammesgebiet, die Leute erwarten, dass ich den Arzt ins Dorf bringe, sie haben davon gehört, dass ihr hier seid. Was soll ich tun?«

Es gibt eine winzige heiße Quelle an dem Ort, an dem wir halten. Ich sitze an dem Rinnsal und bewundere die Arabesken, die der Schwefelgehalt des Wassers über die Steine gezaubert hat.

Hassan und der bärtige Mann kommen an die Stelle, an der ich auf einem Stein kaure. Er hat sein Maschinengewehr am Dorngestrüpp zurückgelassen. »Verzeihen Sie«, sagt er.

»Ich verstehe Sie«, sage ich.

»Wir haben uns abgesprochen«, sagt Hassan. »Mohammed Ali wird die Schwerkranken zur Kreuzung bei Soika bringen, dort halten wir Sprechstunde ab, damit sparen wir einen Tagesmarsch in das Tal und einen Tag zurück, und dann können wir unsere Fahrtroute noch immer einhalten, vielleicht ein bisschen verspätet.«

»In Ordnung«, sage ich.

Hassan und Mohammed Ali schütteln sich die Hände. Als wir abfahren, hebt die Gruppe noch einmal die Hände zum Gruß.

»Es tut mir leid, dass es so lange gedauert hat«, sagt Hassan. »Aber wenn wir einmal nachgeben, setzt uns jeder mit seinen Waffen unter Druck. Ich habe ihm gesagt, er muss sich bei Ihnen entschuldigen, sonst gibt es keine Verhandlungsgrundlage, und wenn er uns erschießt, kann er das ruhig tun, aber damit wäre die Hoffnung auf einen Arzt endgültig vorbei.«

Ich wollte, ich wäre nie gekommen

Die Beschränkung auf Lepra hilft, wenigstens ein Problem an der Wurzel zu fassen. Bei den Allgemeinsprechstunden versuche ich nur, bei dem Massenansturm der Kranken meinen Kopf über Wasser zu halten. Einigen zu helfen, den anderen wenigstens nicht zu schaden. Trotzdem …

Am Tag darauf sind wir in einem Dorf des oberen Tals. Spät abends. Ehe alle Patienten in der langen Reihe der Wartenden untersucht sind, brechen wir einfach ab. Wir müssen vor Einbruch der Dunkelheit in Bughra zurück sein. Wie können wir so einfach weglaufen unter dem Protest der Mütter mit ihren kranken Kindern, die selber von weither gekommen sind? Es macht mich krank. Ich wollte, ich wäre nie nach Afghanistan gekommen. Hassan aber ist in Siegesstimmung. »Es gibt keine Widerstandsgruppe, die uns nicht hofiert«, sagt er selig und kann nicht verstehen, dass ich den ganzen Rückweg einsilbig bin.

Zwei Tage später übernachten wir wieder beim Ärzteteam im Notkrankenhaus. Die Spannung zwischen den Mudschahedin und den Ausländern hat sich so verschärft, dass es in den vergangenen Tagen zu einem tätlichen Angriff auf einen der Ärzte gekommen ist. Daraufhin wurde eine Gruppe nach Quetta geschickt, um bei dem Führer der Widerstandsgruppe zu protestieren und nach einer Lösung zu suchen. Fünf vom ärztlichen Team sind zurückgeblieben. Die Stimmung scheint etwas entspannter. Wir werden sehen …

Recht ist, was die Kugel sagt

Langsam verstehe ich auch, wie das Land funktioniert. Da waren immer jeweils zwei Regierungen; nicht nur die Zentralregierung in Kabul, sondern auch die jeweilige Stammesregierung: wie kleine Bergkönigtümer, mit eigenen Schlagbäumen, Ausweispflichten und Straßenzoll. Wir haben ein ganzes Bündel von Briefen, von den Mudschahedin-Gruppen in Quetta ausgestellt. Durch diese Briefe ist man dann akkreditiert, sie öffnen uns die Schlagbäume: Meistens sind es nur zwei durch Bindfäden verbundene Stöcke, ein grüner Stofffetzen daran – Grün ist die Farbe des heiligen Propheten Mohammed. Auf den, der ohne anzuhalten durchfährt, dürfen die Mudschahedin schießen, das ist erklärtes Recht. So ist das Ritual: langsam anfahren, stoppen und warten, bis dann einer der Mudschahedin verschlafen oder eilfertig, meist mit hochbedeutsamer Miene erscheint. Nachts muss man das Licht auch innen im Wagen anschalten. Sonst schießen sie. Das muss man natürlich wissen. Recht ist, was die Kugel sagt.

Sie haben keine öffentlichen Dienste mehr, kein Wunder, dass die jeweiligen Stammesregierungen uns schlechthin »einzukassieren« versuchen: mit flehenden Bitten, Versprechungen, Forderungen. Oder unter Androhung von Gewalt. Es erfordert sehr viel Takt, Geduld, Humor und Durchhaltevermögen, alles bis zum Vergleich durchzupalavern, sodass man dann wieder freigelassen wird. Und wer kann den Rebellenführern vorwerfen, die ohne jede ärztliche Versorgung sind in ihrem Gebiet, dass sie versuchen, das medizinische Team so lange wie möglich festzuhalten? Doch wir haben einen Plan zu erfüllen und hatten Zusagen gemacht – wer ist schon so hirnverbrannt, im aufständischen Afghanistan zu planen, Zusagen zu machen und dann ernsthaft darauf zu bestehen, dass die Zusagen auch eingehalten werden müssen? Zusagen in einem Gebiet, das den Rebellenführer nichts angeht – hier, in seinem Gebiet, sind Kinder krank, sterben Frauen unter der Geburt, hat die kämpfende Truppe keine Erste-Hilfe-Einheit –!

Manchmal versprechen wir, dass wir jedes Mal, wenn wir durchfahren, zwei Stunden an ihrem Schlagbaum halten und all die versorgen werden, die sie in diesem Zeitraum erreichen können. Manchmal genügt es, die zu behandeln, die gerade da sind. Mubarik mit seiner liebenswürdigen Geduld ist unser bester Unterhändler: Ein paar Aspirin, eine Handvoll Multivitamin-Tabletten – wir können weiterfahren …

Unsere Infrastruktur

Und doch freue ich mich mit über den Erfolg. Was hat uns in den Augen der Bevölkerung und der Widerstandskämpfer vertrauenswürdig gemacht? Zum einen hatten wir ja schon 27 Jahre einem muslimischen Bruderland gedient. Und was uns noch mehr geholfen hat, was wir zunächst gar nicht wussten, sondern sich erst später herausstellte, das waren unsere in Pakistan vorbehandelten Patienten. Wir kamen einmal in ein Stammesgebiet, das als ganz rabiat verschrien war. Während der letzten zwei Kilometer hat uns die Bevölkerung fünfmal gestoppt und gesagt, wir sollten doch nicht so wahnsinnig sein und nach Feroza fahren. Die würden uns alle totschießen, nur um den schönen Jeep zu bekommen. Es sei nicht der erste Fall!

Das Programm abblasen? Entscheidungen werden gemeinsam getroffen. In Gefahrensituationen entscheiden die Gegenstimmen, auch wenn sie in der Minderzahl sind.

Diesmal gibt es keine Gegenstimmen. Trotzdem: Man hört keine Unterhaltung mehr im Jeep. Alles starrt gebannt durch die Fenster, als wir uns im Schritttempo den ersten Hütten nähern, bereit, auf den ersten Anruf anzuhalten. Wir bringen den Wagen vor einer Lehmhütte zum Stehen, die offensichtlich als Dorfladen dient. Überall Männer, die mit ihren Maschinengewehren fuchteln und auf Pushtu auf uns einreden – eine Sprache, die keiner von uns fließend spricht. Plötzlich dreht sich einer der Männer um, blickt in den Jeep – ein breites, ungläubiges Lächeln – Hassan? Hei – Mubarik! Nein, unmöglich – das darf doch nicht wahr sein: Dr. Pfau –?!

Zaffar Ali. Einer unserer alten Patienten von Karachi!

Zaffar dreht sich um. Hält gestikulierend eine Rede, die die Situation total verändert.

Der Stammesälteste kommt auf uns zu und bittet uns, drei Tage im Dorf seine Gäste zu sein. Selbstverständlich würde er Zelte aufstellen lassen, und selbstverständlich würde er den kostbaren Wagen durch vier seiner bewaffneten Leute bewachen lassen. Wir hatten also bereits eine Infrastruktur und wussten es noch nicht. Und solche Geschichten passierten uns hundertmal.

Der Schutzengel von Nor

Ein anderes Mal waren wir in Nor. Eine faszinierende Hochebene, endlos, unwirklich, violett verschwimmend, voller Luftspiegelungen, ein verwunschenes Land und *sehr* dünn besiedelt. Stundenlang waren wir unterwegs gewesen. Keiner von uns wusste genau, wohin wir fuhren. Selbst der Fahrer war dort noch nie gewesen. Und dann wurde es dunkel, und im Dunkeln soll man in Afghanistan nun wirklich nicht unterwegs sein. Hassan, verantwortlich für das Team und voller Sorge, wo er uns Unterkunft verschaffen könne, Hassan entsinnt sich plötzlich: Irgendwo in Dasht-e-Nor, hinter den vegetationslosen Hügeln in der unendlichen Öde, irgendwo in Dasht-e-Nor musste einer unserer Patienten von Karachi wohnen. Irgendwo hinter den blassvioletten Hügeln musste ein Dorf verborgen sein – wo?

Und wie es finden?

Wie durch ein Wunder begegnen wir einem Ziegenhirtenbuben, rufen ihn an den Jeep, fragen ihn: »Hast du jemals von einem Quadir Ali gehört?« – »Quadir?«, sagt der Bub, »Quadir Ali? Wenn ihr in das Nebental einbiegt, da ist sein Haus.« … Wir fahren in das Nebental. Hinter dem felsigen violetten Hügel – ein Dorf! Quadir kommt gerade vom Feld zurück. Stutzt. Erkennt den Jeep. »Hassan!« – läuft auf uns zu – …

»Ihr«, sagt er, »ihr in Afghanistan – in Nor – welcher Schutzengel hat euch geschickt? Ich habe nur noch Medikamente für acht Tage. Ich habe mir schon lange überlegt, ob ich nach Karachi gehen soll, ob ich meine Familie hier allein zurücklassen kann. Und jeden Tag wurden die Tabletten um eine weniger. Jetzt habe ich nur noch acht.«

Wir wussten nie, wo wir abends übernachten würden. Wir wussten nie, wo wir essen sollten.

Aber es ist immer gut gegangen.

Die Geschichte mit Sakia

Gruppenkompromiss am Feiertag

Ein Tag nach aufreibenden Gesprächen im Notkrankenhaus.

Es war ID, ein hoher muslimischer Feiertag, der als dreitägiges Fest begangen wird. Die Muslims feiern das Opfer Abrahams: »... und er hat seinen einzigen Sohn nicht geschont ...«

Wir verpflegen uns selbst. Hassan serviert »europäisches Essen«: ein Fladenbrot, eine große Salzkartoffel für jeden, rohe Zwiebelscheiben, Salz und Pfeffer. »... wie im Hotel Interkontinental in Kabul«, grinst Hassan. Ich entsinne mich, dass wir irgendwo im Jeep noch eine Dose Käse »für besondere Gelegenheiten« haben, und ID sollte da ja darunterfallen.

Wir hatten damals kein Hauptquartier, wir lebten nur im Jeep. Man kann aber nicht drei Tage nur im Jeep leben, zumal nicht drei ID-Tage lang.

Am Abend gibt es dann den ersten Gruppenkonflikt. Jan Ali sagt, er habe nun schon zwei Monate mit uns gearbeitet und uns begleitet, und an ID wolle er zu Hause sein. Zwei Stunden Fahrt. Unser Fahrer Ibrahim sagt, er habe sein Leben aufs Spiel gesetzt und würde das gern wieder tun – aber an ID wolle er zu Hause sein. Eineinhalb Stunden Fahrt.

Ich sage, ich bin nicht alle Tage in Afghanistan, ich kann nicht einfach so drei Tage freinehmen, und wir hätten Adressen von unbehandelten Patienten in Badrazar, und jeder verlorene Tag erhöhe die Gefahr für diese – eine halbe Stunde Fahrt.

Hassan sagt, es wäre nicht fair, sich über ID einer Familie aufzudrängen. Mubarik fragt, wo wir uns denn die zwei

Feiertage verkriechen sollten, wir könnten doch nicht einfach 48 Stunden im Jeep sitzen, und essen müssten wir doch schließlich die nächsten Tage auch …

Schließlich finden wir doch einen Kompromiss. Wir fahren erst Jan Ali heim – er hat Kinder. Dann bringt uns Ibrahim bis zum Fuß des Berges – nach Badrazar geht keine Jeep-Piste, da muss man sowieso zu Fuß hinauf. Wir steigen aus. Ibrahim will den Jeep mit nach Hause nehmen – mir ist nicht so recht wohl bei dem Gedanken. Seit Tagen gibt es Gerüchte, dass die Gegenseite über ID eine Offensive plant: Wenn der Jeep dann auf der anderen Seite der Front ist, die Russen in der Mitte und wir hier festliegen, dann kann Ibrahim uns gar nicht mehr abholen. Wie immer gemeinsame Entscheidung: Wir möchten Ibrahim seinen ID-Tag nicht verderben. Ibrahim wendet den Wagen, winkt uns ein Lebewohl und verschwindet in einer Wolke von Staub. Wir marschieren los. Die Leute sind bei der Ernte, trotz des morgigen religiösen Festes. Feste sind selten geworden.

Den ersten Patienten, dem wir begegnen, kennen wir aus Pakistan, seit 1949 behandelt!, jetzt ausgeheilt. Er sagt uns, es gäbe Lepra im Tal. Er deutet auch schon, vertraulich und halblaut in geheimnisvollem Ton, Sakias Schicksal an: »Da ist eine Familie, die haben ein leprakrankes Kind, sie geben es aber nicht zu, aber wenn Sie ins letzte Dorf des Tales hochsteigen …«

Die Gefangene im Stall

Wir finden das Dorf – das Haus – den Stall … den Stall, in dem die Familie das Mädchen seit zwanzig Jahren gefangenhält. Die eigene Familie … mir ist buchstäblich körperlich übel, ich muss mich zusammennehmen, um meinen Magen zu beherrschen. Der Gestank im Stall – der Zustand der jungen Frau. Längst sind ihre Hände und Füße abgefressen, ein Auge ist völlig, das zweite teilweise erblindet, die Stimme nur noch ein heiseres Krächzen, der Atem geht schwer.

Ich bin an vieles gewöhnt … aber in diesem Stall … ich musste dreimal über meinen Schatten springen, um die junge Frau – das, was die Krankheit aus dieser Frau gemacht hat, ein stinkendes, abstoßendes, wundenbedecktes Bündel – in meine Arme zu schließen.

Persisch kann ich nicht – nicht mehr als ein halb Dutzend Routinesätze. Wie soll ich ihr sagen, dass wir gekommen sind, um ihr zu helfen, wenn nicht mit einer Geste der Zuwendung? Ich spreche ihr zu. Auf Urdu, was tut's, wenn sie es nicht versteht. Argumente werden sie sowieso nicht erreichen. Mubarik sagt ihr, dass ihre Krankheit heilbar wäre, und hier hätten wir die Medikamente mitgebracht.

Sie wirft uns die Kapseln vor die Füße. »Jetzt kommt ihr«, sagt sie bitter, »jetzt, wo mein Leben zerstört ist, ich will keine Behandlung, ich will sterben, was kann mir das Leben noch geben?«

Mubarik schaut sich im Stall um. Findet einen umgestürzten Futtertrog. Setzt sich darauf und beginnt zu sprechen. Dann beginnt er, ihre Wunden zu waschen und zu verbinden. Sie lässt es geschehen. Nach drei Stunden kommt Mubarik und sagt: »Geben Sie mir die Medikamente, sie hat eingewilligt.«

Wir untersuchen die Familienmitglieder. Drei ihrer Schwestern sind angesteckt, auch ihre Mutter. Die beiden Buben sind gesund, sie haben sich nie um die große Schwester gekümmert. Die Jüngste hat einen verdächtigen Flecken, wir machen einen Vermerk in die Krankenakte. Schon lange betritt keiner mehr den Stall, aber der Bazillus hat seinen Weg gefunden. Der Großvater ist unbehandelt gestorben, eine Schwester der Mutter ebenfalls. Ein Onkel war in Pakistan gewesen und ist geheilt zurückgekommen; eine Tante ist vor zwei Jahren nach Pakistan gezogen, weil ihre beiden Jungen erkrankt waren.

Verfemt

Warum sie für das Mädchen nie etwas getan hätten?! Es hätte am Geld gefehlt ... Der Verkauf von zwei Schafen hätte das Fahrgeld erbracht. Aber was ist an einem Mädchen gelegen? Erst später erfahren wir, dass die Eltern das Kind für tot erklärt hatten, um dem Stamm die Schande zu ersparen, vergeblich. Vergeblich – denn jetzt ist das Haus verfemt. Wir übernachten in der Familie (und haben nicht einmal unsere Schlafsäcke dabei), sie bieten uns ihr gebrauchtes Bettzeug an, wir nehmen es an, es ist kalt. Wir essen, was uns vorgesetzt wird, in der Hoffnung, dass die Menschen des Dorfes den Fluch zurücknehmen, den sie auf das Haus gelegt haben ...

Am Abend, als wir noch einmal auf den Heuboden klettern, um den Stall zu erreichen und Sakia gute Nacht zu wünschen, fragt sie, wann wir sie mitnehmen würden nach Pakistan.

Was sollten wir jetzt mit Sakia machen? Es war am Ende unserer Tour, und wir mussten zurück nach Pakistan, um für Nachschub zu sorgen, wir brauchten Geld, wir hatten keine Medikamente mehr, und wir konnten die Frau auch nicht zurücklassen. Ihr Atem ging immer mühsamer. Die Lepra schlägt sich im Endstadium auf den Kehlkopf. Als dieses Kind für tot erklärt wurde, vor zwanzig Jahren, da gab es bereits eine Heilung für Lepra. Das Mädchen war 1958 geboren. Und seit 1947 kann man Lepra heilen. 1968 hatten wir schon das erste nationale Leprabekämpfungsprogramm der Regierung in Pakistan vorgelegt. Als wir im Westen das Medikament entwickelt haben, haben wir es doch für diejenigen entwickelt, die es benötigen. In der westlichen Presse stand groß: Lepra ist heilbar. Damit war die Schulaufgabe gelöst. Und keiner hat weiter gefragt: Wer bringt jetzt das Medikament nach Zentralafghanistan zu Sakia? Zwanzig Jahre nach der Erfindung dieses Medikaments werden Kinder in diesen Bergdörfern noch für tot erklärt, weil der Mensch in dieser Kette gefehlt hat, der diesen zweiten, so unabdingbaren Schritt getan hat: das Medikament zu denen zu bringen, die es brauchen. Seit Anfang der 80er Jahre haben wir ein Medikament, mit dem man die Krankheit in zwei Jahren ausheilen kann. Und zwischenzeitlich war auch der Onkel, den wir in Pakistan geheilt hatten, in den Hof gekommen und hatte gefragt: »Lebt die Sakia eigentlich noch? Die Krankheit ist heute ausheilbar.« Die Familie musste natürlich sagen: »Nein, sie ist im Alter von sechs Jahren gestorben.« Wie konnten wir jetzt Sakia helfen, ohne dass die Familie ihr »Gesicht verlor«?

Die Verschleierung der muslimischen Frau kam uns zu Hilfe.

Wir hatten Sakia gesagt, dass wir sie nach Pakistan mitnehmen wollten, nur müssten wir in der Zwischenzeit noch einiges andere erledigen. Und sie hatte eingewilligt. Am Tag vor unserer Abfahrt steckten wir sie in eine Burka, die zeltförmige Verschleierung der muslimischen Frau, setzten sie auf einen Esel und ritten sie den Berg hinunter. Esel sind unbequeme Verkehrsmittel, und Sakia war schwer krank. Wir waren froh, als wir mit erheblicher Verspätung unten auf der Jeep-Piste ankamen. Und dort weigerte sich der Jeep-Fahrer, den Wagen zu fahren, in dem diese Aussätzige saß. Der November hatte schon den ersten Frost gebracht. Um überhaupt losfahren zu können, setzten wir die schwer kranke Frau hinten auf die offene Ladefläche unseres Toyota.

Es war eine Wahnsinnstour, die der Fahrer bravourös bewältigte: 29 Stunden nonstop unterwegs, nur zwei ganz kurze Pausen, über die Grenze, bis zu unserer nächsten Außenstation in Quetta.

»Toba, Toba – Gott sei mir gnädig!«

Und Sakia lebte noch, als wir ankamen. Wir holten sie dann nach Karachi. Nun dürfen aber Afghanen nicht ins Innere von Pakistan. Wir schickten also unseren jüngsten Lepraassistenten mit dieser Gruppe von Afghanen in der Bahn los, denn ich selber hatte in Quetta noch Verhandlungen mit der Regierung zu führen. Tatsächlich kam die pakistanische Polizei und fragte nach den Afghanen. Unser Lepraassistent sagte nur ganz lakonisch: »Ach, wenn Sie die mitnehmen wollen, gerne«, und lüftete nur kurz den Schleier vom Gesicht Sakias. Der Polizist wurde blass, stotterte nur noch ein »Toba, Toba!« (= Gott sei mir gnädig) und verließ fluchtartig das Abteil, die Mitreisenden in wilder Flucht hinter ihm her – »... von da an hatten wir eine angenehme Reise«, sagte Yaseen lachend, als er uns die Geschichte erzählte, »wir hatten das ganze Abteil für uns und konnten uns lang auf die Bänke legen!«

Drama in Karachi

So brachten wir Sakia wohlbehalten bis Karachi. Dort konnten wir sie zunächst nur in einem Einzelzimmer unterbringen. Wenn die Tür aufging, griff sie jeden an, der sich im Zimmer zeigte, außer Mubarik und mir, die sie herausgeholt hatten. Nach zwei Wochen dachte ich, sie würde mir unter den Händen sterben. Sie aß nicht mehr, sie wollte nicht mehr leben. Es kam ihr wohl erst jetzt zum Bewusstsein, was sie erlebt hatte, wie sie um ihre Jugend, um ihr Leben betrogen worden war. Dann auch die Umstellung: Zum ersten Mal in ihrem Leben lag sie in einem Bett, sie hatte vorher immer im Stall gelegen. Erst jetzt bekam sie regelmäßig zu essen. Lange konnte sie sich mit keinem unterhalten, da sie kein Urdu sprach. Dann übertrug sie ihr Zutrauen auf Jeannine. Ausländer sehen für Menschen, die sie nicht gewohnt sind, ja ähnlich aus. Später erfuhr sie, dass eine Lepraassistentin Schiitin war wie sie. Dann ließ sie die ins Zimmer. Schließlich kam eine Periode, in der sie sich nachts in die Küche schlich, alles Essbare einsammelte und sich damit in ihr Zimmer einschloss. Später tat sie das immer noch, verteilte aber ihre Beute an ihre afghanischen Mitpatientinnen. Und danach überraschte sie uns eines Abends, als sie vor dem Fernsehschirm tanzte. Sie fühlte, dass sie gesundete, sie konnte jetzt frei durchatmen, sie hatte keine Nervenschmerzen mehr, die Wunden an den Händen waren verheilt. Sie wusste: Eines Tages würde sie gesund sein.

Und dann war sie eines Tages einfach verschwunden. Die Polizei brachte sie uns zurück, da sie als Leprakranke erkennbar war. Ach, sagte sie, sie hätte nur einmal ausprobieren wollen, wie das wäre: so frei herumlaufen zu können. »Ich habe aber nie gewusst«, sagte sie, »dass es so schwierig ist, in einen Bus zu kommen!«

Allmählich wurde sie unseren Besuchern bekannt. Man machte ihr Geschenke. Sie bekam Kleider, auch ein goldenes Täschchen. Einmal war auch eine Beschäftigungstherapeutin kurze Zeit bei uns; unter ihrer Anleitung fing sie an zu malen, wunderschöne Dinge.

Und als wir dachten, Sakia sei jetzt über den Berg, da habe ich selber einen ganz großen Fehler gemacht. Als ich wieder einmal für kurze Zeit im Krankenhaus war, zurück vom Außendienst, machte ich in einer unserer Besprechungen den Vorschlag, wir sollten doch auch auf der Station Spiegel anbringen, einmal aus psychologischen Gründen, im Hinblick auf unsere Angestellten: damit die ihre weißen Kittel wechselten, wenn sie im Spiegel sahen, dass sie schmutzig waren. Aber auch aus medizinischen Gründen: Es gibt eine Augenkomplikation der Lepra, deren Spätfolgen man durch bestimmte Übungen verhüten kann. Der Patient kann vor dem Spiegel sehen, wie sich das Auge wieder schließt. Ich dachte, es würde Patienten motivieren, die Augenübungen regelmäßig durchzuführen, wenn sie die Ergebnisse selbst an sich beobachten konnten. Jeder in der Besprechung fand die Idee großartig. Wir haben die Spiegel angebracht – am nächsten Morgen waren sie alle zerschlagen. An jenem Tag hatte Sakia sich zum ersten Mal im Spiegel gesehen. Darauf schloss sie sich wieder in ihr Einzelzimmer ein. Wir alle standen davor, haben gefleht und gebettelt. Wir haben sie angefleht, aufzumachen. Am dritten Tag hat sie uns dann hereingelassen. Da saß sie auf ihrem Bett und weinte vor sich hin: »Und ich habe doch gedacht … Und ich habe doch gedacht … Und mir ging es doch so gut, und ich habe doch geglaubt, ich könnte noch einmal ein Baby haben!«

Zunächst hatte Sakia die moderne Therapie nicht vertragen, sie war zu geschwächt dazu. Inzwischen ist sie auf die neue Therapie umgestellt, nach wenigen Monaten wird sie ausgeheilt sein.

Dann können wir auch mit der Wiederherstellungschirurgie anfangen. Und warum soll sie nicht noch heiraten und ihr Baby bekommen? Ich denke nur, und jetzt immer noch: So ist das also, da ist man 27 Jahre im Projekt, man setzt sein Leben aufs Spiel, um so eine Frau zu finden, und dann, wenn man beinahe am Ziel ist, sie beinahe geheilt ist, dann passiert einem so ein Fehler. Sie hätte sich auch das Leben nehmen können aufgrund meiner Gedankenlosigkeit.

Es hat mich tief betroffen gemacht, dass ich so etwas tun konnte.

Kein Grund zur Überheblichkeit

Wenn ich jetzt an die Geschichte Sakias zurückdenke, auch an das Verhalten ihrer Umgebung – es gibt keinen Grund zur Überheblichkeit.

Nicht einmal in ihrem Fall, die von ihren engsten Angehörigen immerhin für tot erklärt und in den Stall eingesperrt wurde, kann man eigentlich sagen, dass ihre Familie sich nicht um sie gekümmert hat. Mit der Pest bei uns war es doch ähnlich: Kranke wurden isoliert, um den Rest der Familie zu retten, nicht weil sie nicht mehr geliebt wurden. Und unsere Haltung Aids gegenüber ist von ähnlichen irrationalen Ängsten geprägt. So ist auch die panische Angst vor der Lepra einfach zu stark. Die Familie hat sich, auch als man Sakia ausgesperrt hatte, um sie gekümmert, hat ihr das Essen gebracht. Jon hat die Familie Sakias bei seinem letzten Afghanistan-Aufenthalt besucht, die Leute behandelt, ihnen Medizin gebracht. Alle wollten sie wissen: »Wie geht es Sakia?« Sicher: Zurückhaben wollten sie sie nicht. Sie wussten sie in Pakistan in der Behandlung gut aufgehoben. Und als Jon die Kamera herauszog, um sie zu fotografieren, baten sie ihn: »Bitte mach doch auch ein Bild von diesem Wandbehang, den Sakia gemacht hat, damit sie ihn wiedersieht.« Es gibt noch die Beziehung zu Sakia, sie ist nicht aus der Familie verstoßen.

Nicht anders war es ja mit Kurban, der jetzt Lepratechniker in Lal ist. Auch er musste von seiner Familie weg und wurde nach Pakistan geschickt zur Behandlung. Aber sein Vater ist viele Male unter sehr schwierigen Umständen nach Pakistan gereist. Seine Mutter hat nicht einen Moment aufgehört, ihn zu lieben. Es gibt keinen Zweifel, dass die Stärke dieser Liebe ganz außerordentlich ist. Ausgestoßen sind die Kranken von der Gesellschaft. Aber die Familienbande halten.

Oder eine ganz alltägliche Beobachtung. Ein Patient in einem Krankenhaus eines europäischen Landes mag vielleicht, wenn er Glück hat, einmal am Tag Besuch von seiner Familie bekommen. Am Bett eines Patienten, den wir in Afghanistan versorgen, sitzen sechs Personen. Und sie denken gar nicht daran, aufzustehen und nach Hause zu gehen.

Ich erinnere mich an einen Patienten in Sheikh Ali, der mit einer lebensgefährlichen Schussverletzung zu uns kam. Die Hauptschlagader war geplatzt, was zu einer massiven Blutung führte.

Wir brauchten für die medizinische Behandlung ungefähr zwei Stunden. Sie verwandten die gleiche Zeit darauf, um ihn ins Bett zu schaffen, ihn umzudrehen, alles mit solcher Sorgfalt und Aufmerksamkeit für die kleinsten Details, dass wir dadurch richtiggehend beschämt wurden.

Es gibt wirklich keinen Grund, überheblich zu sein.

Wo Menschen zusammenhalten, wird die Welt ein wenig heil

Der Tag, an dem wir Guljan fanden

Es war in Zentralafghanistan, bei der Rückfahrt aus Lal, als wir Guljan fanden. Den ersten Teil hatten wir schon hinter uns. Wir hatten Guljan mitgenommen, ein Mädchen, das Vater, Mutter und Bruder verloren hatte und leprakrank war. Der Bruder hatte sich heimlich abgesetzt, die Schwester war verschwunden, niemand wusste, wohin. Erst hatte sie der Onkel väterlicherseits aufgenommen, sie aber dann weggeschickt. Dann hatte sie der Onkel mütterlicherseits aufgenommen. Und dann bestand seine Frau auch darauf, dass das Mädchen weggeschickt würde.

Sie stand in einem Winkel der Bergbauernhütte, in der wir die Sprechstunde abhielten, fünfzehn Jahre, im roten Trachtenrock der Bergstämme, mit großen Brombeeraugen und pechschwarzen Zöpfen. Was ihr fehle?, fragte ich.

Sie lächelte mich scheu und wortlos an.

»Masuma«, sage ich zu unserer jungen Helferin, »Vorsichtsuntersuchung auf Lepra, und wenn sie nur gekommen ist, um die fremden Gäste zu sehen, dann schick sie heim.«

Das war der Anfang.

Masuma, zwanzigjährig, in den Wochen des Einsatzes früh gereift, erfragte aus dem verstörten, schluchzenden Kind die ganze Vorgeschichte. Ja, der Onkel sei noch hier, der warte draußen, aber er wage nicht, sie wieder mit nach Hause zu nehmen, seine Frau mache ihm Szenen wegen – wegen – sie schluckte, »wegen der Aussätzigen«, sagte sie dann verzweifelt. Das ganze Dorf sei gegen sie.

Wir würden mitkommen, sagten wir, und mit dem Dorf

reden und mit der Frau. Lepra, was sei heute schon Lepra? In zwei Jahren wäre sie geheilt.

Wir laufen über die Wiesen, Guljan hält mich bei der Hand. Hilft mir sorgsam und stolz über die schwankende Brücke über den Wildbach. Als wir uns dem Dorf nähern, wird sie einsilbig. Neugierige Augenpaare schauen durch Türspalten. Sobald wir näher kommen, wird die Türe zugeschlagen. Die Dorfstraße ist wie ausgestorben. Wir fragen uns mühselig zum Hause des Onkels durch. Ein eisiger Empfang. Dann eine Flut keifender Stimmen, als wir uns in den dunklen, von Kindern und Frauen vollgestopften Innenraum drängen. Wir setzen uns an der kalten Feuerstelle mitten im Raum auf die schmutzige Matte; Guljan eng an mich geschmiegt, mehr kann ich nicht tun als diese Demonstration vor allen, ich spreche nicht Persisch, die Verhandlung übernehmen Masuma und Kurban, hin und wieder von Jon sekundiert.

Nach eineinhalb Stunden Palaver scheint die Sache perfekt. Man hat uns keinen Tee angeboten (ein deutlicher Hinweis, dass man uns als unerwünschte Eindringlinge abstempeln will!), aber sich bereit erklärt, Guljan im Hause zu behalten. »Wir haben erklärt, dass die Krankheit heilbar ist«, sagt Jon. »Glücklich sind sie über die Lösung nicht, aber sie haben zugesagt.«

Guljan begleitet uns bis zum Dorfende. Wortlos. Dort steht sie, klein und verloren, unter einer riesigen Pappel, und schaut uns nach.

Wir nehmen den Wiesenpfad, überqueren den Bach, beginnen die Steigung zur Piste, wo wir den Jeep geparkt haben. Mein Herz ist schwer.

»Und wo soll ich hin?«

Da plötzlich – ein Schrei. Jon dreht sich um, bleibt stehen. Guljan, mit fliegenden Zöpfen und wehendem Rock, naßgeschluchzt und keuchend von der Flucht, schneidet Jon den Weg ab. »Nehmt mich mit«, fleht sie weinend, »sie haben das alles nur so gesagt – wenn ihr mich zurücklässt, die setzen mich doch aus, und wo soll ich hin?«

Schweigen.

»… und wo soll ich hin?«, sagt sie mit leiser, verlorener Stimme. Wohin? Jon schaut ratlos auf das Bündel, das da zu seinen Füßen sitzt und schluchzt.

»Ich bin dagegen«, sagt er, »prinzipiell dagegen, dass wir Patienten nach Pakistan nehmen, deshalb sind wir doch hergekommen, damit wir den Leuten hier zeigen, dass Lepra heilbar ist.«

»Aber Guljan –«, sagt er. »Guljan«, sagt er, »das ist wohl eine Ausnahme. Javaid kennt in Manghopir eine Frau aus Afghanistan, die heißt genau wie Guljans verlorene Schwester, vielleicht war sie auch krank und hat sich heimlich abgesetzt?«

So kam es, dass wir Guljan mitnahmen. Ihr Bündel – ja, was war ihr Bündel? Sie hatte einen verschlissenen Umhang, der diente als Handtuch und Taschentuch, als Decke zum Schlafen, als Regenschutz und Verschleierung. Dann hatte sie noch ein Stück Holzkamm, den trug sie in der Tasche. Sonst keinen Besitz. Sie eroberte den Rücksitz im Jeep und thronte dort, Gesicht gegen den Fahrtwind, die Tränen fortgeblasen, mit bebender Bereitschaft, dem Abenteuer eine Chance zu geben. Hin und wieder tastete sie nach meiner Hand, lächelte mich an. Sie hatte sich bald im Team eingelebt. Es ging alles gut, bis wir nach Pakistan zurückfahren wollten.

Eine lange Nacht bei den Mudschahedin

Dass diese zwei nichtmuslimischen Ausländer, Jon und ich, ein muslimisches Mädchen »ausführen« wollten, das konnten die Mudschahedin nicht akzeptieren. Das Mädchen weinte bei jeder Kontrolle und flehte die Mudschahedin an: »Ich will doch raus, ich bin doch leprakrank, und ich habe doch nur noch eine Schwester, und die lebt in Pakistan. Ich habe niemanden hier, niemanden, und keiner kümmert sich um mich.« Das hatte uns schon Tage gekostet, aber schließlich kamen wir zu einer Kontrolle, die ließen sich auf keine Verhandlungen ein. Die Männer hörten überhaupt nicht zu, sondern kassierten das Mädchen einfach ein. Ausfuhr von Mädchen aus Afghanistan sei völlig unmöglich, und sie würden sie mit zwei Ausländern auf keinen Fall fahren lassen. Diese Mudschahedin sitzen da ohne Frauen. Das Mädchen war fünfzehn. Ich dachte an das, was hier passieren könnte, und sagte einfach: »Ich gebe sie nicht her.« Guljan lag in meinen Armen. Die Mudschahedin aber sagten: »Das ist unser Land, Sie haben hier keine Befehle zu erteilen.« Als sie das Mädchen mitnahmen, ging ich ihnen nach und sagte: »Wenn ihr sie nehmt, dann behaltet ihr mich dazu. Das ist gegen alle eure Sitten, dass ein Mädchen, ein fünfzehnjähriges, allein in eurer Männerunterkunft übernachtet.« Ich nahm Guljan fest in meine Arme: »Entweder ihr kriegt uns beide oder keine. Zumindest keine von uns lebend.« Darauf erklärten sie sich bereit, uns beide zu nehmen, und schlossen uns in einen Raum, in eines ihrer höhlenartigen Verstecke. Wir durften nicht zum Wagen zurück, es war dunkel, und ich hatte keine Taschenlampe mitgenommen. Auch keinen Schlafsack. Unsere Leprahelfer waren draußen. Wir waren in diesem dunklen Raum isoliert. Ich kenne nur wenige persische Worte, konnte mich also weder verständlich machen noch verstehen, was um uns herum gesprochen wurde.

Es war dunkel und feucht, wir froren. Wenn sie uns hier nicht wieder herausließen?

Ich glaube, wenn ich Guljan nicht gehabt hätte, hätte ich in diesem Augenblick durchgedreht, irgendetwas Wahnsinniges hätte ich getan, nur um die flüsternde Dunkelheit um uns zu durchbrechen, nur um diese drohende Stille zu bewegen, nur um zu wissen, wo der Ausgang war aus dieser Höhle, auch wenn ich mir nur den Kopf gegen den Stein wund geschlagen hätte. Um mich tausendfacher Tod, erlitten in deutschen und russischen Gefangenenlagern, in Dunkelzellen unter totalitärer Gewalt in allen Teilen der Welt, in Gefangenenlagern, unter den Händen der Mudschahedin tausendfache Schreie, von keinem gehört. Warum? Du – du lässt es zu, warum? Und irgendwo fern eine Frage: Wollt auch ihr gehen? – Schweigen – und eine Antwort, eine verlorene Antwort: Wohin? … Wohin? …

Ein winziges Licht

Guljan kuschelt sich näher an mich und bringt mich zurück in die Gegenwart. Ich wickle meinen Umhang fest um uns beide und ziehe sie nah an mich heran. Sie kichert befriedigt. Sprechen können wir nicht miteinander, wenigstens nicht in einer Sprache, die wir beide verstehen.

Jemand kam in den Raum. Ich versuchte es mit einem der wenigen Sätze, die ich auf Persisch kann. »Wo ist hier eine Toilette?« Der Mann nahm mich bei der Hand. Später bei der Schulter. Im Schutze der Dunkelheit wurde er, wie beiläufig, noch ein wenig aufdringlicher. Ich dachte an Guljan und all die jungen Freiheitskämpfer, die monatelang ohne ihre Frauen an »der Front« sind. Er zeigte mir ein

Loch in der Wand, da konnte man hindurchkriechen. Draußen war es Nacht.

Zurück in der Höhle tastete ich mich zu der Ecke, in der Guljan sehnsüchtig auf mich wartete. Wiegte sie in meinen Armen und sprach beruhigend auf sie ein, auf Englisch, Urdu, Deutsch – der Inhalt war nicht wichtig. So fand uns einer der Mudschahedin, der unerwartet mit einer Petroleumlampe in den Raum kam. Er blieb stehen und schaute auf uns – ein versonnener Blick, welche Erinnerungen mochten in ihm aufsteigen? Der Herrgott weiß, was in diesem Augenblick in ihm vorging – jedenfalls lächelte er uns an.

»Guljan«, sagte ich, »erzähle deine Geschichte.«

Bislang hatten die Mudschahedin uns nie zugehört.

»Ich habe keinen Vater und keine Mutter«, sagte Guljan. »Und keine Brüder. Ich habe keinen, der sich um mich kümmert. Ich bin ganz allein in der Welt, ich habe nur die Ärztin, die kam, als ich nicht wusste, wohin ich gehen sollte. Ich bin leprakrank, und keiner will mich haben … wo soll ich hin?«

Guljan erzählte in einer singenden, monotonen Sprache.

Der junge Mann hörte schweigend zu. Hörte. Angespannt und schweigend. Als er ging, ließ er die Petroleumlampe zurück. Ein winziges, flackerndes, tröstliches Licht.

Keine zehn Minuten später stand Javaid im Raum. Javaid, der Jüngste in unserem Team. »Die Lampe können Sie behalten«, sagte er hastig und halblaut, »und hier ist Ihr Schlafsack, und eine Decke für Guljan, und es wird gut ausgehen, wir verhandeln!« Dann schlüpfte er ebenso unbemerkt wieder hinaus, wie er hereingekommen war. Wir breiteten die Decke auf dem kalten Steinfußboden aus. Der junge Freiheitskämpfer brachte uns Tee, zwei Tassen heißen, dampfenden Tee. Nie hat ein Tee besser geschmeckt als der aus der Hand unseres unerwarteten Freundes. Wir krochen zusammen in den Schlafsack, Guljan gickelte, er war so eng, dass wir den Reißverschluss kaum hochziehen konnten, aber so hielten wir uns warm, und was wichtiger war: Keiner konnte an Guljan, ohne mich aufzuwecken! Ich drehte die kostbare Lampe auf Sparflamme in der Hoffnung, dass dann das Petroleum für die Nacht reichen würde. Die Stimmen der Mudschahedin in der Ferne. Eine Fliege summte träge. An Guljans regelmäßigen, tiefen Atemzügen merkte ich, dass sie eingeschlafen war.

Die Situation war verwandelt

Der Morgen brach mit seinem fanfarenhaften Licht durch die Ritzen, ließ die Staubkörnchen in seinen Strahlen tanzen. Wir bliesen die Petroleumlampe aus und krochen aus dem Schlafsack. Unsere Jungs hatten in der Zwischenzeit intensiv verhandelt. Der Kommandeur hatte zunächst nicht geglaubt, dass das Mädchen Lepra hatte. Er sagte: »Die Ärztin schläft doch mit der unter der gleichen Decke.« Sie ließen uns aber aus der Höhle heraus, um Guljan von ihrem Sanitäter untersuchen zu lassen.

Wo der sei?

Eine Tagesreise weit in die Berge, wir würden unter ihrem Schutz reisen.

Eine Tagesreise – unter ihrem Schutz; nein, wir mussten den Kommandeur jetzt und hier und gleich überzeugen. Schließlich hatte Guljan ja schon eine beginnende Krallenhand – wie hatte es mir wehgetan, dass wir zu spät gekommen waren mit unserer Behandlung, zu spät, um sie im ersten Stadium auszuheilen – und jetzt kam uns die Krallenhand nur zu gelegen! Wir hatten noch einen zweiten, hochgradig verkrüppelten Leprapatienten im Wagen, der hatte eine ähnliche Hand. Wir baten den Kommandeur zum Jeep. Mir Jan streckte seine Krallenhand aus dem Fenster. Der

Kommandeur wich zurück. Guljan streckte triumphierend ihr Händchen in die gleiche Richtung, unverkennbar die gleichen Symptome – der Kommandeur starrte Guljan mit aufgerissenen Augen an. Die Nachricht verbreitete sich wie ein Lauffeuer unter den Mudschahedin: Eine Aussätzige war eine Nacht in ihrem Lager gewesen!

Da war die Situation wie verwandelt. Sie schütteten sogar noch Benzin in unseren Tank, damit wir möglichst schnell abfahren konnten. Der Kommandeur entschuldigte sich für das Verhalten seiner Einheit. Er sei uns ja so dankbar, dass wir versuchten, der Seuche Einhalt zu gebieten. Danach wusste Guljan natürlich, wie sie sich verhalten sollte. Wenn nur eine Stammesbarriere aus der Ferne auftauchte, machte sie schon ihre Hand frei. Sie saß am Fenster und hielt ihre Hand hinaus, zusammen mit dem anderen Leprosen. Es hat keiner mehr gewagt, uns festzuhalten.

Jagd aus der Gefahrenzone

Später, auf dem Weg nach Pakistan, nahe an der Grenze. Es gibt eine ganz gefährliche Stelle, eine offene, unbebaute Ebene, wo auch keine Menschen leben und kein Strauch wächst. Dort landen die Hubschrauber mit Vorliebe, das ist ziemlich sicher, denn bis die Mudschahedin von ihren Stellungen dorthin kommen können, vergeht eine geraume Zeit. Man hält also in der Regel im letzten Dorf nach Anguri und prüft, ob sich etwas in der Luft bewegt, ob in der Nähe ein Panzer ist, und dann versucht man, mit überhöhter Geschwindigkeit loszufahren. Man braucht aber mindestens zwanzig Minuten, um diese Stelle zu passieren. Dabei geht es gerade bei diesem Tempo über Stock und Stein, und Guljan hing gefährlich oben auf der Jeepkante, beugte sich weit in den heulenden Fahrtwind und rief dem Fahrer zu: »Konzentrier du dich auf die Piste, ich beobachte die Luft und passe auf, ob Hubschrauber kommen.«

Der Fahrer lag gebeugt wie ein Rennfahrer über dem Steuerrad. Der Jeep stöhnte, keuchte, torkelte, fing sich wieder, raste über die unebene Piste den violetten Bergen am Horizont entgegen. Ich hielt mich krampfhaft am Sitz fest, versuchte, das Gleichgewicht zu halten und keine meiner kostbaren Unterlagen zu verlieren, mit denen mich die Jungen vollgestopft hatten. »Sie sind in Verschleierung, keiner weiß, wie alt Sie sind, wir werden dafür sorgen, dass Sie keiner anfasst, wenn uns die Russen schnappen – wenn sie Papiere bei uns finden, das kann das Todesurteil bedeuten.« Guljan jauchzte im Fahrtwind. Ich atmete tief durch. Die Lage war so herrlich und total verrückt: am hellen Tag darauf zu vertrauen, dass gerade kein Hubschrauber das Gebiet überfliegt, die Wahnsinnsjagd über Stock und Stein, mit einem Jeep, der klapperte und fauchte und schepperte. Ich musste lachen, ich ertappte mich dabei, dass ich mir sagte: Das also ist das High, das du regelmäßig brauchst, um in Form zu bleiben! Ich musste meine lästerlichen Gedanken jemandem mitteilen, sie schienen mir zu verrückt, als dass ich sie hätte für mich behalten dürfen, und da Ion zu weit weg saß und der heulende Fahrtwind keine Unterhaltung erlaubte, rief ich sie Khaliq ins Ohr. Khaliq, Engländer und Krankenpfleger, zum Islam übergetreten, schon das zweite Mal in Afghanistan. Khaliq saß neben mir, den Sitz umkrampft wie ich, um nicht aus dem Jeep geschleudert zu werden. »Geht Ihnen das auch so?«, wollte ich wissen. Er schaute mich fassungs- und verständnislos an.

Es geht in der Regel gut aus. Wir kamen tatsächlich heil in Pakistan an. Javaid, der uns die Schlafsäcke in die Höhle geschmuggelt hatte, brachte Guljan nach Manghopir. Die Frau von Afghanistan mit dem gleichen Namen war tatsächlich die leibliche Schwester von Guljan. Javaid erzählte später von dem Wiedersehen. »Guljan lief den Hügel hinauf, eine Frau öffnete die Tür des niedrigen Hauses. Guljan flog ihr in die Arme. Ich konnte gar nicht so schnell klettern wie sie. Ich dachte, sie wäre so glücklich. Aber da stand sie und weinte – weinte. Sie hat den ganzen Tag geweint …«

»Das tut man, wenn man sehr glücklich ist, Javaid.«

»Ach«, sagt er, »vielleicht – weil sie ein Mädchen ist.«

Guljan – und ich habe wieder einmal gedacht: Wo kleine Leute zusammenhalten, da wird die Welt ein wenig heil. In jener Nacht, da das Leid der Welt mich zu überwältigen drohte, da hat mir die kindhafte, warme Nähe von Guljan über die Dunkelheit hinweggeholfen. Ions Ja zu dem Mädchen und die durchgehaltene Zuwendung haben Guljan ein neues Leben eröffnet. Heute ist sie verheiratet. Als ich sie das letzte Mal sah, lachte sie mir zu, aus der Pracht ihres Brautkleides, das Lächeln eines Einverständnisses, das unser endliches Leben überdauern wird …

Zeiten der Hoffnung, Zeiten der Verzweiflung

Es gibt Tage der Hoffnung. Und Tage der Verzweiflung. »Wie lange ist der Junge krank?«, frage ich.

»Oh, das geht schon seit dem Herbst …«

Zehn Monate … Der Siebenjährige wimmert und krümmt sich vor Schmerzen.

»Wie oft kommen die Anfälle?«, frage ich.

»Ein- bis zweimal am Tag«, sagt der alte Mann.

»Und warum haben Sie den Jungen nicht schon früher zum Arzt gebracht?«

»Wohin?«, will der alte Mann wissen.

»Nach Kabul«, sage ich.

»Der Junge hat keine Eltern«, sagt der alte Mann.

Es gibt Tage, da schlagen die Wogen des Leides über einem zusammen. Der Bub hat zweifellos Blasensteine. Eigentlich ist es gar keine schwierige Operation, Entfernung von Blasensteinen – aber ohne Röntgenapparat, ohne Narkose, ohne auch nur einen Sterilisationsapparat – wir sterilisieren alles mit Formaldehyd. Noch kenne ich das Land nicht genug, um zu wissen, dass das, was wir an fachlichem Niveau anbieten, weit über dem liegt, auf dem die Bevölkerung von Basar-Feldscheren versorgt wird …

Es gibt Tage, die vergehen völlig sachlich.

Und es gibt andere Tage …

»Was ist los?«, fragt Jon.

»Nichts«, sage ich.

Hinter dem Jungen, der sich auf dem Lehmboden krümmt, stehen alle die anderen Kinder, gefoltert in den Lagern der Nazis – in Südamerika – unter den Übergriffen der Regierungstruppen – »Doch …«, sagt Jon. »Geht es Ihnen nicht gut?«

»Ich kann den Jungen nicht schreien hören«, sage ich.

Wir spritzen ein Spasmolytikum. Der Bub lächelt, entspannt, schläft auf dem Lehmboden der Ambulanz ein …

»Irgendetwas müssen wir uns einfallen lassen«, sage ich. »Ich kann hier nicht operieren – ohne Narkose … Ich habe keine Erfahrung …«

»Schicken Sie ihn nach Kabul«, sagt Jon.

»Wie?«, sage ich. »Der Busverkehr ist lahmgelegt, seit die Kämpfe wieder aufgeflackert sind …«

»Aber Lastwagen fahren noch«, sagt Jon. »Die Freiheitskämpfer werden den alten Mann mit dem kranken Kind durchlassen, und die Regierungstruppen werden auf den Alten und das Kind auch nicht schießen – und wenn er einmal in Kabul ist, da funktioniert das staatliche Krankenhaus noch …«

»Warum hat er den Jungen dann nicht früher hin-
gebracht?« »Er hat kein Geld«, sagt Jon.

Wir fragen den alten Mann, wie viel er brauche.

»10.000 Afghanen«, sagt er: 230 DM.

Dieses Aufleuchten in dem alten Gesicht, als wir ihm
Hilfe versprachen. Nein – auch wenn wir es meistens nicht
sehen –, manchmal, manchmal dürfen wir es erfahren, hautnah, herznah erfahren: dass es sich lohnt.

Die Mauern von Jericho

Je näher ich am Geschehen bin, je tiefer ich in die Verhält-
nisse in Afghanistan eintauche, desto schwieriger wird es
für mich. Auch nach dem Abzug der Russen bleiben diese
Bilder: Kinder, die keine Gelegenheit hatten, zur Schule zu
gehen, die mit dem Maschinengewehr über der Schulter aufgewachsen sind; Mütter, die um ihre im Krieg gebliebenen
Kinder weinen; zerstörte Felder, zusammengebrochene
Infrastrukturen, Hunger in den Bergen, mangelnder Gesundheitsdienst – und eine Kultur der Gewalt, die durch
den jahrelangen Krieg gewachsen ist.

Ich verstehe unsere Arbeit des Dennoch als politischen
Einsatz, auch wenn wir uns aus der Tagespolitik heraushalten: Wir marschieren immer noch und werden es noch lange
tun, siebenmal um die Mauern von Jericho, aber einmal wird
der Tag kommen, da werden wir unsere Hörner blasen, und
die Mauern werden einstürzen.

Wo immer ein Mensch Frieden sät, sät er Hoffnung in
aller Vergeblichkeit.

Nach dem Krieg kamen die Flüchtlinge

Es begann mit einem Abschiedsbrief

2001, nach dem Angriff der Amerikaner auf Afghanistan, waren sie in Massen über die Grenze gekommen. 14 Jahre bevor man in Deutschland von der »Flüchtlingskatastrophe« sprach, bekamen wir die humanitäre Katastrophe in Pakistan zu spüren. Alles hatte angefangen mit einem Abschiedsbrief. Inayat, der für die Flüchtlingshilfe verantwortliche Lepraassistent, hatte ihn in die Hand bekommen: Ein Afghane hatte seine sechs Kinder, seine Frau und sich selbst mit Rattengift umgebracht. Ein gebildeter Mann, der aus seinem Land unter Lebensgefahr geflohen und nach Karachi gekommen war. Man fand einen Brief bei ihm: »Ich kann es nicht mehr ertragen, dass meine Kinder mich um trockenes Brot bitten, und ich kann es ihnen nicht geben.«

Pakistan hatte die Grenze für die afghanischen Flüchtlinge bereits gesperrt, aber was sollten die Menschen denn tun? Um ihr Leben zu retten, mussten sie irgendwohin fliehen. Und sie flohen, tagelang in eisiger Kälte über die schneeverwehten Bergwege, auf unbekannten, verlassenen Wüstenpfaden, um illegal nach Pakistan zu kommen – und hier erwartete sie auch nur unvorstellbares Leid, Angst vor der Polizei, keine Unterkunft, keine Einkünfte. Besitz hat keiner retten können. Sie sprechen keine der gängigen Sprachen des Landes, weder Pushtu noch Urdu. Als Illegale waren sie stets in panischer und berechtigter Angst vor der Polizei. Medizinische Versorgung gibt es nicht. Die Regierung leugnete das Problem einfach ab. Sie hatte die Grenze ja geschlossen.

Eines Tages hatten wir sie in unserer Außenstelle Manghopir vor dem Tor unserer Schule. Sie kannten unseren Namen, sie wussten von unserem Einsatz in Afghanistan und dass, wenn keiner sie anhört, wenn keiner sie versteht – das Leprateam ihr Leid zu seinem Leid machen würde. Wir konnten nicht anders, wir hatten keine andere Wahl; wenn wir weitere menschliche Katastrophen verhindern wollten, mussten wir handeln.

Monatelang standen wir in der Folge im Einsatz.

Zunächst hatten wir nicht einmal gewusst, dass es Flüchtlinge in Karachi gab. Nachdem uns die Ersten auf die Spur gebracht hatten, fanden wir es schrittweise heraus: 500.000 Menschen waren inzwischen auf den abenteuerlichsten Wegen in die Millionenstadt gekommen. Genau gezählt hat sie keiner. Es waren wenige Männer unter diesen Flüchtlingen, mehrheitlich Frauen und Kinder. Irgendwo in diesem 14-Millionen-Moloch waren sie untergetaucht, offiziell unsichtbar. Was nicht sein durfte, konnte nicht sein. Sobald wir es wussten, war es unmöglich, die Augen zu schließen vor der unbeschreiblichen Not.

Wir machten uns auf die Suche. Und ich gestehe: Ein solch unbeschreibliches Elend habe ich in meinem ganzen Leben erst dreimal gesehen. Einmal bei den Leprapatienten, mit denen damals, 50 Jahre früher, alles angefangen hat. Das zweite Mal, als wir zufällig auf den Müllhalden von Karachi die weggelaufenen Leibeigenen von Sindh entdeckten. Und jetzt diese illegal Untergetauchten, um die sich keiner kümmerte. Ich kann kaum beschreiben, was wir sahen. Ich müsste dafür erst ein neues Vokabular erfinden. Aber erzählen muss ich. Denn Wortlosigkeit führt uns in die Vereinsamung – in die Sinnlosigkeit, die Sinnvergessenheit – den Sinnverlust.

Man musste zunächst genau hinsehen, um das Elend überhaupt zu entdecken. »Eigentlich«, sagt Jeannine, »eigentlich, wenn man in so ein selbstgegründetes ›Flüchtlingslager‹ geht, sieht alles so normal aus.« Viele der Familien sind bei Verwandten und Bekannten untergeschlüpft – allesamt Flüchtlingsfamilien der ersten Fluchtwelle, die nach dem Einmarsch der sowjetischen Besatzer aus Afghanistan geflohen sind und die sich selbst mühsam über Wasser halten.

Die Menschen selbst erzählen ihre Geschichten nicht mehr. Sie glauben nicht mehr daran, dass ihnen jemand zuhört. Sie bitten auch nicht um Hilfe. Man erfährt nur so nebenbei, dass Sabira Khatoon sich auf der Flucht den Oberschenkel gebrochen hat und unter unsäglichen Schmerzen hier angekommen ist, jetzt erschöpft auf dem einfachen Bettgestell liegt und keine Pläne hat. Wieso auch? Geld für die Behandlung hat sie doch nicht, wer sollte es auch aufbringen?

Und Noor Banu weiß, dass sie an Tuberkulose leidet. Sie ist nur noch Haut und Knochen. Wenn sie mit jemandem spricht, hält sie sich den Schleier vor den Mund. Wo sie die teure Behandlung herbekommen könnte, weiß sie nicht. Warum über das Unmögliche nachdenken? Und ganz nebenbei erfahren wir auch, dass die Fladenbrote nicht ausreichen. Wenn sie unter die Kinder verteilt werden, bleibt für jedes einzelne nicht viel übrig. Geklagt wird nicht. Es führt ja doch zu nichts. Diese stumpfe Ergebenheit, die den Anschein erweckt, als sei alles in Ordnung. Als ob es in Ordnung wäre, dass Kinder hungrig sind und Mütter nicht behandelt werden können – hier in Karachi, dort in Quetta und wer weiß wo sonst noch diese »illegal« dem Chaos entronnenen Familien Unterschlupf gefunden haben. Der Gedanke verfolgte mich bis in meine Träume.

»Go ahead!«

»Go ahead«, das war das Zauberwort für unser Team. »Fangt an!« Uns war klar: Die Menschen brauchen zuerst Lebensmittel. Und danach vieles mehr.

Mehl, Milchpulver, Speiseöl, Hülsenfrüchte – einiges können wir über einen Hilfsdienst besorgen, den Hauptteil müssen wir kaufen. Aber ich bin überzeugt, es wird sich jemand finden, es muss sich jemand finden, man kann Väter nicht so weit in die Verzweiflung jagen, dass sie ihre Kinder vergiften – und es hat sich bewiesen, wie immer bewiesen: Wenn man mit den fünf Broten der Menschenmenge gegenübertritt, vermehrt *Er* die Brote.

Weil wir in keiner Weise darauf vorbereitet waren, konnten wir beim besten Willen nur zwei qualifizierte Mitarbeiter aus unserem Projekt abziehen. Einmal Inayat, den Lepraassistenten. Daneben Seema, eine junge Frau, die aus Kabul geflohen war. Jeannine hatte sie als Physiotherapeutin angestellt. Natürlich besaß sie keine Papiere, aber sie kannte die Sprache und hatte als Frau einen ganz anderen Zugang zu den wahren Geschichten, als ein Mann ihn je bekommen könnte.

Dann hatten wir noch Zamir, den Fahrer: ein hochgradig verkrüppelter Leprapatient, den wir vor langer Zeit im Alter von zehn Jahren vor einer Moschee in Quetta entdeckt hatten, ausgesetzt in Afghanistan, von seiner Familie verstoßen. Wir schickten Zamir in Karachi in die Schule, er absolvierte die Fahrerprüfung und ist heute ein guter Automechaniker. Wie er das mit seinen verkrüppelten Händen macht, ist mir vollkommen unbegreiflich. Als wir jetzt einen Fahrer brauchten, war er der Richtige. Er sprach Persisch und konnte den Wagen nicht nur fahren, sondern ihn notfalls auch reparieren auf den langen, öden Strecken durch die illegalen Elendssiedlungen.

Zwischenzeitlich half dann auch Mubarik noch aus, einer unserer Lepraassistenten, der wieder zurück nach Afghanistan wollte. Seine Frau leidet an einer Schizophrenie, während der akuten Schübe wird sie aggressiv, und in Afghanistan gibt es noch keine psychiatrische Fachbehandlung. Während sie hier medikamentös eingestellt wird, hilft er bei uns mit und verdient so auch den Unterhalt für die Familie.

Inayat, Seema, Mubarik und Zamir. Das war das kleine Team. Die Aufgabe war riesig. Und eigentlich nicht zu bewältigen.

Das Unlösbare angehen

Inayat hatte die geniale Idee. Er sagte den Flüchtlingen: »Wir können nur denen helfen, die zu uns kommen. Wir haben auch nicht genügend Personal, um die Hilfe zu organisieren. Wir kümmern uns nur um Gruppen von zehn bis zwanzig Familien, die einen verantwortlichen Sprecher wählen, der uns die Unterlagen verschafft.«

Diese Sprecher mussten uns Namen, Alter und Anzahl der Familienmitglieder angeben, sich für die Wahrheit ihrer Angaben verbürgen und die Lebensmittel gerecht verteilen. Inayat machte Stichproben, um zu sehen, auf wen wir uns verlassen konnten – und auf wen nicht. Die Aktion konnte beginnen.

Die Transporte wurden zur Verteilung zu den Moscheen gebracht und dort ausgegeben. Anfangs gab es Tumulte. Später funktionierte die Verteilung immer besser: Wer das Problem hat, der findet auch die Lösung. Ein Ladenbesitzer kam und schlug uns vor: »Warum geben Sie nicht Lebensmittelkarten aus, und wir rechnen dann mit Ihnen ab?«

Daraufhin haben wir also selber Lebensmittelkarten hergestellt und mit zwei zuverlässigen afghanischen Ladenbesitzern kooperiert, die schon 1980 mit dem ersten Flüchtlingsstrom herübergekommen waren. Je nach Anzahl der Familienmitglieder haben Kleinstfamilien mit ein bis drei Familienangehörigen Anspruch auf eine Marke, eine mittelgroße Familie mit vier bis sechs Angehörigen auf zwei, eine Großfamilie mit mehr als sechs Angehörigen drei Marken. Für alles andere – Transport, Abholung – waren die Familien selber verantwortlich. Den Ladenbesitzern haben wir zweiwöchentlich die Lebensmittelkarten in Geld eingetauscht. Dadurch verfügten wir über eine finanzfreie Organisation. Die Gelder konnten gar nicht in falsche Kanäle kommen. Und so gelang es Inayat, 18.000 Menschen mit Lebensmitteln zu versorgen, die nicht in organisierten Lagern, sondern hier und da und da und hier, irgendwo in unsäglichen Unterkünften um Karachi herum, mehr vegetierten als lebten.

In der ersten Phase, als wir die Lebensmittel noch selber austeilten und zu den Moscheen brachten, wurde einer unserer LKWs überfallen. Wir verteilten Mehl, Ölkanister, Tee und Zucker. Die Polizei hatte uns Sicherheitskräfte angeboten, wenn wir in die Flüchtlingslager gingen – das Letzte, was wir wollten. Bis eines Tages dieser Lastwagen von Bewaffneten überfallen wurde. Merkwürdig war nur: Gestohlen wurden ausschließlich die Mehlsäcke. Wir fragten uns: Wenn die an dem Überfall verdienen wollten, dann hätten sie doch die Ölkanister und den Zucker mitgenommen. Was kann man an einem Sack Mehl schon verdienen? Deshalb haben wir auch keine Anzeige erstattet. Sie müssen es gebraucht haben. Zwei Tage später stand eine Delegation vor Jeannines Tür in Manghopir: »Es tut uns wahnsinnig leid. Wir wussten doch nicht, dass das *Ihr* Lastwagen war. Sonst hätten wir Ihnen doch erzählt, dass unsere Kinder hungrig sind. Bitte kommen Sie doch auch zu uns.«

Als wir 18.000 Menschen auf unserer Liste hatten, war uns klar: Was wir sehen, ist nur die Spitze des Eisberges. Wir mussten das Ganze zu einer nationalen Angelegenheit machen und internationale Hilfe holen. Aber wie?

Die Lager an der Grenze

Es existierte zu diesem Zeitpunkt nur ein offizielles Programm: die Flüchtlingslager an der Grenze. Die Flüchtlinge, die aus dem Kriegsgebiet strömten, hielten sich in der Regel in Belutschistan und in der Northwest Frontier Province auf. Im Grenzgebiet konnten sie ihre Verbindungen mit den Leuten in Afghanistan leichter halten. Aus alter Erfahrung waren wir sensibilisiert: Immer wieder war mit den Flüchtlingen auch die Lepra ins Land gekommen. Davor hatten wir auch jetzt Angst. Wir wollten wissen, ob es dort Lepra gab, denn die internationalen Flüchtlingsorganisationen in den Grenzgebieten arbeiteten bereits an Plänen für Flüchtlingslager. Die Ersten, die etwas getan und erste provisorische Auffanglager errichtet hatten, waren »Ärzte ohne Grenzen«, Médecins Sans Frontières. Diese Organisation hatte uns vor drei Jahrzehnten den Start für unsere Arbeit in Afghanistan ermöglicht. Sie bat uns jetzt um ganz praktische diagnostische Hinweise. Jeden Lepraverdacht würden sie uns sofort melden.

Dann inspizierten wir eines der offiziellen Camps im Grenzgebiet. Wir fuhren an einem Sonntag nach Chaman, 15 Kilometer von der nächsten Stadt entfernt in der Wüste. Wir hatten den Weg mit dem Vierrad-Antriebs-Jeep gerade noch geschafft. Zu Fuß hinzumarschieren, ist fast unmöglich, der Sand gleicht frisch gefallenem Pulverschnee. Bereits nach einem Kilometer ist man total erschöpft. Und es gibt auf dem Weg kein Wasser.

Unübersehbare Zeltreihen, Hunderte, alle ordentlich ausgerichtet. Weder Wasser noch Toiletten. Und man war dabei, das Ganze mit einem Stacheldrahtzaun zu sichern. Ob gegen die Flüchtlinge oder zu ihrem Schutz, war unklar. 20.000 Menschen sollten in diesem Lager unterkommen. Wie viele es dann wirklich waren? Niemand wusste das. Einige dieser Lager waren überfüllt, andere nicht. Und keiner konnte sagen, was der Stacheldraht bedeutete. Wollte sich vielleicht jemand des Flüchtlingsproblems auf brutale Weise entledigen? Im Erfahrungshorizont dieser Menschen eine naheliegende Furcht. Kein Wunder, dass sie misstrauisch waren. Und kein Wunder, dass viele dort nicht haltgemacht, sondern sich nach Karachi durchgeschlagen hatten.

Auf der Rückfahrt von Chaman nach Quetta flogen die Kampfflugzeuge über uns hinweg. Und unser Lepraassistent Ehsan, am Steuer des Jeeps (es war Sonntag und der Fahrer hatte frei) auf der Pass-Strasse, seufzte zufrieden. »Ich bin so dankbar«, sagte er, »ich bin ja soo dankbar, dass mich Allah in Ihr Team gerufen hat – wo wir Menschen helfen können und sie nicht umbringen müssen.«

Ich dachte das Gleiche. Und ich sagte es ihm auch!

Wir fuhren von Chaman in einer Vollmond-Nacht zurück. Ein runder, goldener, schimmernder Vollmond, der die kahle, feindliche Berglandschaft mit seinem sanften Licht verzauberte. Ein Vollmond, so atemberaubend schön wie der Vollmond vor 50 Jahren in Deutschland, als Hermann und ich, an unsere Fahrräder gelehnt, auf der Bergstraße die überwältigende Schönheit in uns einströmen ließen. Die Welt war im Lot.

So schien es zumindest einen kurzen Augenblick.

Elend in Quetta

Die Menschen, die sich vor den Bomben über die Grenze nach Chaman gerettet hatten, mussten tagelang unter offenem Himmel darauf warten, registriert zu werden, in der winterlichen Kälte. Frauen, die keine männliche Unterstützung hatten, hatten es besonders schwer. Viele von diesen Menschen schlugen sich illegal nach Quetta durch und suchten Unterschlupf in der Afghanensiedlung der Flüchtlinge aus den 80er Jahren. Wir haben unter den in Quetta Untergetauchten gearbeitet – und wurden Zeugen menschlicher Dramen. Unsere Mitarbeiter hörten immer wieder die gleichen Geschichten von Not, Elend und Hoffnungslosigkeit.

Ich erinnere mich an einen Mann, der hilflos und verwirrt durch den Basar irrte. Als wir fragten: »Können wir Ihnen irgendwie helfen?«, murmelte er nur seufzend immer wieder, immer wieder, immer wieder: »Meine Söhne, meine Söhne, meine Söhne …«

Er hatte alle seine fünf Söhne verloren.

Oder da war Azifa, 23 Jahre alt, geflohen aus Ghazni in Zentralafghanistan mit fünf Kindern und ihrem Ehemann. Ihre Wehen hatten eingesetzt, als die ersten Bomben fielen. Bei der Geburt hatte es Komplikationen gegeben, die ganzen Familienersparnisse waren für Ärzte aufgebraucht worden. Wir gaben der Familie Nahrungsmittel, damit der Mann sich nach irgendeiner Arbeit umsehen konnte; sonst war er nur mit der Beschaffung des täglichen Brotes beschäftigt.

Abdul Nazir, 30 Jahre. Zu Fuß war er mit seinen Angehörigen aus Qundus in Nordafghanistan illegal über die Grenze geflüchtet: Frau, Schwiegermutter, neun Kinder. Sein Dorf war durch die Bombenangriffe völlig zerstört, alle männlichen Familienmitglieder, Brüder, Schwiegervater, Vater waren tot. Sie hatten niemanden mehr, der sie schützte. Als wir sie fanden, waren sie zehn Tage lang ohne Dach über dem Kopf und ohne Nahrung gewesen, die Kinder krank und ohne Medikamente. Vor zwei Tagen hatte ihnen ein anderer alter Flüchtling einen Platz in seinem Zelt angeboten. Zu Essen hatten sie immer noch nichts. Wir halfen mit Decken, Kleidern, Nahrung, Medikamenten.

Mohammed Yousuf, 45 Jahre, war mit drei Frauen, zwei Kindern und drei männlichen Familienmitgliedern aus Derzau in Nordafghanistan vor einem Dauerkrieg zwischen den Taliban und seinem Stamm geflohen, einem Krieg, der die ganze Gegend verwüstet hatte. Fünf Nächte hatten sie unter einem Baum campiert, bis sich eine Gelegenheit zur Flucht ergab. Sechs Tage zu Fuß, mit kleinen Kindern, der Nahrungsvorrat war bald zu Ende gegangen. Erst in Herat fanden sie eine Gelegenheit, nach Pakistan zu kommen. Sie steuerten das offizielle Flüchtlingslager Chaman gar nicht erst an, weil sie gehört hatten, es sei überfüllt. In Quetta waren sie in einer Hazarasiedlung untergekommen, völlig entkräftet. Das Wichtigste waren Grundnahrungsmittel, damit sie die ersten Tage überstehen konnten.

Die Geschichten glichen sich immer wieder. Und noch waren wir in Karachi nicht weitergekommen. Karachi blieb unaufgehellte, düstere Realität. Wir mussten unbedingt etwas unternehmen.

Ich flog also nach Islamabad.

Ministerbesuch in Islamabad

In der Hauptstadt suchte ich den Leiter der internationalen Flüchtlingsorganisation UNHCR auf, einen Ägypter. Ein Flüchtlingsproblem in Karachi? Er habe Gerüchte gehört. Sichere Informationen habe er nicht. Die brauche er aber, um die Regierung davon zu überzeugen und dem Problem offiziell nachzugehen.

Die Erlaubnis der Regierung für einen solchen Auftrag war unabdingbar – und nicht in Sicht. Zuständig für diese Erlaubnis war der Minister für Innere Sicherheit: Ihn kannte ich bereits aus Karachi. Früher war er unser Gouverneur in Sindh gewesen, und er hatte Jeannine in einer schwierigen Situation geholfen, die mit der Aussiedlung der hinduistischen Leibeigenen von den Müllhalden von Karachi zusammenhing. Immerhin hatten wir unsere Listen und einigermaßen sichere Grundlagen darüber, wie viele Leute auf Lebensmittel warteten. Ich fühlte mich selber unter Druck, hatte ich doch das Team in diese unmögliche Aufgabe der Flüchtlingshilfe und damit in eine äußerst schwierige Situation gebracht. Hätten wir *jetzt* mit unserer Hilfe aufgehört, es wäre zu Ausschreitungen gekommen. Da ich mein Team in diese Situation gebracht hatte, musste ich auch eine Lösung finden. Nach Islamabad zu gehen war die einzige – und die letzte Chance. Inayat hatte mir handgestrickte vorläufige Statistiken für die Unterredungen zusammengestellt.

Ich war mir sicher: Den Minister würde ich überzeugen können, wenn ich mit ihm redete. Nur: Der Mann vergab keine Termine, verständlicherweise. Aber ich wollte und konnte keine zwei Wochen warten. In solchen Fällen hilft nur: selber hingehen und die Lage sondieren. Als wir im Ministerium in das Zimmer des Ministerbüros kamen, sagte ich meinen Namen. Der persönliche Referent des Ministers schaute von seinem Aktenstudium auf, überrascht: »... Dr. Pfau? Welche Freude!« Ich kannte ihn nicht. Er war etwa dreißig. »Als ich zwölf Jahre alt war«, sagte er, »da kam Ihre *health education group* in unsere Schule und klärte uns über Frühsymptome der Lepra auf und erzählte die Geschichte von der deutschen Ärztin, die auf alles verzichtet hatte, nach Pakistan gekommen war und hier – Aussätzige(!) behandelt. Und da bin ich aufgestanden und habe gesagt: ›... und wenn ich einmal groß bin, dann helfe ich dieser Frau!‹ – Was kann ich für Sie tun?«

Aber die fünf Minuten von seinem Chef, die ich brauchte, die konnte auch er mir nicht verschaffen. »Es tut mir schrecklich leid«, sagte er, »aber er vergibt wirklich keine Audienztermine. Aber – wenn Sie ein bisschen warten können? – ich kann Sie in den Aufzug schmuggeln, mit dem er mittags hinunterfährt – wenn er Sie erkennt ...«

Ich wartete. Und als er mich in den Aufzug geschmuggelt hatte, wandte sich der Minister um: »Ach, Dr. Pfau, was machen Sie denn hier?«

Und ich: »Ich versuche seit zwei Tagen, Sie nur fünf Minuten zu treffen. Und ich habe es noch nicht geschafft.«

»Sie –«, sagte er, »Sie können zwanzig haben.«

Am nächsten Tag ging ich zu ihm. Fünfzehn Minuten lang habe ich ihm zugehört ...

Er versuchte mir zu erklären, wieso er nichts tun könne: »Wir wissen nicht, wer in Karachi radikaler Taliban ist und wer wirklicher Flüchtling. Im UNHCR sind alles Ausländer. Wenn es zu Übergriffen kommt, ein Ausländer ums Leben kommt, dann ist Pakistan wieder in der Weltpresse. Und das können wir uns nicht leisten.«

Wir kannten freilich in der Zwischenzeit diese Flüchtlingslager genügend, dass ich doch glaubte, wir könnten in der Lage helfen. »Wir werden die Familien überprüfen und schicken sie erst dann an das UNHCR, wenn wir sicher sind, dass sie wirklich Flüchtlinge sind, ohne falsche Identität. Wir kennen sie gut. Wir werden unser Äußerstes tun, um das Sicherheitsrisiko zu verringern. Das Elend ist so unsäglich, irgendetwas *müssen* wir tun.«

Ich zeigte ihm Unterlagen, gab ihm Einblick in unsere Listen. Das muss ihn schließlich überzeugt haben. Wenn es wirklich möglich gewesen war, die Flüchtlinge auf diese Weise zu erfassen, und wenn diejenigen, die die Listen gemacht hatten, auch wieder lebend herausgekommen waren, dann musste es eine Chance geben.

Jedenfalls war bereits fünf Tage später die erste Delegation des Flüchtlingshilfswerks aus Islamabad in Karachi. Unter ihnen zwei Frauen. Wir hatten sie zu einigen der Flüchtlingsfamilien mitgenommen. Ihre Reaktion: »Karachi steht ab sofort auf der ersten Stelle unserer Prioritätenliste.« Nach einem Monat hatte das UNHCR sein Büro eröffnet. Anfänglich hatten wir Schwierigkeiten, uns aufeinander einzuspielen. Sie hatten ihre Vorgaben, und wir hatten unsere Erfahrung. Das war nicht ganz einfach, wir haben aber schließlich doch eine Lösung gefunden. Die Routine-Rückführung ist jetzt Aufgabe von UNCHR. Wir kümmern uns um die sozial gefährdeten Familien: Witwen und Waisen, Behinderte, Familien mit einem kranken Angehörigen, den sie nicht allein in Karachi zurücklassen können, Familien, deren Kinder noch in Schuldknechtschaft sind – eine tägliche Begegnung mit dem Leid.

Auf einer verlassenen Hühnerfarm

Das sieht im Alltag so aus:

30 Kilometer außerhalb Karachis. Eine öde Steppenlandschaft. Irgendjemand hat einmal versucht, hier eine Hühnerfarm aufzubauen. Vermutlich sind die Hühner einer Epidemie zum Opfer gefallen. Die Gebäude sind halb verfallen, der penetrante Geruch hängt noch in den Gemäuern ...

»Hier«, sagt der junge Mann mit der Beinprothese, »wenn Sie hier einbiegen.« Der Jeep hält, der junge Afghane hinkt vor uns her durch den Steppensand. Wir halten einen Moment inne, ehe wir unter den zerschlissenen Säcken in den »Hof« treten, und wir begegnen Rahim.

Rahim hat in Kabul seine IT-Ausbildung abgeschlossen. Er spricht Englisch besser als Urdu. (Persisch spreche ich nicht.) Seine junge Frau trägt keine Burka, drei Kinder haben sie; einer der Hühnerställe hat noch ein Wellblechdach, das vielleicht regendicht ist, der Zementboden ist gesprungen, Risse in den Wänden.

Ein Topf mit zwei Handvoll Reis, in dem zwei Hühnerbeine schwimmen, kocht auf dem Feuer von Dornzweigen. Vier kleine Tomaten neben der Feuerstelle im Sand, schon matschig, wer hat sie ihnen gegeben fürs heutige Mittagessen?

Ich habe noch vier Äpfel im Gepäck.

Sie sind geflohen, um das nackte Leben zu retten während der Bombenangriffe. Sie möchten zurück – zurück. Nur: Wie?

Es sind 32 geflohene Familien, die hier in der Hühnerfarm einen notdürftigen Unterschlupf gefunden haben.

»Freitag«, sage ich zu Inayat, »ruf sie am Freitag zusammen, sie sollen sich überlegen, wie sie zurückkönnen ...«

Am Abend habe ich die Information: 15.000 Rupien pro Familie (300 Euro) brauchen wir. Es gibt wohl schon erste »offizielle« Möglichkeiten. Sie sind aber illegal nach Pakistan gekommen. Sie fürchten – wohl nicht ohne Grund –, dass sie interniert werden könnten. Wie lange können sie ihr Schicksal noch ertragen?

Inayat besteht darauf, dass wir noch die nächste Familie besuchen. 18 Familienmitglieder. Sie haben alles Hab und Gut verkauft, um sich bis nach Pakistan durchzuschlagen. Sie wollten zurück, sagte der Mann. Nach drei Monaten Pakistan sei er ein gebrochener Mann.

Und dann noch Gul Buddin, am gleichen Tag. Solange er betteln konnte, hat ihn der Onkel noch bei sich behalten. Seit vier Monaten ist er blind. Was er zum Frühstück gegessen habe, wollen wir wissen. »Frühstück?«, sagt er …

Ich werde mich auf alle Fälle einschalten, um die offizielle Rückführungspolitik der Regierung zu beschleunigen, aber jetzt, jetzt möchten wir diesen 32 Familien die Rückkehr in ihre Heimat ermöglichen, so schnell wie möglich. Wir möchten alle die rückführen helfen, die illegal vor den Bomben geflüchtet sind, in Hast und Todesangst, und die nach Hause wollen. Dann werden wir am Ende noch mit denen hier zurückbleiben, denen auch »daheim« keiner helfen wird.

Um Gul Buddin können wir uns dann kümmern.

Rückführung

Nachdem der Krieg in ihrer Heimat zu Ende war, wollte die Mehrzahl der Flüchtlinge zurück. Das Problem: Sie können die Rückführungskosten nicht selbst aufbringen; überdies sind sie als illegale Einwanderer während der Reise und beim Grenzübergang gefährdet. Wir hatten in der Zwischenzeit 15.000 Flüchtlinge selber repatriiert, weil wir

153

irgendetwas Konstruktives tun wollten. Aber auch, um zu beweisen, dass es möglich ist. Die an der Grenze lebenden Flüchtlinge hatten offiziell das Recht, zurückgeführt zu werden, die in Karachi nicht.

Obwohl es also keine Erlaubnis gab und die Grenzen offiziell dicht waren, schmuggelten wir Flüchtlinge aus Karachi über die graue Grenze zurück. Man konnte die Flüchtlinge nur genauso illegal wieder hinausbringen, wie sie hereingekommen waren. Im Übrigen ein Beweis dafür, dass die sogenannte Schließung der Grenzen illusorisch war, man kann sie gar nicht schließen.

Nach systematischen Kontakten mit der Regierung und internationalen Organisationen – genauer: nachdem wir Freunde in der Regierung und internationalen Organisationen gefunden hatten, die willens waren, mit uns »nicht-ganz-normale« Lösungen zu erarbeiten – heuerten wir in Karachi Busse für den Transport bis zur Grenze an. Dort übernahm das UNCHR die Verantwortung für den Weitertransport nach Afghanistan. Ab Mitte April nahm das UNCHR die offizielle Rückführung in die Hand. Für unterstützende Maßnahmen blieben wir weiter gefragt: Schuldentilgung vor allem, unbezahlte Miete in den Notunterkünften, Schulden bei Ladenbesitzern für den Kauf von Grundnahrungsmitteln. All das ist Voraussetzung, damit die Abfahrt der Flüchtlinge ohne Gewaltausschreitungen vor sich geht.

Und natürlich ist auch die ärztliche Versorgung wichtig.

400.000 Flüchtlinge wollten sie im Laufe des Jahres 2002 rückführen – das hatte sich UNHCR als Ziel gesetzt. Zur Jahresmitte waren dann schon über eine Million nach Afghanistan zurückgegangen. Kein Wunder, dass wir uns in Erfolgsstimmung befinden!

»Aber gelöst haben wir das Problem noch lange nicht«, sagt Inayat.

»Wenn Sie gerade zwei Stunden Zeit haben«, sagt er, »ich kann Ihnen das so nicht erklären …« Ich hätte ihm sowieso vorgeschlagen, die Familien der Kranken zu besuchen, die noch im Lager leben.

Inayat fährt mich zurück in das ehemalige Flüchtlingslager. Ich hatte in der Zwischenzeit dieses Bild fast schon vergessen: offene, stinkende Abflusskanäle, baufällige Lehmhütten, vor den Toren ein fadenscheiniger Sack anstelle einer Tür – ein Dreijähriger schaut neugierig durch eines der Löcher, ein schelmischer Blick – er erkennt Inayat und zieht ihn in den schlammigen Hof der Unterkunft. (Ich habe am Nachmittag zwanzig Minuten lang dagesessen und versucht, den Schlamm von meinen Schuhen zu kratzen.)

Eine junge Frau auf einer schmutzigen Wolldecke auf dem Boden, schrill kreischend, lachend, weinend – der Bub wirft einen Blick auf seine Mutter, läuft hinaus, ich kann ihm gerade noch einen Apfel zustecken.

Die junge Frau hat eine Schussverletzung erlitten, eine Kopfverletzung, die zu dieser Persönlichkeitsveränderung geführt hat (»organische post-traumatische Psychose«). Wie sollen es die Kinder verstehen, was mit ihrer Mutter geschehen ist, warum sie so anders geworden ist?! Dazu eine Schussverletzung am Rücken, die sie von der Hüfte an gelähmt hat: beide Beine, sie hat keine Kontrolle mehr über Urin und Stuhl. Der Vater ist bei dem Angriff umgekommen. Die Großmutter bettelt das Brot für die Familie zusammen, die Kinder verkaufen kaltes Wasser an den Bushaltestellen.

»Der Krieg geht weiter«, sagt die alte Mutter, »manchmal bombardieren die Amerikaner, manchmal schießen die Taliban, und wenn beide nicht schießen, dann bekämpfen sich die Stämme.«

Wenn die Atmosphäre derart von Gewalt durchtränkt ist – woher soll dann Frieden kommen?

Wir versorgen die Familie mit Grundnahrungsmitteln, einer Bettstelle für die Frau, einem Toilettenstuhl, Kochutensilien, einem Wasserbehälter.

In der benachbarten Lehmhütte ein ähnliches Elend – in der nächsten das gleiche – und wieder das gleiche. Wir fahren ab.

»Hier«, sagt Inayat und weist auf die Straße, »hier haben wir Zahir aufgelesen – ein alter Mann, er konnte nicht laufen, weil er sich auf der Flucht einen Beinbruch zugezogen hatte, für Krücken ist er viel zu schwach –, er kroch die Straße entlang wie ein Hund, und als wir fragten, was er täte, sagte er, er hätte erfahren, hier wäre ein Hotel, und die würden ihm vielleicht eine Tasse Tee geben.«

Befreit aus Schuldknechtschaft

Später treffen wir Khairbibi. Ihr Mann ist nicht zu Hause – er ist auf Arbeitssuche. Gelegenheitsarbeit. Einen Augenblick lang finde ich mich nicht zurecht – wo bin ich? Ist *das* die Unterkunft der Familie?! Zwei Bambuspole. Darüber zusammengenähte verschlissene Säcke, am Stacheldraht befestigt, der auf der Backsteinmauer angebracht ist, die das kahle Grundstück umschließt. Im Schatten der Säcke zwei verschlissene Schaumgummi-Matratzen. Ein Benzinkanister, der Wasser enthält. Khairbibi bietet uns ein Glas Wasser an, es ist lauwarm. Die Kinder, zwei und fünf Jahre alt, verschwitzt, verschüchtert und verschlafen auf den Matratzen.

»Er verlangt 15.000 Rupien, aber das ist sein Recht«, sagt Khairbibi, »das sind seine Ausgaben für die Rückfahrt. Ich weiß nicht, was aus uns geworden wäre, wenn er uns nicht nach Karachi zurückgebracht hätte. Hier, das wussten wir, würden Sie irgendeine Lösung für uns finden.«

Und dann erfahren wir ihre Geschichte. Fünf Familien hatten sich ordnungsgemäß durch UNHCR rückführen lassen; sie hatten alle Habseligkeiten in Karachi verkauft, ihre Lehmhütten hinter sich gelassen und waren in die Heimat aufgebrochen – voller Hoffnungen und Träume. In Jalalabad würde UNHCR jeder Familie 140 Dollar aushändigen, Weizen, Zeltplanen – dort würde die Zukunft beginnen, die Zukunft in Freiheit für ihre Kinder …

Und dann verweigerte das UNHCR-Team fünf Familien aus Karachi die Einreise.

Was geschehen ist, wissen wir nicht. Irgendjemand von UNHCR muss im Ansturm der Flüchtlingsfamilien die Nerven verloren haben. Später haben sie sich entschuldigt, aber was hilft es den betroffenen Familien? UNHCR hat keinen Notfonds, mit dem sie den Familien über die Krise helfen könnten. Ehe die 15.000 Rupien nicht bezahlt sind, können sie Karachi nicht verlassen – obwohl UNHCR die Rückführungskosten wieder übernehmen wird. Khairbibi, die uns bis jetzt mit ihrem fröhlichen Erzählton überrascht hat, bricht plötzlich die Geschichte ab, Tränen in den Augen: »… und dann nahm der Busfahrer meinen Sohn in den Arm und sagte: Den lässt du hier, dann könnt ihr fahren – der Bub ist jetzt noch so verschreckt.«

Das war der erste Junge, den wir aus der Schuldknechtschaft ausgelöst haben. Die »Gläubiger«, die ein Kind »in Zahlung nehmen«, wissen: Irgendwie kriegen sie das Geld am Ende. Und wenn die Mutter auf den Strich geht. Sie kriegen das Geld. Gerade bei kleinen Kindern ist das der reinste Psychoterror. Handelt es sich um ältere, ist das wie bei den Feudalherren in Sindh: Die Kinder arbeiten für den Gläubiger, ohne bezahlt zu werden. Schuldsklaverei kann über ganze Generationen hinweg andauern. Was können die betroffenen Familien tun? Den Busfahrer ermorden? Wenn sie einen älteren Sohn haben, kann der zwei Monate bei den Terroristen arbeiten, die zahlen sehr gut. (Auch solche Geschichten kenne ich.) Dann ist das Geld zusammen. Mit moralischen Appellen lässt sich da nichts bewegen.

In der Folge lernten wir immer mehr Familien kennen, die sagten: »Wir können nicht gehen, weil unsere Kinder noch nicht frei sind.« Jetzt wissen sie: »Wenn eines eurer Kinder noch in Schuldknechtschaft ist, dann sagt uns das, wir helfen.«

Wieder in Gharibabad

Gharibabad. Wörtlich übersetzt heißt das: die Siedlung der Armen. Hier haben wir unseren ersten Bus auf die Reise geschickt – herzklopfend, aufatmend, dass alles ohne Unruhen abgelaufen war –, sie winken aus den Fenstern, wir, Muslime und Christen, die den Transport organisiert haben, sagen ein gemeinsames Dankgebet und bitten Allah, die Reisenden zu schützen. Hier auf dieser stinkenden Müllhalde haben Hunderte von afghanischen Familien ihr Leben gefristet – jetzt sind die Elendsunterkünfte leer, die Hütten am Zusammenfallen, der Lärm der Kinder verstummt.

Inayat zwängt sich durch eine Lücke in einem Bretterverhau. Dahinter: Fliegenschwärme, Abfall, Gestank – und eine Hütte, eine bewohnte Hütte. Hütte? Lumpen als Dach und als Wände, Lumpen als Fußbodenbelag, Lumpen als Schlafgelegenheit … Beide Eltern sind tuberkulosekrank. Sie haben eine Tochter – 15-jährig, hellhäutig und ernst –, nein, sie können sie nicht auf Arbeit schicken, wer würde dafür sorgen, dass dem Kind kein Leid geschieht? Sie wissen zu gut, dass Mädchen aus Afghanistan vogelfrei sind.

Wovon sie leben? Früher hatten sie die trockenen Fladenbrote der Flüchtlingsfamilien in der Siedlung bekommen, eine Tasse Tee, manchmal etwas übrig gebliebenen Reis und Soße – jetzt sind die Familien nach Afghanistan zurückgekehrt. »Was konnte ich tun?«, sagt die Mutter, sie muss betteln gehen.

Wir setzen sie auf der Liste der Familien, die wir mit Grundnahrungsmitteln versorgen, eine einheimische Hilfsorganisation zahlt die Tuberkulose-Medikamente.

300 Rupien muss die Familie monatlich als »Miete« zahlen für die Erlaubnis, auf diesem Müllhaufen zu »wohnen«.

Während wir noch sprechen, kommen, der Himmel weiß woher, aus der Nachbarschaft weitere afghanische Flüchtlingsfamilien: »Bitte helfen Sie uns, mein Mann ist gestorben!« Die sind jedoch noch nicht auf der Liste unserer Sozialfälle registriert. Ich muss also zuerst einmal hingehen und sehen, was stimmt von dem, was sie erzählen, und was nicht. Wenn man dann da sitzt und »Nein, nein« sagen muss zu diesen Menschen, denen man das Elend doch ansieht …: Für diese Flüchtlingsarbeit, da muss man mehr Nerven haben als ich …

Aber es hilft nicht, die Menschen brauchen uns. –

Ja, die Welt *lässt* sich verändern. Trotzdem. Wir geben nicht auf.

Das alte Elend

Flüchtlinge wollen selten bleiben; sie sollen nicht bleiben; und wenn sie zurückkommen in ihre Heimat, dann finden sie auch nicht unbedingt ein Land vor, in dem auf sie gewartet wird. Die Flüchtlinge des Krieges von 2002 können wahrscheinlich in ihr Dorf, auf ihre Felder zurück. Bei den Flüchtlingen von 1980, die durch die russische Invasion vertrieben wurden, ist es schwierig, weil die Landverhältnisse sich in der Zwischenzeit geändert haben. Das Land ist nicht selten schon von Nachbarn bestellt. Und wem gehört es dann? Die Konflikte sind vorprogrammiert.

Es sind mehrere Millionen Flüchtlinge, die in Pakistan leben. Und nicht alle wollen zurück. Das gibt sozialen Sprengstoff. Die alte Not darf man über dem neuen Elend nicht vergessen. Die Flüchtlinge aus den 80er Jahren vegetieren mehr, als dass sie ein menschenwürdiges Leben führten. Niemals hat sich irgendjemand die Mühe gemacht, die Siedlungen dieser Flüchtlinge zu entwickeln. Nicht selten haben sie bis heute keine Elektrizität, es sei denn, sie haben sie sich gestohlen. Noch heute haben sie Wasserprobleme. Sie müssen sich Wasser in Eimern in ihre Siedlungen schleppen, die bis heute keine Abwässerkanäle haben. Immer noch gibt es keinen ordentlichen Unterricht, die Kinder gehen in die Moscheeschulen. Es gibt keine Arbeit. Elend und Aussichtslosigkeit sind der Boden, auf dem Gewalt gedeiht. Die Taliban sind größtenteils in pakistanischen Flüchtlingslagern aufgewachsen.

Arbeitslosigkeit ist eine Wunde der pakistanischen Gesellschaft, sie betrifft alle sozialen Kreise. Selbst Familien, in denen die Kinder eine gute Ausbildung haben, sind betroffen. Der Arbeitsmarkt ist katastrophal. Wenn es nicht einmal die Einheimischen schaffen, ihre Familien zu ernähren – dann haben afghanische Flüchtlinge überhaupt keine Chance. Und wenn diese gesunden 30-, 35-jährigen Männer keine Chance haben, dann haben natürlich unsere behinderten Leprapatienten schon gar keine.

Erinnerungen kehren wieder

»Warum?«, das ist sicher die ungeeignetste aller Fragen. Obwohl sie die nächstliegendste ist.

Trotzdem: Sie führt uns nicht weiter.

Es ist besser, wir sagen uns: Wenn wir nicht mit diesem Leprabekämpfungsprogramm in Pakistan begonnen hätten, hätten wir vielen nicht helfen können. So hatten wir wenigstens eine Infrastruktur, die wir einsetzen konnten.

Ich weiß nicht, wo sie ihre Energie hernehmen, Inayat und Seema und Zamir. Jeden Morgen ab sechs Uhr sind sie unterwegs und in den Hütten der Afghanistan-Flüchtlinge mit einem Elend konfrontiert, dem gegenüber wir so hilflos sind.

Ich habe Gul Buddin mit ins Behindertenheim genommen. Wohin sonst mit so einem Kind, für das keiner verantwortlich ist? Wie sich die Patienten dort des kleinen blinden Jungen angenommen haben, hat mich zutiefst getröstet … Die Mutter konnte sich nicht mehr aufrecht halten, erst nach einer Tasse Tee und einem Fladenbrot kam sie wieder zu sich. Ich musste Luft holen. Ich kann nicht mehr so: Augen zu und durch. Ich weiß auch nicht, vielleicht sind es all die Erinnerungen – an die Bombennächte meiner Kindheit, an meinen kleinen Bruder, den wir doch verloren haben. Er hat geweint, wenn der Teller leer war, und als er starb, habe ich mich gefragt, wieder und wieder, ob ich nicht meinen Teil des Essens doch an ihn hätte abgeben sollen.

Flüchtlingsarbeit ist Fortsetzung der Lepraarbeit. Man kann aus anderen Gründen aussätzig sein, als dass man sich mit einem Mycobacterium Leprae angesteckt hat. Die Menschen erwarten, dass wir helfen, wenn kein anderer mehr hilft. Für diese Arbeit gibt es kein »Warum?«. Wir müssen sie tun.

In den angsterfüllten Gesichtern dieser Flüchtlinge aus Afghanistan spiegeln sich die Gesichter der Flüchtlinge von Dresden, von Ostpreußen, lebt unser Jungschar-Einsatz im Hauptbahnhof von Leipzig wieder auf. Das Entsetzen stand den Menschen in den Augen geschrieben …

Ich hatte es alles vergessen, jetzt ist es wieder da. Jeden Tag.

Als Christin unter Muslimen

Mein Ideal leben

Länder wie Afghanistan oder Pakistan sind sicher noch mittelalterlich. Auch die Methoden der Polizei sind es sicherlich. Aber um das zu ändern, genügt es nicht, Einzelpersonen zu »Bluthunden« zu dämonisieren. Da muss sich das Land ändern, da müssen tief in allgemeinen Verhaltensstrukturen verwurzelte Mentalitäten geändert werden. In einem Land, in dem Väter ihre Kinder noch mit der Axt erschlagen und wo dies von der Bevölkerung akzeptiert wird, kann man nicht von vornherein die eigenen Ideale zum Maßstab machen.

Natürlich lebe ich, als westlich geprägte Ordensfrau, in dieser Umgebung in einer konfliktreichen Situation. Aber kann ich und darf ich erwarten, dass das muslimische Land sich nach meinen westlichen Ordensidealen richten wird? Soll ich deswegen nach Hause gehen? Ich sehe meine Aufgabe so, dass ich mein Ideal zu leben versuche und mich immer wieder den Fragen stelle: »Warum machen Sie das? Warum verhalten Sie sich anders?«

Und ich habe die Erfahrung gemacht, dass meine Arbeit akzeptiert wurde.

Das Scharia-Recht

Am Tag, nachdem der General in Pakistan geputscht hatte, rief er den Mann an, mit dem ich seit Jahren befreundet war: einen bekannten Juristen, einen tieffrommen Muslim, der auch als geistlicher Führer bekannt ist: »Ich habe immer wieder gesehen, dass Menschen, die an die Macht kommen, ›den rechten Weg‹, verlieren. Sind Sie bereit, mein geistlicher Berater zu werden?« Dieser Bekannte ging nach Islamabad und wurde später auch Justizminister.

Ich habe ihn damals, während dieser Zeit, nicht besucht und den regelmäßigen Gedankenaustausch mit ihm bewusst nicht fortgesetzt. Später, als er das Amt abgegeben hat, warf er mir das vor: »In der schwierigsten Zeit, in der ich dich wirklich gebraucht hätte, da bist du nicht gekommen.« Ich bin in der Tat fünfmal bis zu seinem Haus gegangen und dann wieder umgekehrt. Die islamische Justiz war für mich so problematisch, dass ich es nicht über mich bringen konnte, ihm zu begegnen. Aber war das richtig?

Durch diesen Freund hatte ich die Gelegenheit, den General persönlich kennenzulernen. Unser erstes Gesprächsthema war: der Wert der Fürbitte. Bei der Einführung des islamischen Strafsystems habe ich den General gefragt, ob er nicht fürchten würde, dass diese Form der Justiz die Atmosphäre des ganzen Landes, bis in die Familien hinein, vergiften könnte. Der Grundtenor seiner Antwort: »Wer bin ich, dass ich etwas, was im islamischen System offenbar ist, infrage stellen könnte?« Das ist eine Ebene, auf der ich ihn verstehen kann.

Wenn mich jemand fragt, wieso ich an die Jungfrauengeburt glaube, dann kann ich auch nur sagen: Auch wenn es in meinem Glaubensleben nicht die absolut zentrale Rolle spielen sollte: Wer bin ich, Ruth Pfau, dass ich ein Dogma infrage stellen würde, das vielleicht einmal gebraucht wird? Islam und Christentum sind zwei monotheistische Offenbarungsreligionen, die einen absoluten Wahrheitsanspruch erheben. Wer sind wir, Christen oder Muslime, dass wir von diesem Absolutheitsanspruch etwas wegnehmen wollten? Und trotzdem müssen wir lernen, uns zu tolerieren.

Ohne unseren Absolutheitsanspruch aufzugeben, der ja nicht unserer, sondern ein uns anvertrauter ist.

Mohammed hat nicht nur eine Religion, sondern auch ein Staatswesen gestiftet. Es gibt im Islam eine große Tradition von Rechtsauslegung. Auch unser Recht beruht ja auf einmal gesetzten Auslegungen. Etwas Paralleles geschieht im islamischen Recht. Rechtsstreitigkeiten, die vom heiligen Propheten und seinen Nachfolgern interpretiert worden sind, gehen in das Scharia-Recht ein. Es ist Teil dieses Scharia-Rechts, dass auf Ehebruch Steinigung steht. Es ist aber in Pakistan noch niemand wegen Ehebruchs gesteinigt worden. Es wurde in Pakistan nach islamischem Recht auch noch keine Hand abgehackt, obwohl das als Strafe häufig verhängt worden ist. Es muss vom Präsidenten persönlich unterschrieben werden, wurde aber noch nie ratifiziert. Aber er hat wirklich keine Möglichkeit, zu sagen: Das Gesetz als solches ist falsch.

Jede Religion kann missbraucht werden

In Pakistan sind die Christen mit 1,2 Millionen eine kleine Minderheit. Die Islamisierung scheint eine Bedrohung für die Christen. Islamisierung bedeutet die volle Anwendung der Lehre des Korans und der islamischen Tradition in allen Lebensbereichen des Staates. Trotzdem ist der Blick wohl durch traditionelle Missionsklischees getrübt, wenn man von Christenverfolgung im islamischen Pakistan redet. Sicher gibt es Christenverfolgungen im Schatten der gegenwärtigen weltweiten Re-Islamisierung. Sie haben nichts mit dem Wesen des Islams als Religion zu tun. Genauso wenig wie es sich bei den Konflikten in Irland im Kern um religiöse Konflikte oder um einen Religionskrieg handelt, sondern vor allem um soziale Kämpfe. Sie sind nur zufällig auf Strukturen aufgebaut, die einen konfessionellen Aspekt haben.

Auch der Islam in Pakistan ist durch das hinduistische Kastensystem sozial geprägt. Christen, die aus der sozial niedrigsten Schicht stammen, werden zweifellos Zugänge zu gesellschaftlichen Aufstiegsmöglichkeiten verbaut. Christen in Pakistan sind Menschen zweiter Klasse, weil sie zur Straßenkehrer-Kaste gehören. Und hier sind sie mit Muslimen und Hindus der gleichen Kaste gleichgestellt. Verfolgungen oder Benachteiligung allein aus religiösen Gründen sind selten. Die Christen sind eine »beschützte Minderheit«. Sie haben einen »infantilen« Status. Er bietet Schutz aufgrund einer vorausgesetzten Unmündigkeit. Minderheiten können nur ihre eigenen Repräsentanten wählen. Für sie sind einige wenige Sitze im Parlament reserviert. Auch an den Universitäten gibt es die sogenannten »minority seats«. Die wache christliche Intelligenz von Karachi ist auf die Barrikaden gegangen, um diesen Status des Schutzzustandes abzulösen. Sie will keine reservierten Plätze, sie will Chancengleichheit. Auch auf die Gefahr hin, bestimmte Privilegien zu verlieren.

Christen gibt es erst seit 100 Jahren in Pakistan. Sie wurden Christen, um der Unterdrückung durch die höheren Kasten zu entgehen. Auch deswegen fällt Christen der Dialog mit ihren muslimischen Mitbrüdern schwer. Dialog setzt Standesgleichheit voraus. Die Situation ist aber meist durch soziale Mauern geprägt. Der Islam ist mit den politischen, staatlichen und sozialen Strukturen der Gesellschaft verflochten. Islamische Selbstverwirklichung geschieht im Rahmen einer innerweltlichen Ordnung. Man darf aber auch etwas anderes nicht vergessen: Der Islam ist wesentlich jünger als das Christentum. Er hat auch unser Toleranzstadium noch nicht erreicht. Was jedoch in die Zukunft weist, das sind die gemeinsamen Grundlagen der monotheistischen

Religionen. Die Scheidegrenze ist heute der atheistische Materialismus. Sicher gab es Aggressionen zwischen den Religionen, aber es ist wichtig, ihren pseudoreligiösen Charakter zu erkennen. Wir beziehen uns alle auf den gleichen Gott. Der Absolutheitsanspruch kommt ja nicht von uns. Er ist uns aufgegeben. Wir dürfen den Islam nicht als Religion verunglimpfen, indem wir ihm vorwerfen, dass er, als Religion, zur Verfolgung Andersgläubiger neigt. Jede Religion kann missbraucht werden. Auch im christlichen Abendland war Leibeigenschaft einmal kirchlich sanktioniertes Recht.

Dialog heißt: sich aussetzen

Wir müssen lernen, einen wirklichen Zugang zueinander zu finden. Dazu reicht Studium allein nicht. Dazu bedarf es einer Umkehr des Herzens, einer Liebe, die den anderen annimmt, sich ihm »aussetzt«. Einer Liebe, die auch mit Entäußerung zu tun hat. Welch schmerzhafter Prozess, welches Sterben schon, wenn jemand nur seine kulturelle Vergangenheit ablegen will. Am Anfang glaubte ich, meine Entscheidung für Pakistan sei der totale Bruch, der endgültige Sprung, die vollständige Identifikation. Dass ich Europäer bin, diese Tatsache reicht aber sehr viel tiefer, als ich das je geahnt habe.

Sich wirklich aufbrechen zu lassen, den anderen in seiner Andersartigkeit einzulassen und willkommen zu heißen – das ist sehr viel schwieriger, steckt auch voll Gefährdungen. Immer wird es ein Rest sein, der sich – verweigert. Oder bewahrt? Der sich auch bewahren muss! Wie es in einer Liebe zwischen Mann und Frau nicht um Gleichschaltung, sondern um Zuwendung in Spannung geht – so auch in einer echten Begegnung von Kulturen, von Religionen. Dass wir einander bereichern, ist nur möglich, weil wir verschieden sind. Freilich: Weil wir verschieden sind, leiden wir auch aneinander.

Aber es gibt nicht nur das Leiden. Es gibt auch die Faszination, die gegenseitige Bereicherung. Auch das Interesse meiner muslimischen Gesprächspartner. Es kam durchaus vor, in den Anfangsjahren, dass ich auf ein Regierungsbüro kam, mein Anliegen vortrug, Einfuhrgenehmigungen oder Aufenthaltserlaubnis. Der Beamte schaute mich kurz an und fragte: »Sind Sie Dr. Pfau?« Wenn ich bejahte: »Ist es wahr, dass Sie ein Keuschheitsgelübde abgelegt haben?« Fasziniert von der Tatsache, dass einem »die Offenbarung« so lebensbestimmend, so fraglos wirklich ist, dass man dafür »das Schönste im Leben« leichtherzig hingeben konnte.

Gemeinsamkeit finden wir nur, wenn wir uns lieben

Der ehemalige pakistanische Justizminister, mit dem ich befreundet bin, gehört der Sufi-Gemeinschaft an. Er sagte mir einmal: »Wovon ich als Junge geträumt und was ich nie durchgeführt habe, das hast du konkretisiert.« Er stammt aus einem Dorf im Sindh. Seine Eltern sind Analphabeten, er ist ein Senkrechtstarter, studierte in Harvard. Eine im Islam inzwischen sehr angesehene Persönlichkeit.

Er kann östliche Denkweise in westlichen Begriffen ausdrücken. Dadurch hat er mir einen tiefen Zugang zu Dingen gewiesen, die ich sonst nie verstanden hätte. Beide waren wir aber erstaunt, welche Ähnlichkeiten es in der spirituellen Erfahrung des Islams und des Christentums gibt. Wir suchen das Gleiche. Wir beide lieben uns so tief, dass wir auch etwas Gemeinsames finden möchten. Und nur auf diese Weise kann man sich verstehen. Nur durch einen Vorentscheid. Durch das Ja zum anderen. Erst dann kann die vorhandene Gemeinsamkeit, und sei sie nur punktuell, zum Tragen kommen.

Unser großes Problem im theologischen Gespräch war die Trinität. Einem Muslim die Trinität (die ja nicht erklärbar ist) zu deuten, ist nahezu unmöglich. An einem Dienstagnachmittag – wir treffen uns jeden Dienstagnachmittag, wenn wir beide in Karachi sind – empfing mich mein Freund mit der Bemerkung: »Ich habe etwas Wunderbares entdeckt!« Und er zitierte die Paulusstelle: »Und für ihn war seine Gottgleichheit nicht ein Raub, den er festhalten müsse.« Und sagte dann: »So müsste man leben können.«

Monatelang hatten wir um die Begriffe gerungen. Wenn ich das für mich zentrale Wort »Liebe« sagte, empfand er das als Blasphemie. Im Verhältnis zwischen Mensch und Gott dürfe man dieses Wort nicht benutzen. Die Muslime gebrauchen das Wort »Erkenntnis«. Ich dagegen: »Wie kannst du in einem derartigen Verhältnis von ›Erkenntnis‹ sprechen?« Bis wir eines Tages entdeckten, dass im Alten Testament der eheliche Akt mit dem Wort »erkennen« beschrieben wird. – Ein anderes Mal sagte ich ihm: »Wenn wir uns darin einig sind, dass Gott nicht nur Liebe *hat,* sondern Liebe *ist,* und wenn Liebe notwendig nicht selbstbezogen, sondern dialogisch ist, dann muss es in Gott selber Dialog geben. Das ist es, was wir stammelnd als Trinitätslehre auszudrücken versuchen.« Er darauf, betroffen: »Sag das noch einmal!«

Diesem Dialog verdanke ich eine Aufwertung der Transzendenz, die in meiner Glaubensgeschichte hinter der menschgewordenen Gestalt Christi zu kurz gekommen ist. Ich erinnere mich an einen gemeinsamen Aufenthalt in Lahore, in der Königsmoschee. Es gibt wunderbare Arabesken, vor allem im inneren Gebetsraum: viereckige Ornamente. In deren Mitte nichts, die Aussparung jeglichen Inhalts. Dieser Hinweis auf das Nichts hat mir viel gegeben, seit er mir erlebnismäßig bewusst wurde.

Auch die Ergebenheit in den Willen Gottes habe ich tiefer verstehen gelernt. Sie ist ja in ihrer Hochform kein fatalistisches Schleifenlassen, sondern ein absolut bedingungsloses Ja zum Willen des Höchsten.

Wenn es konkret wird

Schwierigkeiten gibt es immer wieder da, wo es konkret wird. Unsere Leprahelfer befanden sich zur Zeit der Bangladeschkrise in einem ausgesprochenen Identitätskonflikt. Es war ja ein Krieg, in dem Muslime sich bekämpften. Ich habe diesem Freund gesagt: »Du musst ihnen helfen. Du musst etwas für sie tun. Ich kann nicht so in ihrem eigenen System argumentieren, dass ich ihnen den Trost geben kann.« Aber da konnte er sich nicht engagieren, nicht in einer sozialen Gruppe, bei der er eine andere Sprache hätte finden müssen. Obwohl er soziales Engagement bewundert, er selber kann es nicht leisten.

Diese Form des religiösen Gespräches geht seit mehreren Jahren. Ich habe diesem Freund gesagt: »Nachdem wir so lange diesen gemeinsamen Weg gegangen sind, sollten wir eine gemeinsame Gebetsgruppe initiieren.« Den Dialog nicht apologetisch, sondern spirituell zu führen, ist sicher ein zukunftsweisender Weg. Es gibt zentrale Ansatzpunkte in beiden Religionen.

Kürzlich habe ich meiner Mitschwester Jeannine einige Stellen vorgelesen und sie gefragt, aus welchem Evangelium sie stammen. Sie nannte die Stellen genau.

Ich hatte aus dem Koran zitiert. –

Natürlich gibt es auch Probleme im Gespräch. Etwa da, wo es um den historischen Denkansatz geht. Das ist auch der Punkt, über den ich mit meinem Freund nicht sprechen kann. Wenn ich ansetze: »Das ist doch eine geschichtliche

Religion, die in einem Berberstamm zu einer bestimmten Zeit in der Wüste entstanden ist, die muss doch geschichtliche Hüllen haben ...«, dann sieht er das nicht.

Es gab einmal Versuche, den historischen Denkansatz im Islam in einem muslimischen Forschungsinstitut zu fördern. Der Leiter dieses Instituts, der auch in unserem muslimisch-christlichen Arbeitskreis mitwirkte, hat Pakistan verlassen und lehrt jetzt irgendwo in den Vereinigten Staaten. Er sagte: »Ich werde im römischen Sekretariat für die Nichtchristen mehr verstanden als von meinen eigenen Glaubensbrüdern.«

Dass etwas wunderbar wird

Die tiefste Botschaft, die Christen den Muslimen in Ländern wie Pakistan schulden, ist der kreative Wert der Vergebung. Aber ich glaube, dass dieser Wert im Islam ansatzweise schon da ist. Die Botschaft kann ankommen. Die Grenze ist nicht trennend.

Da ist die Geschichte mit Jehangir, einem Lepraassistenten, der aus einem Gebiet kommt, in dem die Blutrache zum Alltag gehört. Ich bin mit ihm viel unterwegs gewesen, und die Einsätze in den Bergen sind wegen der mangelnden Infrastruktur so, dass man nie sicher sein kann, ob man wieder zurückkommt. Das gibt natürlich ein starkes Zusammengehörigkeitsgefühl. Wir fuhren dann zurück in die Außenstation, wo ich meinen Bericht schreiben musste, und bleiben drei Tage da. Ich mache morgens meine Meditation, lese die Heilige Schrift in Urdu. Urdu schreibt man von links. Es hat auch keine Vokale. Man muss wissen, was man liest, ehe man es lesen kann. Wenn ich das Neue Testament in Urdu lese, schlage ich zwei Fliegen mit einer Klappe. Ich meditiere und trainiere Urdu. Zufällig hatte ich das Buch auf

171

meinem Tisch liegen gelassen. Jehangir fand es aufgeschlagen und las sich in der Bergpredigt fest. Er warf in einem Impuls, ganz gegen muslimische Sitte, das Buch auf den Tisch und rief: »Für so etwas wollen Sie uns also verpflichten!« Ich sagte: »Um Himmels willen. Erstens habe ich mit Ihnen nie über die Bergpredigt gesprochen, und zweitens habe ich Sie nie auf etwas verpflichtet.« Er kam darauf nie wieder zu sprechen. Jehangir ging dann in Urlaub und kam nach einem Monat wieder zum Team zurück. Wir fragten ihn, wie es denn gewesen sei im Urlaub.

Er darauf: »Wunderbar!«

Was denn so wunderbar gewesen sei?

»Als ich in das Dorf zurückkam, traf mich einer und sagte mir: ›Höre, Mohammed Aslar hat mich heute getroffen und mir gesagt: Jehangir kommt heute zurück ins Dorf. Ich habe keine Söhne, du bist mein Rächer. Zwischen ihm und mir steht noch eine Rechnung aus. Die Rache fällt auf dich.‹« Denn er war der Neffe dieses Beleidigten. Jehangir erzählte weiter: »Ich habe mir den Kopf zerbrochen, welche Rechnung zwischen Mohammed Aslar und mir unbeglichen ist. Schließlich fiel mir ein: Als ich noch in der Schule war, habe ich ihn im Basar einmal niedergeschlagen. Und da war ich der Held. Er musste abziehen. Der einzige Sohn dieses Mannes war bei einem Unfall in den Bergen umgekommen. Er selber war ein landloser Arbeiter. Da bin ich hin zu Mohammed Aslar und habe ihm gesagt: ›Hier bin ich. Verprügle du mich genauso, wie ich dich verprügelt habe.‹ Da hat Mohammed Aslar erwidert: ‹Ich kann dich doch nicht verprügeln.‹ Und da sagte ich: ›Dazu bin ich doch gekommen. Du verprügelst mich, wie ich dich verprügelt habe, und dann sind wir quitt.‹ Mohammed Aslar hat geantwortet: ›Aber ich kann dich doch nicht verprügeln.‹ Darauf habe ich gesagt: ›Dann vergib mir.‹

172

Daraufhin er: ›Ich vergebe dir.‹ Das war ein wunderbarer Urlaub.«

»Etwas ist mit meinem Herzen passiert«

Oder Hikmat. Hikmat kommt aus einem Stammesgebiet, in dem die pakistanische Oberhoheit noch nicht gilt, man lebt nach den eigenen Stammesgesetzen, und diese Gesetze sind das Gesetz der Kugel. Die Ehre eines Mannes wird vor allem danach bemessen, wie er sich in einer Blutrache am feindlichen Stamm rächt –.

Hikmat und sein jüngerer Freund Gul Haider sind eineinhalb Jahre zur Ausbildung in Karachi gewesen, und jetzt fahre ich mit ihnen im Jeep zurück in ihr Stammesgebiet. Es gibt eine einzige Straße, der Rest sind Bergpfade, nur zu Fuß begehbar.

Hikmat und Gul Haider sind auf dem Rücksitz des Jeeps in eine erregte Diskussion verfallen – und dann taucht das Gespräch aus dem unbekannten Wellenschlag des Pushtu ins bekannte Urdu auf, und es wird mir die Streitfrage vorgelegt:

»Irgendetwas ist mit meinen Augen geschehen in Karachi«, sagt Hikmat, »ist das möglich, Doktor?«

»... oder mit den Gehirnzentren«, sagt Gul Haider, der seine Anatomie gerade fürs Examen gelernt hat, »dass die anders funktionieren?«

»Warum?«, will ich wissen.

»Früher«, sagt Hikmat, »früher, wenn ich die Straße entlangfuhr, da konnte ich bloß den Felsvorsprung da sehen: Fantastisch, man hatte volle Deckung, und wenn der Feind die Straße entlangkam, konnte man ihn bequem abknallen – paff! paff! – und jetzt, jetzt sehe ich die Frauen, wie sie die Wasser- und Holzlasten schleppen – das müssen sie doch auch vorher getan haben, warum habe ich das nicht gesehen? Irgendetwas ist mit meinen Augen geschehen«, sagt Hikmat.

»… oder mit den Gehirnzentren«, sagt Gul Haider.

»… oder mit euren Herzen?«, frage ich.

Stille. Dann ein tiefer Atemzug. »Das«, sagt Hikmat, »genau das!«

Dass so etwas möglich ist! Und sich immer wieder ereignet.

Dienst oder Morden

Gul Haider ist einer, der sehr intensiv lebt. Wenn er etwas sagt, dann mit seiner ganzen Intensität: »Und Dienst, das Wort Dienst, das haben wir ja nicht einmal als Vokabel gehört. Überhaupt nicht davon zu reden, dass man uns die Bedeutung beigebracht hätte.«

Dazu gehört diese Vorgeschichte: Ein Stamm hatte gerade die Straße blockiert. Es hatte einen Streit mit der Regierung gegeben, und da nahmen sie Busse auf dieser Straße als Geiseln, 15 bis 20 Autobusse stauten sich. Der ganze Stamm saß auf der einen Seite oberhalb der Straße. Ich sagte zu den Jungens: »Das ist eine fantastische Gelegenheit. Hier sitzt der ganze Stamm, und ihr habt die Möglichkeit, allen zu erzählen, dass ihr jetzt mit der Lepraarbeit anfangt.« Da erwiderte der zwanzigjährige Gul Haider, der aus einer Gegend kommt, in der alles ganz nach der Hierarchie des Alters zugeht: »Aber, aber … Wie sollen wir beginnen?« Dann, gleich darauf: »Wenn Sie nur einmal mit uns hochgehen, dann werden die schon auf uns aufmerksam.« Ich ging mit ihnen. Wir kauften Apfelsinen bei einer Gruppe. Man konnte richtig sehen, wie Gul Haider sozusagen absprang: »Und, und, und, wir sind jetzt von Karachi zurückgekommen.« Alles drehte sich um und hörte den beiden zu. Das Weitere in Pushtu konnte ich nicht verstehen. Man konnte aber richtig sehen, wie Gul Haider wuchs. Er stieg auf einen dieser Felsenbrocken, um alles ganz deutlich erklären zu können. Bis er dann eine Nadel herauszog und ich wieder mitkam. Einer der Anwesenden hatte nämlich gesagt: »Wir haben gerade Dschirga (Rat der Stammesältesten). Wenn ihr mir jetzt beibringt, wie man diesen Lepratest macht, dann kann ich das allen Ältesten in der Dschirga zeigen.« Die beiden Leprahelfer machten es vor, der andere machte es nach. Die Straße war bald wieder frei, und die beiden hatten das großartige Erlebnis, dass die Alten auf sie gehört hatten. Auf diesem Hintergrund ist der Satz zu verstehen: »Man hat uns ja nie gesagt, dass Dienst zu Issat führt.« Issat heißt Ehre und ist der zentrale Wertbegriff des Stammes. Gul Haider sagte zu Hikmat: »Uns hat man ja gesagt, Issat wäre nur zu erreichen, wenn man jemanden umlegt. Und wenn wir gesagt hätten, wir haben drei erschossen, dann hätte der andere gesagt, ich aber schon sechs. Und Assra hätte gesagt: Ich aber schon acht. Als wir aber sagten, dass wir Leprarbeit treiben, da war unser Issat in aller Augen fraglos. Uns hat man früher nie gesagt, dass das Morden weniger Issat bringt als der Dienst.«

Und dann kam das andere: »Und wenn ich einmal in der Dschirga sitze, dann wird auch der Sohn meines Erbfeindes in der Dschirga sitzen. Wir werden ja gemeinsam älter. Dann werde ich auf ihn zugehen und sagen: ›Wollen wir es nicht vergessen?‹ Und wetten, er sagt: ›Ich will‹?«

So wirkt sich Leprarbeit bis auf die Blutrache aus. Ich habe mit den beiden Jungen nie ausdrücklich über diese Probleme gesprochen. Dieses Einbauen ins Wertesystem des anderen – dieses Unterlaufen durch Erkennen, das ist mein Konzept. Ich weiß nicht, wieso wir das so lange nicht gesehen haben. Es steht ja im Neuen Testament. Nichts anderes bedeutet doch das Bild vom Sauerteig.

Das Herz aller Religionen

Wenn wir unsere Bücher gemeinsam und mit gutem Willen lesen, werden wir genügend Botschaften finden, die uns verbinden. Und die uns verpflichten. Die heiligen Bücher, die wir gemeinsam haben, haben den Frieden unter den Menschen zum Ziel. Der Traum Gottes von den Menschen ist, dass sie in Frieden leben. Sie sind alle in seiner Kindschaft, sie sind alle seine Geschöpfe.

»Das Herz aller Religionen ist eines« – dieser Satz muss wohl stimmen. Weil Gott *(per definitionem!)* nur einer sein kann, sonst wäre er nicht *Gott.* Karl Rahner hat gesagt: Gott offenbart sich in jeder Religion, wenn auch nicht in jeder in gleichem Umfang. Es gibt Ebenen, auf denen wir uns treffen. Es gibt wunderbare Wahrheiten und eine tiefe Schönheit im Islam. Dass wir unsere Geschöpflichkeit und unsere Verantwortung anerkennen – darin liegt eine der Gemeinsamkeiten von Christentum und Islam.

Die Welt ist voller Schrecken. Aber das ist nicht alles und nicht das Letzte. Unsere heiligen Bücher sehen die Welt tiefer und erzählen davon. Die Geschichte der Veronika mag ich besonders. Diese Frau reicht dem verurteilten Jesus, der unter der Last des schweren Holzkreuzes zusammenbricht auf dem Weg nach Golgatha, ihre Dupatta, das Umschlagtuch der Frauen. Veronika hat am Ablauf der Ereignisse nichts ändern können. Sie hat Jesu Tod nicht verhindert. Sie hat die menschenverachtende Rechtsprechung der Römer nicht angegriffen. Trotzdem wird ihre Geschichte seit 2000 Jahren erzählt. Warum? Weil Veronika, uns zum Trost, die Schrecken dieser Welt mit ihrer Geste unterläuft. Und der, dem diese hilflose Geste gilt, prägt dieser Tat den Stempel der Kostbarkeit auf.

Die Welt ist voller Schrecken. Aber sie ist – auch heute noch – voller Wunder. Was geschehen ist, ist geschehen. Ich konnte es nicht abwenden und nicht verhüten, ich konnte den Mob nicht stoppen und den Angriff auf eine christliche Gemeinde in Bahawalpur nicht ungeschehen machen. Ich weiß, es kann sich wiederholen. Und wenn es sich wiederholen sollte, irgendwo in Pakistan, der Angriff auf eine betende Gemeinde in einer Moschee, in einer Kirche, ich kann es nicht verhüten. Ich konnte damals, vor einigen Jahren, den Angriff auf das Krankenhaus in Gilgit nicht verhüten, als es fünf Todesopfer gab. Ich konnte nur eines tun: nicht weglaufen.

In diesem Durchhalten können wir einander beistehen.

Ich trete nach dem abendlichen Rundgang über die Station ins Freie. Der Hibiskusstrauch auf dem Balkon blüht, mit diesen überschäumend roten Blüten, ein Rot, in das man sich verlieren kann, wenn man es wirklich anschaut; ich höre Spatzengezwitscher und das Zirpen der Grillen und das Lachen der Kinder. Ein Fünfjähriges, viel zu große Pluderhosen unter einem verschlissenen Kleid, hat eine Plastikflasche erobert und sitzt am Straßenrand und entlockt ihr mit einem Stück Holz eine richtige Marsch- und Tanzmusik, voller Rhythmus.

Die Welt ist voller Wunder, und wir sollten es unserem Herrn und Schöpfer nicht antun, dass wir die Schönheit seiner Schöpfung nicht mehr sehen – nicht er hat sich geändert, wir haben uns geändert. Können wir unsere verwundete Welt noch heilen?

Das Fenster zum Eigentlichen – die Liebe

Das Eigentliche – und die Frage nach dem Warum?

Träume und Realitäten gehören zusammen. Verzweiflung und Hoffnung liegen oft nah beieinander.

Immer wieder stoße ich auf die Einsicht: »Nein! Wir können nicht vorübergehen, wenn einer am Wegrand liegt und Hilfe braucht.« Wir müssen uns der Verlassensten, der Vergessensten annehmen. Es springt in die Augen, es dringt in unser Herz, es gibt nichts zu überlegen. Wir können – und werden – nicht vorübergehen an dem von den Räubern Überfallenen, der halbtot geschlagen an unserem Weg liegt.

Natürlich steigt manchmal Resignation auf. Aber wir erlauben ihr nicht, unsere Arbeit, unsere Entscheidungen zu bestimmen. *I'll get mad at times* (»Manches kann mich echt aufregen«) – eine aktive Trotzreaktion.

Und dann: Zu Zeiten habe ich Depressionen. Es bleibt das Problem: Wie sich dieser Frage des *Warum* stellen, dieser wahnwitzigen Ungerechtigkeit, dem Leid, *dem Leid* …?

Die Theodizee-Frage (Warum lässt Gott das zu?!) treibt uns wohl alle um, sie hat uns umgetrieben im Krieg, im zerstörten Deutschland, in der Judenfrage. Wie ist es möglich gewesen, dass ein ganzes Volk wie die Deutschen, gebildet und mit einer Kultur, in die tausend Jahre von christlichen Werten eingeflossen waren bis in den Umgang in der Familie, in die Rechtsprechung hinein, wie war es möglich, dass dieses Volk sich als Handlangergruppe für eine Verbrecherbande missbrauchen ließ?

Mein Leben war nie normal, meine Kindheit unter den Nazis, dann der Krieg, und auch nicht während der Nachkriegszeit. Noch ehe das Wirtschaftswunder voll ausgebrochen war, bin ich nach Pakistan gegangen. Und dort wieder dasselbe: Hunger, Not, Folter in den Polizeistationen.

Ich gehöre offensichtlich zu der Generation, in der sich viele geweigert haben, ein »normales Leben« zu führen, ehe nicht die *Welt* normal geworden ist. Für die, die so fühlen, ist »dabei sein« immer noch einfacher, als zuzuschauen. Immer wenn ich nicht »vor Ort«, sondern in Deutschland bin, fühle ich mich unwohl, weil ich mich in die Rolle einer fern stehenden Zuschauerin gezwungen sehe. Das ist nicht mein Stil, ich habe nie so gelebt und will es auch nicht anfangen. Elie Wiesels Satz, das Wegschauen sei die eigentliche Sünde, weil es den anderen für nichtexistent erklärt, begleitet mich ständig. Wenn mich jemand überhaupt nicht interessiert, weder er noch sein Schicksal, negiere ich in der Konsequenz sein Recht zu *sein*. Meine Erfahrung ist die gleiche: Wenn ich »mitten drin« stecke, zusammen mit denen, die der Situation ausgeliefert sind, dann gibt es nichts, was so schrecklich ist, dass ich es nicht doch unterlaufen könnte. Ändern kann man es häufig nicht (obwohl manchmal auch das möglich ist), aber man kann einem Menschen immer die Hand reichen, und wenn selbst das nicht möglich ist: ihm einen Blick schenken. Deshalb finde ich es so aufreibend und nervend, wenn ich in Deutschland sitze, nur mit dem Internet kommunizieren kann und auf die nächste Katastrophe warte. Wenn ich in Pakistan bin, ist es immer noch nervend und aufreibend, aber in dieser Solidarität kann man wenigstens einem anderen beistehen.

Gelassenheit ist möglich, trotz allem – ich bin immer wieder überwältigt und beglückt, wie selbstverständlich gelassen mein Team in Pakistan ist. Nach dem Mordanschlag auf die christliche Menschenrechtsgruppe in Karachi hatte ich, noch von Deutschland aus, eine sehr besorgte E-Mail geschickt. Als mich Dr. Ashfaqs Antwort erreichte, war ich verblüfft und beglückt zugleich. Er schrieb: »Alles ist normal. Wir haben zwei zusätzliche Wächter angestellt. Hauptsächlich, um den Angestellten zu zeigen, dass wir um ihre Sicherheit besorgt sind. Sie waren nach dem Angriff ein bisschen nervös. Jetzt sind sie alle wieder mit ihren Routineaufgaben beschäftigt, und wir kümmern uns um die Durchführung des neuen Triple-Programms [der Lepra-Tuberkulose-Erblindungs-Bekämpfung]«. Und dann schreibt er noch ganz cool: »Wir haben ein Etatdefizit von 400.000 Euro und müssen uns nun mal darum kümmern, woher wir das Geld kriegen.« Das war die E-Mail.

Wenn man nicht vor Ort ist, sondern von der Information durch die Medien oder vom Internet abhängt, sieht man nur die Katastrophen. Alles das, worüber sich das Team sonst freut, kriegt man nicht mit: dass Ibrahim von der Station entlassen ist – und wir haben nie zu hoffen gewagt, dass wir ihn durchkriegen. Oder dass der Hibiskusstrauch fünf Blüten hat, *gelbe,* wie kleine Sonnen, welche Überraschung, Hibiskus sollte doch rot blühen! Solche Dinge füllen doch auch die Tage des Teams.

Die letzte Sehnsucht

»Das Wesentliche liegt anderswo.« Nach diesem Wesentlichen gesucht habe ich zeitlebens. Rastlos, angetrieben von dieser einen Frage: Was es denn sei, *das Eigentliche.* Die Frage, die mir Hamid viel später stellen wird, auf der Fahrt im Jeep durch die endlose Weite Belutschistans, diese Ebenen, die nichts füllen als Sand, Steine und Fata-Morgana-Erscheinungen: »Ich wusste, ich konnte Geld machen, und wir machten Geld. Aber mein Herz wollte nicht zur Ruhe kommen, mein Herz wollte etwas anderes als Geld, aber ich konnte es nicht finden.

Nur – warum hatte denn der Herrgott diesen Hunger in mein Herz gelegt, wenn es das, wonach ich mich sehnte, gar nicht gibt?!«

Wohin führt die letzte, die große Sehnsucht, die hier in diesem Leben immer unerfüllt bleibt? Und was ist *dieses Eigentliche?* Ich weiß es auch nicht. Ich kann es nur ahnen. Und auf Erfüllung hoffen – auf der anderen Seite? Weil dort eine Wirklichkeit sein wird, von der wir hier nur Abbilder haben.

Die Liebe ist in diesem konkreten, geschichtlichen Jetzt wohl der reinste Ausdruck dessen, was wir als »das Eigentliche« ersehnen. Der Traum, der die Hoffnung nicht untergehen lässt. »Drüben«?, ach drüben werden wir, das ist unsere Hoffnung, all das erkennen, die Antworten bekommen auf all die offenen Fragen, mit denen wir hier zu leben versuchen.

Die Liebe. Die Frage nach der Liebe hat in aller Orientierungslosigkeit unserer Jugend, in der Kriegs- und Nazizeit, den Traum vom Mehr nicht sterben lassen. Diese Liebe, die so ganz konkret, so warm, so überwältigend, so kostbar, so sinnenhaft und so innerweltlich ist und trotzdem mehr, als wir innerweltlich erfahren können.

Das Englische unterscheidet zwischen *making love* und *to be in love with. Making love* – das ist, was wir versuchen und was uns nicht gelingt, weil es uns nicht sättigt. Weil wir Liebe nicht »machen« können. *To be in love with,* »in der Liebe sein«, erkennt an, dass die Liebe ein Geschenk ist, dass sie schon irgendwann von irgendjemandem erfunden worden ist, der sie uns schenken will. *To be in love* – das ist das Fenster zum Eigentlichen.

Auch Schönheit ist ein Ausdruck der Liebe, auch sie bringt uns auf die Spur: Schönheits*hungrig* – woher kommt dieser Hunger in unsere Seele? Warum sprechen wir auf *Schönheit* so spontan an? Jedes Mal, wenn ich einen Menschen treffe, der mich daran erinnert, dass die Welt ursprünglich *schön* gedacht war, einen Menschen, der innen und außen *schön* ist, bin ich fasziniert. Wie wunderbar, dass der Herrgott sich solche Mühe macht, bis in alle Einzelheiten!

Nein, wir reagieren nicht in dieser Tiefe auf glatte oder hohle Schönheit, die langweilt uns schon sehr bald. Schönheit ist nicht »glatt«, sie integriert die Geschichte eines Lebens, auch die Erfahrung von Leid. In Gesichtern von Menschen, die nicht an der Oberfläche des Lebens geblieben sind, erahnen wir diese Schönheit. In meinem Leben und meiner Arbeit habe ich viele Menschen gesehen, die entstellt waren – und doch wunderschön.

Zum Beispiel Malanbi, die Beschützerin

Malanbi ist eine jener Leprapatientinnen, vor denen man unwillkürlich zurückweicht, wenn sie einem plötzlich den Weg kreuzen: hochgradig verstümmelt, die Krankheit hat beide Hände und Füße zerstört, sie kann sich nur noch kriechend fortbewegen. Ob sie nicht mit uns zum Behindertenheim kommen wolle, fragen wir sie, als wir sie in ihrer Hütte besuchen, ein Raum, eine Bettstelle, Fliegen überall, in einer Flasche lauwarmes Trinkwasser, ein trockenes Fladenbrot in ein Tuch geschlagen … Einer ihrer Söhne, der sich um sie kümmerte, konnte nach einer schweren Asthmaerkrankung nichts mehr verdienen und nicht mehr für sie sorgen. »Oh nein«, sagt Malanbi, schaut uns aus ihren triefenden Augen an und lächelt – ein schiefes, verzerrtes Lächeln, die Krankheit hat die Gesichts- und Augenmuskeln gelähmt. Man muss hinter die grauenvolle Zerstörung sehen können, um die Schönheit ihrer Seele zu entdecken. »Oh nein«, sagt Malanbi, »was wollen sie denn hier machen, wenn ich nicht da bin? Meine Familie wäre wirklich in Panik, wenn ich nicht hier wäre. Es gibt keine Sicherheit für unsere jungen Frauen, aber wenn die Banditen kommen, dann schieße ich auf Händen und Füßen aus der Tür und mache ›Huuu!!‹ und wedle mit meinen Handstümpfen. Dann drehen sie sich auf ihren Hacken herum und stieben davon. Die denken, ein Gespenst habe sie angegriffen!«

Das war in der Zeit der schlimmsten Terroranschläge in Karachi. Drei junge Frauen, die in die Hütte gekommen sind, stimmen in Malanbis amüsiertes Gelächter ein. Malanbi hat drei Söhne geboren und drei Söhne begraben. Jetzt hat sie fünf Töchter, die sie beschützt. Als ich sah, dass sie sich trotz aller Behinderungen und Entstellungen gänzlich mit ihrer Rolle als Beschützerin identifiziert hat, dabei glücklich ist und auch geschätzt wird, habe ich gedacht: Sieh – *sieh* –, welche eine verborgene Schönheit. Das Eigentliche ist für den, der sich die Mühe macht, überall zu entdecken – auch in einer so hochgradig entstellten Frau wie Malanbi.

Zohras Mutterliebe

Oder da ist Zohra, diese vielleicht dreißigjährige afghanische Leprapatientin. Sie hat sich mit ihrer damals zwölfjährigen Tochter allein nach Pakistan durchgeschlagen, ohne zu wissen wohin. Zohra war an einer Früh-Lepra erkrankt, nicht behindert. Trotzdem nahmen wir sie im Behindertenheim auf – wo sonst hätte sie hingehen können? Ihre Tochter ist nach einer Hirnentzündung geistig behindert. Diese Patienten sind häufig sehr enthemmt.

Sadiqa war ein gesundes, fröhliches Mädchen gewesen, ein Mädchen wie alle anderen auch in dem Bergweiler in Zentralafghanistan, ein Kind ohne Hoffnung, je eine Schule besuchen zu können, aber sie wusste, wie man die Ziegen hütet, die Hühner füttert, wie man Fladenbrote backt und wo man Reisig sammeln kann und Wasser schöpfen. Das war früher einmal, vor langer Zeit …

Zohra ist ausgeheilt, Sadiqa für ihr Leben gezeichnet. Die Mutter musste den ganzen Tag, die ganze Nacht bei dem Kind bleiben. Ihr Mann hatte sie verstoßen. Nicht etwa wegen ihrer Lepra, sondern wegen des Kindes. Er hatte sie vor die Wahl gestellt: »Das Kind oder ich. Entweder setzt du das Mädchen in den Bergen aus und du bleibst bei mir. Oder du setzt sie nicht aus – und dann gehst du *mit* dem Kind.« Sie entschied sich für ihr Kind – und ging. Und hat sich allein den ganzen Weg nach Pakistan durchgeschlagen. So sind Mütter.

Der Ernstfall tritt immer erst ein, wenn man eine Entscheidung ein ganzes Leben durchtragen muss. Zohra wurde ausgeheilt, konnte ja auch nicht ein ganzes Leben im Behindertenheim bleiben und musste ihr eigenes Leben noch einmal völlig neu beginnen. Eine der Töchter – sie hatte noch eine kleine Tochter – kam mit einem Verwandten nach Karachi und blieb bei uns. Jeannine fand die Lösung. Wir haben sie im Alter von vierzehn Jahren mit einem afghanischen Jungen verheiratet. Den Jungen, selbst ausgeheilter Leprapatient mit minimalen Behinderungen, kannten wir seit Langem; er war im Behindertenheim als Pflegehelfer angestellt. Er versprach, Mutter und Schwester seiner zukünftigen Frau in seinem Haus unterbringen. Wir hatten ihm, als einem unserer Angestellten, ein Haus gebaut. Nach der Hochzeit stand er zu seinem Wort. Aber dieses Wort war ein Leben lang durchzutragen.

Sadiqa ist schwierig, und wir haben hier keine Gelegenheit, der Mutter auch nur irgendwann einmal ein bisschen Urlaub von dieser täglichen Vierundzwanzig-Stunden-Aufgabe zu verschaffen. Wir haben nicht die therapeutischen und nicht die begleitenden Möglichkeiten, die man in Deutschland hat. Eines Tages war es zu viel. Wir bemühten uns darum, dass Sadiqa in einer psychiatrischen Klinik aufgenommen wurde. Obwohl therapeutisch nichts mehr zu erreichen war, hat man dem schließlich zugestimmt. Darauf ging Zohra in den Iran, wohin ihre Familie in der Zwischenzeit geflohen war, und hatte vor, ihr Leben dort noch einmal zu beginnen. Nicht lange danach sagte das psychiatrische Krankenhaus, sie könnten das Mädchen nicht für immer behalten. Wir ließen es die Mutter wissen, und sie kam zurück. In der Zwischenzeit ist Sadiqa siebzehn geworden, sie hat Entkleidungsimpulse, Symptom ihrer geistigen Erkrankung. Aber man darf nicht erwarten, dass irgendjemand im kulturellen Milieu von Pakistan so etwas versteht. Die Scharia droht. Und Zohra schwebt in ständiger Angst, dass ihre Tochter, einmal für zwei Minuten allein gelassen, sich einem jeden an den Hals wirft. Aber bei aller Furcht – sie muss auch Geld verdienen. Der Mann ihrer anderen Tochter lässt sie zwar nach wie vor im Haus wohnen, hat aber mittlerweile selber ein Kind. Und da die kranke Sadiqa sehr aggressiv ist, lebt auch der Schwiegersohn ständig in Furcht, dass sie einmal sein Kind angreift. Die Mutter hat trotzdem einen Ausweg gefunden: Wir haben ihr einen Klein-Kredit gegeben für eine Waschmaschine. Wäsche kann sie ja im Haus waschen. Sie nimmt jetzt Aufträge von außen an, und wir geben ihr unsere Aufträge vom Behindertenheim. So verdient sie im Monat 3000 Rupien – nicht viel, aber ein Grundgehalt, genug, um zu überleben. Eine durchgetragene Liebe für ein Kind, von dem sie nichts zurückbekommt und nichts bekommen wird. Die Mutter weiß auch, dass Sadiqa an ihrer Behinderung nicht sterben wird. Zohra tut es bestimmt nicht, um sich den Himmel zu verdienen.

Wo ist Gott? »In allem«? Und so oft so unkenntlich. Nur manchmal scheint Seine Wirklichkeit durch. In Menschen, die keiner kennt. In Zohra. Die keine andere Möglichkeit hat, schon gar nicht zur Selbstverwirklichung. Dieser Traum ist nach der kurzen Iranreise ausgeträumt. Das Mädchen auf die Straße schicken, sie der Gefahr des sexuellen Missbrauchs aussetzen? Das ist für Zohra undenkbar. Diese Liebe, die sie gar nicht mehr als »Liebe« spürt, die nur noch Belastung ist, kennt kein Warum. Sie kann einfach nicht anders. Ihr Verantwortungsgefühl braucht keine Argumente. Zohra stellt keine Überlegungen darüber an, was gut ist und was falsch. Sie denkt nicht über andere nach. Sie tut, was für sie richtig ist. Wir sind nicht dafür verantwortlich, was andere Menschen tun. Aber wir sind dafür verantwortlich, was wir selber tun. Und wenn jemand Zohra fragen würde (was sowieso keiner tut): Warum gibst du dein ganzes Leben für deine Tochter, es kommt doch nichts dabei heraus?, dann wäre die Antwort wohl nur Erstaunen. Woher bezieht die Frau ihre Kräfte? Ich weiß doch, wie ungern sie es tut. Immer wieder ist sie bei mir gewesen, hat sich ausgeweint, hat gefragt, ob wir wirklich keine andere Lösung hätten, und ich konnte ihr keine Hoffnung machen. Sie leidet. Doch sie geht zurück – und ändert an ihrem Entschluss nichts. Wenn mir jemand sagt, das sei Mutterinstinkt – dann ist eben dies die Spur des Eigentlichen.

Ein Geschenk: Schön, dass es dich gibt

Liebe ist nichts Abstraktes, nichts rein Spirituelles oder rein Geistiges. Sie ist leiblich, sie ist sozial. Zumindest nach einem christlichen Verständnis von Liebe. Ich weiß überhaupt nicht, wie man rein geistlich lieben kann. Liebe ist Zuwendung zum andern. Von daher ist sie erotisch und karitativ zur gleichen Zeit. Wir lieben den anderen, konkret, so wie er ist, mit diesem immer neuen Entzucken, dass es so etwas gibt. Um zu lieben, muss man die Schönheit des anderen entdeckt haben.

Schön, dass es dich gibt! *Dich* gibt.

Trotz allem Leid, aller Enttäuschung, allem Ungenügen, dass immer wieder *auch* in diesem Ja ist. In der Liebe kommen wir dem Eigentlichen am nächsten. Liebe ist nie verdient, nie hart erarbeitet und nie eigene Leistung. Sie ist Zu-Fall, Geschenk. Und deshalb nicht eigentlich ein Tätigkeitswort. Obwohl es einen fordert.

Es gab und gibt in meinem Leben immer wieder Situationen, in denen ich in fast panischer Angst denke: Hier kannst du nicht lieben, wie willst du diese Aufgabe durchstehen, diese Menschen bejahen? Wie willst du denn auch nur mit denen arbeiten?!

Aber wenn ich dann wirklich aufmerksam hinschaue, gelingt es doch immer wieder. Einfach, weil »Gott keine Ausschussware schafft«. Irgendetwas Schönes, Kostbares ist in jedem Menschen, vielleicht auch nur etwas Tragisches, aber immer etwas, was ich doch lieben kann. Irgendwie scheint der Geschenkcharakter unseres Lebens eben doch durch, dieses Eigentliche, das der Liebe eingestiftet ist.

Allerdings: Diese Unverfügbarkeit mit dem Geschenkcharakter hat Folgen. Man muss sich auf ein Risiko einlassen. Auch wenn es nicht »klickt«, wenn die Liebe einen nicht erfasst und trägt, müssen wir uns ansprechen lassen von der Einmaligkeit des anderen: Ich kann angesichts der Not eines anderen nicht warten, bis es zwischen ihm und mir klickt. Ich muss Begegnungen riskieren. Risiko gehört zum Leben. Es gehört zum Berufsleben, es gehört zum Geschäft. Und es trifft für die Liebe zu. Entscheidend ist, sich den Mut zum Risiko zu erhalten. Ich weiß: Im Projekt geht es in dem

Moment schief, wenn jemand fragt: »Können wir ein Risiko auf uns nehmen?« Wenn jemand fragt: »Können wir jenes bestimmte Risiko auf uns nehmen?«, dann kann das vielleicht eine Frage der Klugheit sein (und Klugheit ist eine der vier Kardinaltugenden und eine grundlegende dazu). Aber Leben ist immer Risiko und immer Unsicherheit. Nie erzwingbar und nie ganz durchzukalkulieren. Und darauf stellen wir uns besser ein.

Entscheidender als Gerechtigkeit

Liebe ist auch entscheidender als Gerechtigkeit. Mit der Vorstellung, dass Gerechtigkeit das Abbild des Eigentlichen sei, habe ich Schwierigkeiten. Wenn sie dem Menschen nur das gibt, was er verdient hat, was ihm also einklagbar zusteht, dann ist das wenigstens eine allgemein akzeptierte Basis, hinter die man nicht zurückgehen sollte. Aber wenn das alles sein soll, dann ist es irgendwie doch zu wenig.

Bedeutet Gerechtigkeit: Jedem das Seine? Oder: Jedem das Gleiche? Ist es eine Minimalforderung? Oder ein Maximalgebot? Heißt Gerechtigkeit nur Verteilungsgerechtigkeit (ich wäre ja froh, wenn es die wenigstens gäbe)? Oder ist es mehr?

Einmal ging es in einer Fernsehsendung, in die ich eingeladen war, um Herzenswünsche todkranker Kinder, die man zu erfüllen versucht, eine Aktion, die sich konsequent gegen das Leistungsdenken stellt und etwa einem krebskranken Kind eine Islandfahrt ermöglicht, zwei Monate vor seinem Tode, weil der Junge davon träumt, einen Wal zu sehen …

Und wenn ich *meine* Kinder nach ihren Herzenswünschen frage –? »… die Polizei hat meinen Vater mitgenommen, warum kommt er nicht zurück?« Oder: »… dass meine Mutter das offene Feuer täglich anmacht, und nicht nur nach zwei Tagen.« Denn das heißt: Täglich ein Fladenbrot, und man müsste sich nicht die Hälfte des Brotes für den nächsten Tag aufheben, auch wenn man es nur zu gern gleich alles aufessen wollte ...

Was also verlangt Gerechtigkeit?

Und wenn ich in einer deutschen Zeitung lese: Da haben sich etwa im 50. Jubiläumsjahr der Mount-Everest-Erstbesteigung »*luxusmüde Spätlinge*« den Kitzel einer Besteigung des höchsten Berges der Erde geleistet – für die satte Summe von jeweils 65.000 Dollar. Nicht nur einer, sondern Hunderte; die Tausendergrenze war schnell überschritten. Die 8848 Meter sind ein Kitzel für Touristen, der Rekord war 88 Menschen an einem einzigen Tag auf dem Gipfel; drei Prozent der Menschen, die das letzte Basislager verlassen, überleben den Gipfelsturm nicht. 65.000 Dollar, genau diese Summe ist das Etat-Defizit in unserem Blindenprogramm. Wenn man *das* wahrnimmt, dann wird man wohl über Verteilungsgerechtigkeit über die kulturellen Grenzen hinaus nachdenken müssen. Denn wenn wir diese Summe hätten, könnten wir mit grauem Star geborenen Kindern das Augenlicht und damit ein Leben in Fülle geben, Kindern, deren Mütter während der Schwangerschaft nicht genügend eiweißreiche Nahrung hatten; dann könnten wir alten Männern, aber besonders auch alten Frauen das Augenlicht geben und sie aus der beschämenden und erniedrigenden Situation befreien, dass sie warten müssen, bis sie jemand in die Felder begleitet (Toiletten haben wir ja in vielen Gegenden nicht ...).

Irgendetwas ist eben doch grundsätzlich nicht in Ordnung in unserer Welt. Was hat Paul VI. schon vor Jahrzehnten gesagt? »*Entwicklung ist ein anderer Name für Gerechtigkeit.*«

Und wenn wir dann noch dazusagen: »... *Gerechtigkeit ist Frieden*«, dann sollten wir uns wohl lieber an diese Wahrheiten erinnern – nicht, weil ein Papst sie gesagt hat, sondern weil sie wahr sind und weil es immer Konsequenzen hat, wenn man die Wahrheit verletzt.

Die Erfahrung von Klarheit

Meine Generation hat alles erlebt: Flächenbombardierungen, den Brand Dresdens, den ganzen Wahnsinn des Krieges. Die jungen Kommilitonen, die vom Krieg zurückkamen, waren zynisch und illusionslos. Der Zynismus in unserer Generation war die eine Seite. Sinnsuche, Hinwendung zu Werten und die Absicht, das Leben neu zu entwerfen, die andere. Diese Generation hat das Beste gewollt, und daraus sind neue Probleme entstanden (bis hin zum Terrorismus). Dann kam die Wohlstandsgesellschaft; auch hier haben wir das Beste gewollt. Unsere Kinder sollten nicht durch die gleichen Schwierigkeiten gehen, die unser Leben geprägt hatten. Wir haben damals alles ausprobiert, weil das, was man uns als Kinder gelehrt hatte – wie es sich erwiesen hat –, nicht wert war, weiter tradiert zu werden.

Es gibt Momente im Leben, in denen – nach einer langen Vorgeschichte – die bewussten und die unbewussten Elemente plötzlich zusammenschießen. Wenn der letzte Kristall in die gesättigte Lösung fällt, dann schießt die ganze Lösung zum Kristall zusammen. Irgendwann wusste ich mit genügender Klarheit: Ich werde es in meiner Endlichkeit nicht aushalten, ich werde nie ein rein naturwissenschaftlich bestimmter Mensch sein können, der schon glücklich ist und sich damit zufrieden gibt, wenn er etwas messen und in diesem Sinne verstehen kann. Als sich das Transzendentale als Möglichkeit und damit auch das Christentum für mich öffnete, war ich schon von einem Outsider zu einem Insider geworden. Das endgültige Geschenk, das es mir ermöglichte, zu entscheiden, wie ich mein Leben konkret leben wollte, habe ich als Insider empfangen. Oder vielleicht hat es mich auch erst endgültig zum Insider gemacht.

Christentum kann man nicht ausprobieren. Und zwar deswegen nicht, weil das Christentum ein Gegenüber hat, dem man nicht begegnen kann, wenn man nicht diesen Sprung ins Dunkel wagt, dieses Risiko der Liebe eingeht. Der Beweis, dass das Christentum uns den Sinn des Lebens schenkt, lässt sich nur existentiell führen: Man muss es leben. Wäre mir das nicht klar geworden, ich hätte mich nie taufen lassen.

Hoffnung lässt sich nicht beweisen

»Zwecklos ist mein Lied«, hat Heinrich Heine einmal geschrieben, und weiter: »Ja, zwecklos. Wie die Liebe, wie das Leben, wie der Schöpfer samt der Schöpfung.« Genauso unabhängig von allen Zwecken des Argumentierens, von aller rationalen Logik, so sicher »trotz« aller Einwände ist meine tiefste Erfahrung. Es gibt offensichtlich Dinge, die sind *wahr*, unabweisbar wahr, so wahr, dass es keiner Beweise mehr bedarf. Wenigstens wäre es mir unmöglich, zu beweisen, dass es sie *nicht* gibt.

Wenn man dann irgendwann in seinem Leben dieser Prämisse zugestimmt hat (und sei es auch nur mangels einer überzeugenden Alternative), dann ist nur der erste Schritt getan – denn dann müssen wir diese Überzeugung in unserem Leben auch durchtragen – *trotzdem* und wider allen Anschein. Die Welt und die Menschen nicht mehr so sehen können, als ob es Gott nicht gäbe – (um Himmels willen, wäre das flach und langweilig: wenn die Wirklichkeit nur das wäre, was wir sehen, fühlen, messen, wiegen können!). Ich kann nicht mehr so leben, als ob Gott nicht existierte.

Gestern Abend bin ich nur mal kurz auf Station gewesen: um Amjad zu sagen, dass ich morgen zur Messe fahre und er mitkommen kann. Amjad ist Mitte 20 und seit vier Jahren im Krankenhaus. Sohn einer Leprapatientin. Wir haben in Pakistan die unsinnige Sitte, bei Hochzeiten Freudensalven mit einem Maschinengewehr abzufeuern. Und als kleiner Bub kam Amjad gerade in die Schusslinie. Seither ist er querschnittsgelähmt. Mit unzähligen Operationen, die mal dieser, mal jener bezahlt hat, kann er jetzt mühsam sich an zwei Stöcken bewegen; er hat gelernt, mit einem Dauerkatheter zu leben. Aber der Schusskanal entzündet sich immer wieder – und daran ist bis jetzt jede Rehabilitierung gescheitert. Jetzt hat er also wieder Fieber.

Yaseen, der 80-jährige, blinde Leprapatient, ist heute wieder total ausgetrocknet. Ich flöße ihm vorsichtig mit dem Löffel Wasser ein. Er sprudelt es aus, wie immer. Ich versuche es mit Milch. Gleiche Reaktion. Venen für Infusionen können wir nicht mehr finden. Also es geduldig noch mal versuchen, teelöffelweise. Langsam scheint er die Erleichterung zu spüren, er beginnt zu schlucken.

Sharifa hat ihre Stelle verloren. Sie steht vor dem Nichts. Drei Stunden höre ich ihr zu – irgendwo muss sie sich ausweinen. Morgen wird sie wiederkommen – irgendeine Lösung müssen wir ja finden, ihr ältester Bruder ist drogenabhängig, sie hat die Verantwortung für die Familie übernommen, der Vater ist alt.

Inayat kommt mit zwei Krankenblättern. Wir müssen schriftlich bestätigen, dass wir die Kosten für die Behandlung des Afghanen übernehmen, den wir zeitig genug als Blasenkrebs-Patienten diagnostiziert haben. Ich unterschreibe.

Ali Houssain hat selbst 100.000 Rupien (1620 Euro) zusammengebettelt, jetzt hat der Arzt gesagt, er müsse unbedingt in dieser Woche noch operiert werden, offene Herzchirurgie, jede weitere Verzögerung bedeute den fast sicheren Tod. Ali Houssain ist afghanischer Flüchtling, nach der Operation will er wieder nach Hause, die Familie wartet auf ihn. Kostenpunkt: 1300 Euro. Dank unserer österreichischen Freunde können wir ihm den Betrag geben.

Was will ich beweisen? Dass *Er* die *Liebe* ist?!

Ich kenne seine Welt. *Seine ...*

Roter Faden Hoffnung

Kann man schlüssig aufzeigen, wie man Seine Wahrheit erfährt? Bestimmt nicht indem man versucht, sie in Begriffe aufzuschlüsseln. Mit dieser Wahrheit kann man nicht in Berührung kommen wie mit anderen Wirklichkeiten. Sie hat ihren Preis. Nur: Gott wird keinem, der danach sucht, in Trotz und Tränen danach sucht, diese Erfahrung vorenthalten. Dass er mich, dass er dich meint – nicht etwa speziell begabte Fromme, sondern Leute wie seine Nachbarn in Nazaret, die Fischer vom See, die Blinden und Tauben und Versager – das gilt auch heute noch. Er scheint selbst wenig interessiert gewesen zu sein an Erfolgsmenschen und Senkrechtstartern (hat aber auch niemanden ausgeschlossen, wie die Geschichte mit dem reichen Jüngling beweist, den er »anschaute und lieb gewann«).

So ist die Hoffnung, dass es gut ausgeht, doch der rote Faden meines Lebens geblieben. Wenn ich es beweisen könnte, wäre es keine Hoffnung mehr. Die alte Frage, hundertfach gehört und hundertfach selbst gefragt: Wieso eine ansonsten doch kritische, intelligente Frau etwas so Unlogisches glauben könnte? Und die Antwort? Gegen allen Augenschein: Das Herz hat Gründe, die der Verstand nicht kennt. Blaise Pascal hat das gesagt. Für mein eigenes Leben stimmt es.

Plötzlich scheinen diese kleinen Wunder auf. Hundertfach. Von all den Bewahrungen im Himalaja und der Wüste, all den geglückten Einsätzen des Teams bis zu der letzten Geschichte mit dem Aufzug in Islamabad, die Zehntausenden von Afghanen die Rückkehr in ihr Heimatland ermöglicht hat. Schließlich: Wir *haben* Salim Alis Blasenkrebs zeitig genug diagnostiziert, und wir *haben* Freunde, die uns die Behandlung bezahlen, und Ali Houssain *wird* morgen stationär aufgenommen werden und, inschallah, mit einer neuen Herzklappe zu seiner Familie in Afghanistan zurückkehren. Und das Team *ist* den Sturzfluten entkommen.

Theologie? Die kommt später. Ich bin riesig gespannt darauf. Aber hier? In diesem Leben werde ich die Antwort nicht finden, auch keine theologische. Hier kann ich nur, wie das Volk Israel, die Geschichte lesen: die Geschichte des Teams, meine eigene Geschichte.

Kein Zweifel: Wenn man ein Leben führt, wie wir es in Pakistan führen, kann man nicht blauäugig sein oder bleiben. Ich habe in meinem Leben zu viel Leid gesehen – und es gibt auch keinen Hinweis, dass das irgendwann mal in naher Zukunft besser wird. Im Gegenteil. Wenn man wirklich genau genug auf die Welt schaut, wundert man sich nicht mehr, wenn so viele im Team an Depressionen leiden. Gerade die Mitarbeiter, die am meisten für die Patienten getan haben, die sensiblen, feinfühligen, empathiefähigen. Bei allen wird zwar die Hoffnung irgendwie auch von der Erfahrung gestützt: Wenn viele kleine Leute viele kleine Dinge tun, dann ändert sich eben doch etwas. Wenn nicht die Welt, dann etwas *in* der Welt. Aber im täglichen Leben tragen diese »kleinen Hoffnungen« nur, wenn sie von einer größeren Hoffnung unterfangen sind. Über 90 Prozent unserer Mitarbeiter sind Muslime. Und ist es nicht sogar für uns Christen eine täglich neu zu bewältigende Herausforderung, über

den vielen schweren und dunklen und so offensichtlich sinn-
losen Erfahrungen die Hoffnung wider alle Hoffnung auf-
rechtzuerhalten: dass es am Ende nicht nur einen Silber-
streifen gibt, sondern dass das Ende *gut* sein wird?

Leicht oder schwer?

Ob der Glaube dem Leben eine größere Leichtigkeit oder
eine größere Schwere verleiht? Bestimmt keine größere
Leichtigkeit im Sinn von Unverbindlichkeit. Trotzdem:
Sich geliebt zu wissen, gibt diese Leichtigkeit des Seins, die
dem Leben Sinn verleiht. Und insofern ist es für den, der
glaubt, einfacher, das Leben zu bestehen. Weil man den
Sinn sieht ... Und wenn man ihn nicht sieht – und man
sieht ihn oft nicht, zu Zeiten sogar sehr oft nicht –, dass
man trotzdem diese irre Möglichkeit hat, sich an den zu
wenden, von dem gesagt ist, dass Gott sich uns offenbart
hat in ihm, diesem jungen Zimmermann, dem Joschua von
Nazareth, der den Mut gehabt hat, so ganz anders zu sein.
Mit allen Konsequenzen.

Am Ende fordert der Glaube viel mehr von uns, als man
sich das am Anfang so vorgestellt hat. Wenn man jung ist,
sieht man vieles nicht (oder sieht man Dinge, Möglichkeiten, die später aus dem Blickfeld geraten?). Man denkt,
man könnte es immer noch ändern. Man hat noch nicht
die Erfahrung, dass sich die Geschichte wiederholt.

Aber man verfügt auch noch nicht über die Standfestig-
keit des Dennoch. Denn man hat auch die andere Erfahrung
noch nicht: dass es trotzdem weitergeht. Dass Leid und
Scheitern nicht notwendigerweise nur Verlust bedeuten,
sondern *auch* Chance, Gnade, Geschenk. Dass das Leben
eben paradox ist und so reich und vielseitig, dass sich immer
wieder unerwartet vielseitige Horizonte eröffnen.

Dass sich neben der endlosen Wiederkehr der Katastrophen während unseres Lebens auch unglaublich schöne, unerwartet schöne Dinge ereignen und ereignet haben: Diese Ernte kann man wohl erst in späteren Lebensjahren einbringen. Wir sind Zeugen zweier sanfter, zukunftsweisender Revolutionen geworden: der gewaltlosen Wiedervereinigung Deutschlands – und der Frauenemanzipation. Die »grüne Revolution«, die Verantwortung für die Umwelt; dass wir uns durch E-Mail so rasch verständigen können; dass eine Medikamenten-Kombination entwickelt worden ist, mit der wir Lepra in den Griff bekommen haben; die Friedensdemonstrationen vor dem Irak-Krieg; die Menschenrechtsbewegung; ein ökumenischer Kirchentag; Verantwortung für die »Dritte« Welt (und dass man sich gegen diese distanzierende Wortschöpfung schon wehrt) – dies und vieles andere, daran haben wir doch vor zwanzig, fünfzig Jahren nicht zu denken gewagt.

Zum Beispiel in Sachen Menschenrechte. Früher hat kein Mensch gedacht, er müsste und könnte etwas ändern. Heute würde ein Massenmord, wie er an den Juden verübt worden ist, eine weltweite Protestaktion auslösen. Millionen Menschen haben weltweit gegen die militärische Lösung im Irak-Konflikt protestiert – auch wenn sie den Krieg nicht verhindert haben, sie haben die Welt mitverändert. Wo die Dunkelheit tiefer wird, gewinnt das Licht an Leuchtkraft. Und auch wenn der Mensch bleibt, was er ist – wenn Massenmorde in Kambodscha, in Serbien, in Mazar Sharif und in Yakolang geschehen sind, unter den Taliban und unter der Nord-Allianz, in unserem Zeitalter, so hat es die Weltöffentlichkeit doch wenigstens registriert: Wir schauen nicht mehr weg. Wir können Pogrome noch nicht verhüten, aber die Welt schweigt zumindest nicht mehr gleichgültig. Der Internationale Gerichtshof in Den Haag ist nicht nur geplant, er arbeitet schon.

Es gibt hoffnungsvolle Veränderungen. Und vieles, woran man verzweifeln könnte. Aber trotz aller belastenden Erfahrungen gilt: Die Verantwortung liegt in unserer Hand. Wir können viel tun, um die Welt zu verändern. Auch ein Einzelner kann viel tun, anstoßen und bewegen. »Das Mögliche ist unsere Verantwortung. Das Unmögliche muss der Herrgott machen.« Was möglich ist, *sollen* wir tun. Ob es gut geht, liegt nicht an uns. Aber es zu versuchen schon. Diesen ersten kleinen Schritt, den müssen *wir* – konkret: *ich* – tun. Wir können nicht *die* Welt, aber wir können *unsere* Welt verändern. Christentum ist der Anruf an jeden Einzelnen, gerade dies zu tun.

Die Quelle des Geheimnisses

Was eigentlich hat mich am Christentum fasziniert? Unter anderem (vielem anderen): dass jeder Mensch den gleichen Wert besitzt. Wenn dies auch nicht immer gelebt wird, so wird es in dem vom Christentum geprägten Kulturkreis zumindest nicht abgestritten. Rechtssicherheit, ein soziales Netz, Zuwendung zum anderen – sie kommen wohl alle aus der gleichen Quelle.

Ich halte es für wichtig, dass die drei monotheistischen Religionen sich zusammentun: die Religionen, die der Überzeugung sind, dass wir unser Leben und unser Tun irgendwann vor jemandem verantworten müssen. Es macht einen großen Unterschied aus, ob man sich durch eine solche eingeforderte Antwort in die Pflicht genommen fühlt oder ob man sagt: Lass es dir gut gehen, denn morgen bist du tot. Dieses In-die-Verantwortung-genommen-Sein verbindet die abrahamitischen Religionen: Juden, Christen und Muslime. Wenn es kein Christentum gäbe und ich mich für eine Religion entscheiden sollte, wäre ich sicherlich Muslimin.

Aber die bedingungslose, überbordende Liebe, die man nicht verstehen kann, finde ich nur im Christentum. Und das ist vielleicht in all den Erwägungen »meine« Geschichte.

»Seine« Geschichte.

Unsere Geschichte.

Und jetzt? Jetzt ist da immer noch Arbeitslosigkeit, Kriegsdrohung, Flüchtlingselend, häusliche Gewalt, Polizeiübergriffe, ermüdender Alltag, Dürre und ständig steigende Preise.

Und ich sage, ich verstehe Dich nicht, warum wundere ich mich denn, dass ich Dich nicht verstehe? *Du* musst es wissen, *Du* weißt es, nicht ich habe die Welt erfunden, die Verantwortung trägst *Du* …

Ich weiß nicht, wie ich das Leben bestehen könnte, wenn ich Ihn nicht hätte, diesen Dialog-Partner. Von dem ich irgendwie doch weiß (warum sollte ich mich sonst »Christ« nennen?), dass Er der Grund, die Quelle jenes Geheimnisses ist, das wir, trotzig, hilflos, als Geste der Liebe auch dann noch ahnen, wenn wir uns aussichtslosem Leid ausgesetzt fühlen.

Sich trauen, was er uns zutraut

Irgendwann war für mich klar: Gott will uns als Heilige haben. »Seid vollkommen, seid heilig, wie euer Vater im Himmel vollkommen ist«, solch einen provokativen Satz kannst auch nur *Du* dir ausdenken – und keiner hat gelacht.

Irgendwie hat es offensichtlich durchgeleuchtet, dass das eine todernste Erwartung und Forderung war. Keine, die man kommentieren konnte. Nichts zum Lachen.

Aber so überwältigend, so überraschend, so kostbar. Stell dir nur vor, was Er uns zutraut –! Er hat ja nicht mal gesagt: »Versucht es!« Sondern: »*Seid!*«

Wie könnte ich mich diesem Traum und diesem Anruf verweigern. Sich trauen, was Er uns zutraut. Sich Risiken aussetzen, über Hindernisse nicht lamentieren. Den Alltag annehmen und nach den Sternen greifen. Und jeden Tag von vorn beginnen.

Das ist nichts Außergewöhnliches. Ich bin überzeugt, dass Heiligkeit in der Regel aus handgestrickten Hausfrauentugenden besteht. Und nur gelegentlich hat man die Chance, etwas Heroisches zu tun. Heiligkeit ereignet sich in unserem ganz normalen Leben. Sonst hätte sich unser Herr nicht entschieden, irgendwo Zimmermann zu werden und 30 Jahre damit zuzubringen, um schließlich die letzten drei Jahre noch sein Leben zu ändern. Und auch da hat er nichts so Außergewöhnliches getan, er hat mit ihnen gegessen und getrunken, und am Ende ist er dem korrupten Rechtssystem Israels zum Opfer gefallen. Für dreißig Silberlinge kann man auch heute noch Menschenleben kaufen.

Natürlich gibt es auch heute noch Heilige, wir kennen vermutlich einige von ihnen. Wir werden uns noch wundern am Jüngsten Tag. Zohra etwa, die Frau mit ihrem geistig behinderten Kind, die trotz aller Zweifel bei ihrem Kind bleibt und ihre Lebensentscheidung durchträgt – eine muslimische Heilige?, und sie weiß gar nichts davon.

Oder Masie, die keinen Sonntag vorübergehen lässt, ohne mich nach der Messe in den Arm zu nehmen. Ihr Mann ist gestorben, sie ist schwer behindert, ein Contergan-Opfer (hier fragt ja keiner danach). Besonders die Beine sind betroffen, sie »läuft« auf ihren Kniestümpfen, eigentlich kriecht sie nur. Wir haben ihr einen Rollstuhl verschafft, aber sie benutzt ihn nur selten. Sie hat drei Kinder großgezogen. Ihr Sohn ist auf dem Kinderstrich gelandet. Wir alle haben versucht, ihn aus der Szene herauszuholen, vergeblich, man verdient zu viel Geld in dem Geschäft. Dann hatte sie noch eine Tochter. Die hat sich eines Tages im Schulhof mit Kerosin überschüttet und angezündet. Warum? Wir wollten die Mutter nicht fragen, was dem vorausgegangen war. Eine unserer Jungschwestern hat eine Decke über sie geworfen und die Flammen erstickt, wir haben sie noch lebend ins Missionskrankenhaus eingeliefert, haben sie aber nicht retten können.

Jetzt lebt Masie mit ihrer zweiten Tochter, ihrem einzigen verbliebenen Kind. Sie lebt ihr Leben ohne Auflehnung, ohne Verzweiflung. Und sie lächelt, wenn du sie triffst.

Und wenn ich die Last des Lebens sehe, die eine kinderreiche Mutter trägt, und ihr Mann, der die Familie ernähren muss, angesichts der ständig steigenden Preise der Grundnahrungsmittel, der Busfahrkarten, von Wasser, Elektrizität, Gas – wenn Menschen diese nicht abreißende Liste von alltäglichen, frustrierenden, unspektakulären Pflichten auf sich nehmen und dann trotzdem den Kindern Geborgenheit geben und diese Atmosphäre der Freude an kleinen Dingen schaffen – dann bewundere ich sie wirklich. In einem solchen Alltag ist genügend Stoff, um heilig zu werden.

Es gibt von Friedrich Nietzsche einen Satz: »Alles Göttliche kommt auf leichten Füßen.« Und das ist eine wichtige Seite der Heiligkeit: Leichtherzigkeit, Humor, Vertrauen. »Ein fröhlicher Mensch jagt dem Teufel Angst ein«, hat der heilige Don Bosco gesagt. Die Grundeinsicht: Wir sind nicht für die Erlösung der Welt verantwortlich, das hat ein anderer schon getan – das gibt uns diese Leichtigkeit, die wir Ihm verdanken: »All dies kam von ihrem Sohn, der leicht war, Gesang liebte, Arme zu sich lud und die Gewohnheit hatte, unter Königen zu leben. Und einen Stern über sich zu sehen zur Nachtzeit.« (Bertolt Brecht)

Es gibt allerdings auch einen Ernstfall der Heiligkeit. Denn: Golgatha kam nicht auf leichten Füßen. Ruanda, Serbien, Palästina, Afghanistan …

Hinschauen, aushalten. Nicht irre werden … *Warum hast du gezweifelt?*

Das ist wohl der Ernstfall der Heiligkeit.

Und der Gesang und die Leichtigkeit sind das Geschenk, durch das manchmal durchblitzt, dass der Satz »Am Ende ist die Wahrheit vielleicht traurig« doch und gegen allen Anschein *nicht* wahr ist.

Das Eigentliche wird die Liebe sein, und Liebe ist Seligkeit.

Die Kerze meines Lebens

Diese Wahrheit gilt bis in den Tod. Bis in den Tod, über den wir eigentlich nur eines mit Sicherheit aussagen können: dass wir nichts über ihn wissen.

Freilich, Menschen zu allen Zeiten haben darüber nachgedacht, und all diese unterschiedlichsten Reflexionen sind in die Weisheit der Menschheit eingeflossen.

Gestorben sein, das ist meine Hoffnung, bedeutet: in Seinen Armen zu ruhen. Das Sterben dagegen ist ein wichtiger, aktiver Willensakt. Ladislaus Boros hat es gesagt, und die Gründe sind einleuchtend. Wir leben hier unter so vielen Fesseln. Wann in meinem Leben habe ich wirklich eine freie Entscheidung getroffen? Nie. Immer musste ich in Erwägung ziehen, was diese Entscheidung für diesen oder jenen und mich bedeuten würde – eine wirklich freie Entscheidung kann man nur »drüben« treffen. Und wie kann man über sein ewiges Schicksal entscheiden, wenn man selbst unter Zwang steht?

Ich bin überzeugt, das gilt auch für Menschen, die das Christentum *hier* ablehnen. Wenn das eigentliche Angebot des Christentums Liebe ist – dass dann einer am Ende sagen wird, wenn er den Durchblick hat: Nein, nein, nein, das waren nicht die Träume meines Lebens, das wollte ich nicht und das will ich auch jetzt nicht – das halte ich für unmöglich. Fluchtpunkt unserer tiefsten Sehnsucht, das letzte angestrebte Ziel eines Lebens, wohin immer es geführt wird, ist Liebe. Keiner würde das bestreiten. Vielleicht fallen zynische Bemerkungen, Liebe gäbe es ja doch nicht. Aber allein die Tatsache, dass diese Reaktionen zynisch sind, zeigt bereits: Der eigentliche Traum liegt genau in dieser Richtung. Sehnsucht lässt sich nicht verleugnen. Sehnsucht ist eines unserer ehrlichsten Gefühle. Noch am Leiden an der Lieblosigkeit spüren wir, was der letzte Grund ist, auf den hin wir eigentlich angelegt sind und nach dem wir uns sehnen.

Sterben und Tod – was das für *mich* bedeutet? Unterschiedliches – zu unterschiedlichen Zeiten meines Lebens. Fasziniert hat es mich immer. Dieser Ausbruch aus den Fesseln unserer Endlichkeit. Manchmal, in Azad Kaschmir, am Morgen, wenn die Sonne die Frühnebel über den Bergen mit diesem unbeschreiblich warmen Gold erfüllt – der Morgenwind ist frisch, die Luft so zärtlich klar –, denke ich, o Herr, warum kann ich nicht einfach *soo* wegfliegen, in diese golden-leichte Herrlichkeit hinein! Und dann wieder die drohenden, brodelnden, feindlichen Schlammmassen der Sturzfluten in Belutschistan. Und ich flehe: Lass das Team hier durchkommen, hilf uns, wenn der Jeep in den Fluten versinkt, wenn die Schlammwogen uns gegen die Felsbrocken schleudern.

Es stimmt: Ich habe meine Kerze an beiden Seiten angezündet. Ich wollte es so, keiner hat mich gezwungen, ich beklage mich nicht, dass sie anfängt zu flackern, das habe ich natürlich mitgekauft, ich wusste es.

… my life's candle is burning at both its ends, and I know,
it shan't last the night.
But Oh, my foes, and Ah! my friends,
it gives such lovely light. (Ethal Mannin)
(Die Kerze meines Lebens ist an beiden Seiten entzündet
/ und ich weiß: ihr Licht wird den Morgen nicht sehen /
Aber Oh meine Feinde / und Ah! meine Freunde / im
Sich-Verschwenden verströmt es solch tröstliches Licht.)

Das hat mir einmal ein Freund zum Abschied geschrieben.
Schön.

Tür zur Transzendenz

Der Tod ist vielleicht die eine entscheidende Tür in die
Transzendenz.

Es ist hilfreich, wenn eine Kultur Sterberituale hat: den
Rosenkranz beten und Kerzen entzünden, den heiligen
Koran rezitieren, die Sterbesakramente. Damit sich die Tür
schon immer mal ein wenig öffnet. Und denen, die zurückbleiben, die Gewissheit kommt: dass es noch etwas anderes
gibt als das, was wir im Sterben lassen müssen.

Ich glaube: Viele Menschen der Moderne haben keinen
Zugang zur Transzendenz. Deshalb erwarten sie nicht, dass
sich hinter dem Wahrnehmbaren noch eine ganz neue
Wirklichkeit eröffnet, die man nicht beweisen kann, die
aber die eigentliche ist. Sie ist nur Insidern bekannt: Menschen also, die bereits Erfahrungen mit dieser Wirklichkeit
gemacht haben.

Wenn man »draußen« ist, sieht man alles, was in der
Welt los ist. Aber man sieht eben doch nur die äußere »Ver-
packung«, und deshalb wird man es so rasch leid. Wenn man
aber das wahrnimmt, was sich hinter oder in allem befindet,

dann muss einem jemand die Tür dazu geöffnet haben. Das ist nicht naturwissenschaftlich beweisbar. Warum soll mein Tisch plötzlich kostbar sein, bloß weil unser Herr Tischler gewesen ist? Oder: Warum ist eine Blume kostbar? Warum ein Kind? Warum ein Behinderter? Warum soll ich überhaupt an Zukunft glauben? Weiß ich denn, ob, wo und wann irgendjemand eine Atombombe zündet? Soll ich denn ernstlich glauben, dass die Schönheit dieser Welt ein zärtliches Zeichen einer Liebe ist, die den Preis bezahlt hat, die über alles Verstehen hinaus sich diese Liebe hat etwas »kosten« lassen? Und soll ich diesen Glauben gegen allen Augenschein aufrechterhalten, wenn eben nicht die Schönheit, sondern Unverständlichkeit, das Leid meinen Alltag füllt?

Was wissen wir schon? Und dennoch – wenn ich nicht gegen jede rationale Vernunft (gibt es denn auch eine nicht rationale Vernunft?) doch daran festhalten würde, dass alles gut wird, weil die Liebe die letzte und entscheidende Wirklichkeit ist, hätte ich mir längst das Leben genommen. Liebe ist die einzige Alternative zum Selbstmord. Natürlich, auch das ist ein Insider-Statement. Beweisen kann ich es nicht – oder vielleicht doch? Den *existienziellen* Beweis kann man wohl antreten.

Liebe ... So wie man nicht heiraten würde und nie auf den Gedanken kommen würde, der Liebe im Eheversprechen eine bleibende Form zu geben, hätte man nicht die Hoffnung, dass Liebe auf Ewigkeit hin angelegt sei. Eine unbestreitbare Wahrheit? Wirkliche Liebe »will Ewigkeit, will tiefe, tiefe Ewigkeit ...«

Der Tod, das ist meine Hoffnung, wird die geschichtlichen Fesseln lösen und uns freimachen für die Wahrheit. Und im Licht dieser Wahrheit, auf der anderen Seite der einen Wirklichkeit, werden wir das erste Mal erkennen können, was uns verheißen worden ist. Wir werden den Webteppich endlich von der anderen Seite sehen – und von seinem Muster sagen können, erleichtert und tief aufatmend: schön …

Der Tod als Feind? Die Zurückbleibenden sehen ihn so, wenn ihnen plötzlich einer ihrer Lieben genommen wird, wenn ein Massensterben geschieht wie damals in Dresden, 17.000 Menschen in einer Nacht.

Aber die Betroffenen, das ist unsere Hoffnung, werden es anders sehen.

Wir sollten den Tod nicht mit der Aggressivität der Menschen verwechseln und das Sterben nicht mit dem Tod. Der Tod wird uns als Freund begegnen, der uns die Wahrheit eröffnet. Natürlich gibt es Angst: Niemand weiß, was mit dem Ich oder mit der Person, die ich bin, passiert. Was bleibt nach dem Tod vom Ich? Eine Frage, die niemand gelöst hat oder wird lösen können. Aber wahrscheinlich denken wir dann, wenn wir in der Situation sind, gar nicht mehr so intellektuell.

Dass Sterben oftmals schwer ist, das weiß ich als Ärztin. Dieses Sich-fallen-Lassen in eine Welt, in der unsere Regeln und Gesetze nicht mehr gelten, das muss uns ängstigen. Aber Angst vor dem Tod? Nein. Ich erlebe es auch immer wieder mit meinen Patienten: Der Tod ist akzeptiert, der Weg dahin ist schwierig.

In Pakistan sagt man mir immer wieder: »Der Herrgott verhüte, dass Sie bald sterben.« Aber das ist die Sichtweise der anderen. Ich habe mein Leben gelebt, voll und ganz und intensiv.

Dass man stirbt, ist normal, und es ist schön. Wie unser Noviziat mit dem Tod umgeht, erfahre ich als befreiend. Eine achtzigjährige Mitschwester ist vor einiger Zeit im Kreise der Familie, also der Mitschwestern, gestorben. Wir hatten vorher medizinisch getan, was wir konnten. Dann saßen wir am Bett und waren bei ihr. Sie starb in einem gesegneten Alter.

Aus diesem Leben zu scheiden ist so normal wie geboren werden. Dass wir sterben, ist die einzige unverrückbare Tatsache unseres Lebens. Warum diese Wirklichkeit zum Tabuthema machen? Meine Generation ist dem Tod in den Bombennächten viel zu nahe gewesen, um ihn zu verdrängen. Meine Mitschwester Jeannine und ich haben auch damals immer über den Tod gesprochen, als wir, beide Anfang dreißig, auf den lebensgefährlichen Wegen des Himalaja im Einsatz waren. Wir wussten, worauf wir uns eingelassen hatten. Seit diesen Jahren im Himalaja ist manches anders geworden. Vieles hat sich intensiviert und vieles geklärt, aber nicht viel hat sich geändert in der Wahrnehmung der Wirklichkeit des Todes. Sehnen wir uns nicht alle irgendwie danach: nach jener Ruhe und Erfüllung, die uns dann geschenkt wird, wenn wir mit jemandem zusammen sind, der uns liebt, der uns vorbehaltlos ganz bejaht, was auch immer geschieht und geschehen ist? Sehnen wir uns nicht danach, uns in den Armen eines liebenden und geliebten Menschen bergen zu können, Heimat zu finden – und dass das währen möchte und nie aufhören?

So ist uns auch zugesprochen, dass der Tod uns mit der Wirklichkeit konfrontiert, aber dass der, der sein Leben für uns gegeben hat, uns beisteht, diese Konfrontation zu bestehen. Der Tod ist nicht das Nichts, sondern Begegnung mit der Fülle. Der Tod ist keine Grenze. Nicht für die Liebe. Liebe kennt keine Grenzen.

Eine Rückkehr

Reichtum – eine Chance

Als ich seit dem Ende der 60er Jahre immer wieder für einige Wochen nach Deutschland kam, war dies für mich eine spannende Zeit.

Ja, Deutschland –! Es war ja dann doch ganz anders, als ich es erwartet hatte. Ich hatte vor dem ersten Besuch wirklich solche Angst gehabt, dass ich im Jahr vorher meine Reise noch einmal abgesagt hatte. Ich hatte gefürchtet, es ginge alles in Bitterkeit aus: der Reichtum, der Nahrungsüberschuss, der Luxus und der Materialismus auf der einen Seite und meine Kinder mit ihren dürren Ärmchen und den großen hungrigen Augen auf der anderen. Nein, ich dachte, das könne nicht gut gehen, ich hätte zu viel Elend gesehen, als dass ich noch gerecht sein könnte …

Dann kam alles ganz anders! Als sich der Bus in Frankfurt in Bewegung setzte und so weich und mühelos über die breite Autostraße rollte, als ich die großen Schulen im Taunus sah und daran dachte, wie meine Kinder in den Elendsvierteln um Karachi geboren werden, aufwachsen und sterben, ohne jemals auch nur eine grüne Wiese gesehen zu haben, als ich durch die Selbstbedienungsläden schlenderte, in denen eine satte Bevölkerung ohne Gier das zum Leben Notwendige aus der Fülle des Angebotenen auswählen konnte –, da drängte es sich auf Schritt und Tritt in mein Herz und meinen Kopf: Wenn meine Kinder doch auch solche Entfaltungsmöglichkeiten hätten, wenn doch auch sie das sehen könnten, wenn in Pakistan die Versuchung zum Stehlen doch einfach dadurch wegfiele, dass sie satt wären …

Ich begriff zum ersten Mal, dass Reichtum ein Gut ist. Bislang hatte ich nur die Schuld gesehen. Ja, Reichtum ist ein Gut, das uns wahrhaft menschliches Leben erst ermöglicht, weil es uns von der Bedrohung befreit.

Nie werde ich die erste Nacht in der Eifel vergessen, in der der Sturm um das Haus heulte und der Regen gegen die Fensterscheiben peitschte. Ich war in jenem unruhigen Schlaf befangen, den ich in Karachi zur Regenzeit schlafe, das Herz schwer in den Gedanken an all jene, die fröstelnd und durchnässt in ihren regendurchlässigen Hütten hocken. Die Kinder weinend und frierend. Und dann mache ich mich gewaltsam wach, und plötzlich begriff ich, dass unter diesem Regen *keiner* leidet! – Dass ja jeder, *jeder* ein Dach über dem Kopf hat und ein Bett wie ich. Und ich kuschelte mich in unbeschreiblicher Erleichterung zurück in meine Kissen und dachte: »Herrgott, ein Volk, das nicht in der Bedrohung lebt«, und war im nächsten Augenblick schon wieder eingeschlafen, tief und traumlos.

Ja, der Reichtum ist ein Gut. Freilich, ob wir die Chance ergreifen, die darin liegt, dass wir uns die Voraussetzungen für ein echtes und volles menschliches Leben geschaffen haben, diese Frage habe ich mir in den vergangenen Jahren oft und nachdenklich gestellt.

So weit reicht die Pflicht eines jeden

Wie oft bin ich bei meinen Aufenthalten in Deutschland gefragt worden: »Was können wir hier tun? Wie sind die Probleme in der Dritten Welt zu lösen?« Ich sage: Kein Einzelner kann diese Probleme lösen. Und nicht jeder kann aktiv werden. Aber so weit reichen Pflicht und Verantwortung eines jeden: sich ein klares Urteil zu bilden.

Wir haben keine Weltinnenpolitik betrieben und so

keine Weltordnung geschaffen, die globale Zusammenarbeit erlaubt, etwa, um Sonnenenergie aus der Sahara der übrigen Welt zukommen zu lassen, Kernenergie so weit zu entwickeln, dass atomares »Recycling« möglich würde. Wir haben keine Wohlfahrtswelt entwickelt, in der globale Maßnahmen für Randgruppen durchgeführt werden können.

So steht für mich als Christ nur jener zweite Weg offen, den der gegangen ist, der nach dem galiläischen Frühling sein Werk nicht aufgab, sondern bereit war, den Preis für den anderen, den allein gangbaren Weg zu zahlen.

Das hat für mich eine doppelte Konsequenz: einmal Einübung in die kommende Zeit, konstruktive Haltung den kommenden Schwierigkeiten gegenüber – und zum anderen diesen »zweiten Weg«, den Weg des Opfers und des Verzichts, modellhaft vorwegzunehmen und eben damit »die Lösung« vorzubereiten, zu beschleunigen, zu ermöglichen. Ehe der Tag der großen Gerechtigkeit anbricht und damit er komme, sollten wir alle jene kleinen Gerechtigkeiten verwirklichen, die zu verwirklichen uns möglich ist. Hier liegen für mich die einzigen Kräfte der Gesundung.

Diese Schritte müssten daheim eingeübt werden: in Mitmenschlichkeit und Güte, in Rücksichtnahme, Zufriedenheit und Bescheidung. Sie müssten eingeübt werden in der Verwirklichung kleiner Gerechtigkeiten inmitten und gegen globale Ungerechtigkeit, in Abenteuer und Wagnis, in Zuhören und Zupacken. Dies sind Haltungen, wie sie der Einsatz in der Dritten Welt erfordert und wie sie viele junge Leute gerade heute ersehnen.

Ich habe oft gedacht, gerade wenn ich in Deutschland war: Zur Ich-Werdung, zur Sinnfindung und Erfüllung braucht der Mensch die Begegnung mit dem Du. So wird vielleicht auch die Sinnfindung einer Epoche nur geschenkt in der Begegnung mit anderen. Ob von daher nicht Nord und Süd ihre Sinnerfüllung erreichen, wenn sie sich als Du begegnen? Wenn sie hinter all den Strukturproblemen den anderen als *Menschen* sehen? Ob die Sinnfrage, wie sie von unserer Jugend gestellt wird, nicht nur im globalen Engagement für den Bruder in der *ganzen* Welt ihre Antwort findet?

Denn dass unsere Generation nicht nur ihr eigenes Leben, nicht nur ihre staatlichen Entschlüsse, sondern die Welt zu verantworten hat und die Zukunft, das ist eine Aufgabe, vor deren Last und Verheißung wir zwar die Augen schließen können. Aber gelöst wird sie auf diese Weise nicht.

Entscheidung für das Rechte

Natürlich gibt es keine Patentlösungen für die Probleme der Welt. Schon gar nicht für die unserer heutigen Industriegesellschaft, für unsere und die weltweite Not, die materielle und die nichtmaterielle. Aber an »Ausblicke« glaube ich zutiefst. Sie liegen auf dem »Weg der kleinen Schritte«, weil es ein Grundgesetz des Lebens ist, dass die wichtigsten Entscheidungen auf einem Gebiet fallen, in dem Klarheit über lange Strecken nicht durch Planung erreicht werden kann. Gefordert ist die jeweils tapfere Entscheidung des menschlichen Herzens für »das Rechte«.

Zu den Hauptproblemen unserer Welt: Energiekrise und Rohstoffverknappung, Bevölkerungsexplosion und steigendes Gefälle zwischen Nord und Süd, zwischen Stadt und Land auf der südlichen Hälfte der Erdkugel, gibt es so wenig billige Rezepte wie für den Sinnverlust in unserer eigenen Gesellschaft. Wann ist je ein Gut verwirklicht worden, ohne dass der Preis dafür zu zahlen war?

Und so ist wohl auch heute die Aufgabe derer, die »sehen« können, den Mut zum Wagnis, zum Opfer, zum Einsatz wieder einzuüben und zu wecken, um den langen, schmerzlichen Weg zu gehen, auf dem allein wir einer gerechteren Welt näherkommen können: anders leben, damit andere überleben. Und gerade das ist es, was unsere Kinder am meisten benötigen und am wenigsten einüben. Freude am Wagnis, die Tapferkeit, die Verwundung auf sich nimmt um des größeren Gutes willen; der getroste Wille, heute ein Bäumchen zu pflanzen, auch wenn morgen die Welt untergeht.

Meine Sicht der Welt? Ich glaube, dass der Herrgott unsere Erde so geschaffen hat, dass wir unsere Probleme lösen können, ohne zu ethisch fragwürdigen Mitteln zu greifen. Dazu zähle ich die zwangsweise Sterilisierung als Mittel der Geburtenkontrolle oder totalitäre Staatsformen. Ich glaube aber auch, dass wir die Zeit, in der die Problemlösung noch »auf friedlichem Weg« und ohne letzte Opfer zu haben war, nicht durch technisches, sondern durch moralisches Versagen verspielt haben.

Trotzdem müssen wir helfen, trotzdem müssen wir heute die Arbeit tun, hier und in der Dritten Welt.

Nach den Sternen greifen

Was mich in Deutschland beunruhigt? Vor allem die grassierende lähmende Angst. Die Angst vor der Zukunft, die Unfähigkeit, sich der Gegenwart zu freuen. Die Unfähigkeit zum Wagnis, zur Freude am Wagnis. Die Last einer fast kollektiven Verantwortung für alles. Man greift aber nicht mehr nach den Sternen, wenn man so tief gebeugt ist. Und man nimmt dann auch nicht mehr wahr, was man wirklich konkret tun könnte.

Bei einem Empfang in Wiesbaden wurde ich von einem Lehrer nach den Schwierigkeiten gefragt, vor denen ich in Pakistan stehe. Ich sprach vom rapiden Anwachsen der Großstadt Karachi. Dort verdoppelt sich die Einwohnerzahl alle zehn Jahre. Da fragte der junge Mann: »Welches Kon-

zept haben Sie denn, um die Landflucht zu verhindern?«
Ich antwortete: »Um Himmels willen! Ich bin doch nicht
verantwortlich für das Anwachsen der Großstädte in der
Dritten Welt. Ich bin verantwortlich dafür, dass sich in Karachi die Leprabekämpfungsmaßnahmen alle zehn Jahre
verdoppeln.« Ein Deutscher hat ein schlechtes Gewissen,
weil in Brasilien der Urwald stirbt. Die Lehre, die er persönlich daraus zu ziehen hat, ist doch, dass er sich um das öko-
logische Wiesenstück vor seiner Haustüre kümmert.

Oder dieses lähmende Gefühl der Ohnmacht: Der Krieg
kann jeden Tag ausbrechen … Doch »brechen« Kriege denn
»aus«? Erdbeben, Unwetter brechen aus. Kriege werden gemacht und sollten deshalb verhütet werden. Den Christen
wünsche ich, dass sie ernst machen mit dem Glauben an die
Offenbarung. Es ist uns nicht versprochen worden, dass am
Ende der Welt die vollkommene innerweltliche Harmonie stehen wird. Es ist uns gesagt, dass die Welt in der Katastrophe
endet. Dass aber selbst die Katastrophe nicht das letzte Wort
ist. Das letzte Wort wird die Liebe sein. Trotz allem und in allem sind die Christen der Welt dieses Zeugnis der Hoffnung
schuldig. Und es ist kein naiver Optimismus, wenn wir so leben, wie die Menschheit immer schon im Angesicht aller Bedrohung hat leben müssen. Wie könnte das »Apfelbäumchen-
Pflanzen« aussehen? Eben, dass wir in unserer kleinen Welt
um uns den kleinen Frieden schaffen, der in unserer Hand
liegt und die Vorbedingung für den großen Frieden ist.

»Die Menschen«, so lässt Saint-Exupéry seinen »kleinen
Prinzen« sagen, »die Menschen züchten 10.000 Rosen in ihrem Garten – und finden doch nicht, was sie suchen. Dabei
kann man alles in einer Rose und in einem Schluck Wasser
finden.« Wir kümmern uns um 10.000 Rosen und vergessen
die eine. Wir lieben die Menschheit – und vergessen den
Nächsten.

Wer überklettert die Mauer?

In Deutschland werden nicht nur die Probleme, sondern auch die Menschen kategorisiert und dadurch oftmals abgetrennt, verwahrt, verwaltet: Asylantenheime, Behindertenheime, Obdachlosensiedlung; auch: Jugend-Subkulturen, Seniorenheime. Die Menschen, mit denen ich in Deutschland zusammenkam, waren in aller Regel sozial sehr sensibilisiert. Und trotzdem: Ich habe hier kaum Erfahrungen mit Randgruppen gemacht. Sie waren nicht »da«, waren (mit einigen Ausnahmen) nicht selbstverständlicher Teil des Lebens der Menschen, die ich traf. Wer uns in Pakistan besucht, käme doch nicht nach Hause, ohne in Familien von Leprakranken gesessen zu haben. In unser Leben kann keiner herein, ohne diese Menschen zu treffen.

Diese Angst vor »dem anderen«. Sind es archaische Reaktionen, die etwas abwehren, was die eigene Sicherheit bedroht? Dass man den »anderen« in seiner Andersartigkeit primär als Bedrohung der eigenen, sicher gefügten Position erfährt, ihn nicht als Bereicherung empfindet – das hängt mit Angst zusammen, mit Unfähigkeit zum Risiko, mit der fehlenden Freude am Wagnis.

Da war nach einem Vortrag eine Frau auf mich zugekommen, als wir schon im Aufbruch zum nächsten Termin waren. Sie, die mich gar nicht kannte und noch nie gesehen hatte, erzählte mir von ihrem Lebensproblem. Sie hatte eine Beziehung zu einem verheirateten Schwarzen und sich jetzt von ihm getrennt, um seiner Frau willen. Jetzt hatte der Mann ihr gesagt, er könne ohne sie nicht leben. Und diese verzweifelte Frau sagte mir: »Ich kann mit keinem hier darüber sprechen, weil dieser Mann Ausländer ist und weil er verheiratet ist.« Da waren die Mauern so spürbar ... Und ich hatte keine Zeit, sie abtragen zu helfen ...

Mir ist diese Begegnung nachgegangen bis heute.

Wer überklettert diese Mauer?

Ich habe einen Freund in Deutschland, der meinem Herzen sehr nahesteht. Er hatte unter Alkoholeinwirkung seine Freundin erschossen und unter dieser Tat unsagbar gelitten. Er wurde vorzeitig auf Bewährung entlassen – und seither ist er »entlassener Straffälliger«. Er gilt nicht als ein Mensch, der einmal straffällig geworden ist, die Strafe bejaht hat, in Trauerarbeit viel von dem Geschehnis aufgearbeitet hat – nein, er ist ehemaliger Straffälliger, als Person für alle Zukunft von seiner Straftat her definiert. So wie ein »Aussätziger« mit seiner Krankheit identifiziert wird. H. und ich stehen im Briefwechsel, wir kennen uns seit unseren Studententagen, wir kennen uns gut; wenn ich in Deutschland war, haben wir uns getroffen. Und wenn ich nicht in Deutschland war …

Ehe er an seiner Einsamkeit zugrunde ging, in einem letzten verzweifelten Versuch, setzte er eine Anzeige in die Zeitung, eine Anzeige, die sein leidvolles Leben andeutete und um Hilfe bat – bettelte – schrie; einer musste hinter den Zeilen lesen, die Botschaft verstehen. Das Wunder geschah: dass sich jemand ihm zuwandte, die Mauer überkletterte und ihn aus seiner Höhle befreite – in der wir unreflektiert einen »Straffälligen« einmauern. Wir sollten ein anderes Wort finden. Einen »Wiedergefundenen« nennt Lukas 15,32 einen solchen Menschen. Und so nannte ihn G., die ihm wieder eine Heimat gab.

Argumente gegen die Gleichgültigkeit

Dann die Geschichten in der Schule: Der Junge, der mir sagte, man müsse die Menschen in der Dritten Welt doch durch Zwang dazu bringen, dass sie weniger Kinder in die Welt setzten, weil die Ressourcen nicht für alle reichten. Er konnte das fordern, ohne die Betroffenen, nicht einmal in seiner Fantasie, wahrzunehmen. *Zwang?* In unserer freiheitlichen Gesellschaft? Zwang für uns? Oh, nein! Aber für die anderen ist es gut, Zwang anzuwenden?

Oder der Oberprimaner, der mich fragte: »Warum leisten Sie medizinische Hilfe, wenn dadurch das Elend der Überbevölkerung nur größer wird?« Ich suchte nach Gründen, nach Argumenten. Er würde Gegenargumente haben. Nein, es ging nicht um Argumente. »Versuch doch mal«, schlug ich vor, »dich für einen Moment in meine Lage zu versetzen. Du sitzt in meiner Sprechstunde. Da kommt eine Mutter, in Tränen aufgelöst, mit ihrem Kind, das im Sterben liegt. Und du weißt, wenn du diesem Kind eine Salz- und Zuckerlösung gibst, wird es überleben. Und jetzt sagst du zu der weinenden Mutter: ›Es tut mir leid, aber ich kann Ihr Kind nicht retten. Ich habe zwar die Medikamente. Aber die Bevölkerungsexplosion ist zu gefährlich. Wenn wir jetzt Kinder retten, dann können wir in fünf Generationen alle nicht mehr überleben.‹« Schweigen –. Die Gegenargumente blieben aus.

Unsichtbarkeit verringert nicht die Probleme. Sie verstärkt sie vielleicht sogar. Das Elend in Pakistan oder Afghanistan hat ein wahrnehmbares Gesicht. In der Dritten Welt werden Kinder ausgesetzt, vor allem wenn es Mädchen sind. Aber wer gibt uns das Recht, uns über dieses »barbarische Verhalten« erhaben zu fühlen? Was wir hier mit den »überzähligen Embryonen« (welch entlarvendes Wort!) machen, das lässt mich in Karachi nicht schlafen.

Einmal kamen morgens zwei bärtige muslimische Männer und holten mich in heller Aufregung aus der Konventmesse. Unter lautstarkem Palaver, das ich nur halb verstand, zerrten sie mich fast zur Müllkippe in der Seitenstraße. Da lag ein wimmerndes Baby, die Mutter hatte ihm noch, in hilfloser Geste, ein Fläschchen danebengelegt …

Ein Baby, das man auf der Müllkippe deponiert, kann noch schreien, und einer wird es hören. Embryonen können nicht einmal schreien. Sie haben keine Stimme und keine Lobby. Und wenn sie der kosmetischen Industrie und den Forschungslaboratorien zugespielt werden, dann vergeht man sich an den wehrlosesten aller Geschöpfe. Das ist nicht ein Problem gewissenloser wissenschaftlicher Eliten oder geldsüchtiger Geschäftsleute. Das ist eine Erosion, die uns alle betrifft. Haben wir nicht schon einmal Leben für »lebensunwert« erklärt ...?

Wer sich nicht wehtun lässt, hört auf zu leben

Wer nicht mehr leiden will, ist auch unfähig zum Mit-Leid. Und er ist unfähig zur Liebe. Denn wenn schon die Liebe, das schönste Geschenk unseres Lebens, ohne Leid nicht zu haben ist, welchen Wirklichkeitsverlust handeln wir uns dann mit unserer leidfreien Gesellschaft ein? Treue ist dann sowieso vom Tisch, und schließlich auch die Leidenschaft. Es ist eine logische Konsequenz: Die leidfreie Gesellschaft ist eine banale Gesellschaft, es gibt keine Schatten mehr und deshalb auch kein Licht. Wir selbst sind für die Banalisierung unseres Lebens verantwortlich.

Auch dass man sich dem Tod nicht stellt, hat mich beunruhigt. Wenn etwas unbestritten ist in unserem Leben, dann doch, dass wir alle sterben. Und während man sich sonst keine Gelegenheit entgehen lässt, für alles Mögliche zu trainieren – so drängelt sich doch keiner danach, Erfahrungen zu sammeln, um sich einzuüben in diese unausweichlichste aller Begegnungen. Warum versuchen wir nicht öfter, anderen beim Sterben beizustehen, Gespräche über den Tod nicht zu tabuisieren und jene »kleinen Abschiede« bewusst zu leben, die Einübungen sind in den großen Abschied? Ein

Lebenskonzept der Verdrängung ist letztlich banal. Wer die Augen so zumacht, hört auf zu leben. Liebe – Grenzen – Krankheit – Tod: das sind menschliche Grunderfahrungen. Liebe und Tod – das ist das Leben. Und Leben tut weh.

Leiden an sich ist sinnlos, es ist Grund zum Protest und zur Auflehnung. Not und Elend müssen wir mit allen Kräften zu vermeiden und abzuschaffen versuchen. In Afghanistan wäre ich beinahe verrückt geworden angesichts des unvorstellbaren Leids. Damals etwa, als ich vor einem Kind stand, einem sechsjährigen Kind mit einem eingeklemmten Blasenstein. Das sind die schrecklichsten Schmerzen, die man haben kann. Wir hatten keine operativen Möglichkeiten. Mich verfolgen noch heute die Schreie dieses Jungen, wenn die Kolik-Anfälle kamen.

Ich komme damit nicht zurande. Ich werde dies auf meine eschatologische Liste setzen und Ihn fragen: »Wieso hast du dies zugelassen, du, der du dieses Kind liebst?« Ich konnte dem Buben nicht helfen. Ich konnte nur unter Tränen der Mutter versichern, dass es mir so ging wie ihr.

Oder der Zwanzigjährige, der im Widerstand verletzt wurde und der gestorben ist, weil wir keine Bluttransfusionen machen konnten. Der gestorben ist, während der Hubschrauber über uns flog, der ihn in zwanzig Minuten nach Kabul hätte bringen können …

Das bleibt absurd, sinnlos. Und doch: Ich kann mit diesem Leid nur umgehen, wenn ich es auf den Gott beziehe, der sich selber mit dem Leidenden identifiziert.

Das Unglaubliche, Wunderbare und Erregende an der Botschaft ist für mich, dass Er uns geliebt hat und geliebt hat bis ans Ende. Das ist die Aussage, die mich immer wieder überwältigt. Und die mich dann doch weitermachen lässt, hoffen lässt, helfen lässt.

Verantwortung übernehmen

Jeden Tag das Naheliegende tun

Engagement und die Bereitschaft, Frustrationen auszuhalten und Verantwortung dennoch wahrzunehmen, gehören für mich zusammen. Jesus preist die Barmherzigen selig. Wenn Matthäus im 25. Kapitel im Zusammenhang des Weltgerichts von den Werken der Barmherzigkeit spricht, heißt es: »Denn ich war hungrig, und ihr habt mir zu essen gegeben; ich war durstig, und ihr habt mir zu trinken gegeben; ich war fremd und obdachlos, und ihr habt mich aufgenommen; ich war nackt, und ihr habt mir Kleidung gegeben.« Soziales Engagement zielt also auf konkrete Linderung der materiellen Not. Aber dann fährt diese Gerichtsrede fort, und jetzt klingt es plötzlich anders: »Ich war krank, und ihr habt mich besucht; ich war im Gefängnis, und ihr seid zu mir gekommen.« Da steht nicht: Du hast meine Krankheit diagnostiziert und ein Serum gefunden oder prophylaktische Maßnahmen ergriffen, damit andere nicht angesteckt werden. Da steht nicht, wir müssten die Kranken heilen, und auch nicht, wir müssten die Gefangenen befreien – das müssen wir auch. Aber der Ernstfall ist hier, und heute ist der Beweis zu erbringen: Selbst wenn wir nichts mehr »tun« können, sind wir gefordert.

Vielleicht ist das eine meiner wichtigsten existenziellen Erfahrungen: Auch in der Hilflosigkeit ist noch Sinn verborgen. Natürlich konnten wir mit unserer Arbeit in Afghanistan nicht die Russen zum Rückzug zwingen, noch können wir nachhaltig die ungerechten Strukturen dieser Welt verändern. Und doch ... Entscheidend ist gar nicht, dass wir hier und da Menschen behandeln, sondern dass wir da sind und das Leid mit ihnen teilen. Unsere Arbeit im aufständischen Afghanistan begann am Punkt Null. Es gab keine anderen Möglichkeiten, als dem jungen Verwundeten nur über die Stirn zu streichen, als seiner Mutter die Hand zu halten. Es gab einfach keine Bluttransfusionen …

Und doch ist der Einsatz sinnvoll. Weil mitmenschliches Zueinander auch dort noch sinnvoll ist, wo Hilfe versagt.

»Ihr habt mich besucht …« Natürlich sind wir in Pakistan und Afghanistan nicht beim bloßen Impuls des Mitleids stehen geblieben, natürlich haben wir die Situation strategisch durchdacht. Natürlich füttern wir unsere epidemiologischen Daten in Pakistan in einen Computer. Wenn wir einmal über den ersten unsinnigen Schritt hinweg sind, dann tragen uns ja unsere Kultur und unsere Ausbildung; das machen wir automatisch. Aber dass die Liebe, wenn sie durchhalten will, oftmals mit diesem ersten Schritt in die Vergeblichkeit beginnt und dass sie sich in ihrem Wesentlichen erweist, wenn sie in Vergeblichkeit durchgehalten wird – das ist etwas, was nicht in die Kategorien der Leistungsgesellschaft passt. Und doch ist es zentral für das Christentum: etwas tun, was eigentlich … nichts bringt: Wer nur auf die Strukturen sieht, die nicht verändert werden konnten, wer in Apathie verfällt, wenn er nicht eine Lösung für alles hat, wer kein Verständnis dafür hat, dass man einfach anfangen muss und immer wieder anfangen muss …, der hat nie geliebt.

Wozu ist das Christentum noch gut, wenn Christen nicht mehr den Mut zu Verrücktheiten haben, wenn sie nicht aufhören, sich um das zu drehen, worum sich alle drehen, wenn auch sie danach fragen: Wozu ist das *nützlich?*, und nicht: Wozu ist das *gut?* … Am Jüngsten Tag werden wir gefragt werden, ob wir ver-rückt waren wie Gott, der sich wehrlos in unsere Hände gegeben hat, der gescheitert ist und ein Versager war und der uns dadurch erlöst hat. Wenn wir nicht mehr den Mut haben zum Scheitern, wenn wir nicht mehr den Mut haben, noch dazusein, wenn ein Krebskranker stirbt, noch Ja zu sagen zu einem Obdachlosen, von dem wir wissen, dass wir ihn nicht mehr resozialisieren werden, wenn wir nicht mehr den Mut haben, zu unserem Ehepartner Ja zu sagen, auch wenn es schwierig ist, zu einem Kind Ja zu sagen, auch wenn es nicht geplant ist ... woher soll dann der Mut, die Verrücktheit der Liebe noch in unsere Gesellschaft kommen?

Nicht müde werden

Wir müssen uns nicht die Last der ganzen Welt aufbürden. Und trotzdem: Sich der Verantwortung immer ganz konkret stellen, das hat sich für mein Leben als die konstruktivste Art, mit Frustration umzugehen, herausgestellt.

»Nicht müde werden, nicht müde werden, sondern dem Wunder leise wie einem Vogel die Hand hinhalten«, heißt es in einem Gedicht von Hilde Domin.

Unsere Verantwortung ist begrenzt, aber nicht isoliert. Sie ist wichtig für das Gelingen des Ganzen. Die eigene Ernte ist immer mehr als nur die eigene Ernte. Sie ist unverzichtbarer Teil der Gesamternte. Ohne sie würde »die Fülle« nicht gelingen. »Wer ein Leben rettet, rettet die *ganze* Welt«, heißt es in der mystischen Ethik des Chassidismus. Im islamischen Sufismus findet sich Ähnliches. Und christliche Überlieferung spricht analog vom »mystischen Leib Christi«. Ich bin überzeugt, dass nicht nur unsere Taten, sondern dass schon alles, was man denkt, die Art, wie man ist, einfließt in die Beantwortung der großen *Frage*, ob die Zeit erfüllt wird oder nicht. Darin liegt der tiefste Kern der Verantwortung: Keiner kann sich freisprechen von dem, was den Zustand des Ganzen ausmacht. Was Gläubige der spirituellen Kraft der Fürbitte zuschreiben, geschieht nicht nur, wenn diese Bitte ausgesprochen wird, das ist dauerndes Geschehen. Wer ist siebenmal um Jericho marschiert, dass die Mauern einstürzten? Wer hat die Saat der Gewaltlosigkeit gesät, dass sie in solch heilsgeschichtlichen Dimensionen aufging in den friedlichen Umwälzungen unserer Gegenwart? In jedem Moment kann ich die heilende Entwicklung in der Welt fördern, sie erleichtern – oder mich zu ihr querlegen, sie hemmen. Wer hat bloß die Lüge aufgebracht, das Leben sei folgenlos und unverbindlich? Alles, was gesät wird, geht auf. Alles. Das eine spät, das andere schnell, eines zum Guten, eines zum Bösen.

Transparenz für die Liebe, Option für die Armut

Was mich irritiert, ist das Sicherheitsbedürfnis gerade der Kirchen. Ich frage mich immer, wie es geschehen konnte, dass eine so irre Religion so angepasste Nachfolger hervorgebracht hat. Ich verstehe, dass einer aus der Kirche austritt. Aber wenn einer drinbleibt und wenn sich das existenziell trotzdem überhaupt nicht auswirkt, dann ist mir das völlig unverständlich. Der Sprung aus der Sicherheit: Wo wird er noch gefordert? Als Zielvorstellung bejaht und gewagt? Gleichgültigkeit und Angst sind wohl zwei Seiten des gleichen Phänomens: Christentum fordert seinem innersten Wesen nach entweder ein Ja oder ein Nein. Und bei den Gleichgültigen ist es nicht selten so, dass sie vor dem Ja Angst haben und das Nein doch nicht wollen. Ein begründetes Nein ist immer noch hilfreicher als diese lauwarme Gleichgültigkeit, die folgenlos bleibt.

Wie wird entschiedene Liebe sichtbar bei der grassierenden Unfähigkeit zum Risiko? Der Sprung ins Wagnis ist das

Erste, was die Liebe fordert, dann kommt die Treue. Beides gehört zusammen. Aber wenn die Fähigkeit zum Ersten abhandengekommen ist – was soll dann das Zweite?

Ich bin gegen eine Romantisierung der Armut, und auch eine »Option für die Armut« ist mir suspekt. Keiner, der einmal reich war, kann wirklich arm werden. Die eigentliche Not der Armut ist, dass sie aufgezwungen ist. Und die *freiwillig* Armen sind eben freiwillig arm, und freiwillige Armut wird immer ein wenig Salonarmut sein, von Freunden und Kollegen widerwillig bewundert. Zu den Fragen, mit denen ich mich nie abfinden kann, gehört freilich auch: Wieso sind die einen auf der Sonnenseite und die anderen auf der Schattenseite der Welt geboren? Ich habe versucht, auf die Schattenseite hinüberzukommen, wenigstens zeitweilig und wenigstens aus Solidarität. Es geht nicht. Die Armut der Armen, ihre Aussichtslosigkeit, die Entwürdigung, der Zwang sind anders. Ich muss selber mit diesem Widerspruch leben. Als Nonne möchte ich Sein Leben auf die Armut hin transparent machen. Aber andererseits muss ich Erfolge haben, will sie auch, bete um sie, kämpfe auch politisch um sie. Denn von diesen Erfolgen hängen menschliche Schicksale ab.

Wie Christen ihre Verantwortung gegenüber der Armut leben können? Sie sollten sich für die Not jenseits des Kirchturms stärker interessieren. Das muss nicht die Armut der Dritten Welt sein. Das können, wie gesagt, auch Asylanten oder Aussiedler oder einfach einsame Menschen sein. Aber das Engagement soll nicht folgenlos sein. Nicht das unwillige Almosen aus dem Überfluss und aus schlechtem Gewissen, sondern Teilen ist eine rechte Form der Verantwortung. Dass westliche Christen bei diesem Teilen im Übermaß sündigten, ist wohl keine reale Gefahr. Aber sollten Christen, wenn sie vor der Wahl stehen, »vernünftig« oder »verrückt« zu sein, immer die Option des »Vernünftigen« wählen?

Wenn man sich hingibt, ohne Angst, und noch dazu einer Liebe hingibt, die ohne Grenzen ist, dann geschehen Dinge, die man in den kühnsten und wildesten Träumen nicht zu hoffen gewagt hat. Das Wort Liebe ist kriminell abgewertet worden. Trotzdem können wir es nicht entbehren, weil wir ohne Liebe nicht leben können. Ein südamerikanischer Schriftsteller wurde einmal gefragt, was der Sinn des Lebens sei. Er hat geantwortet: »Der Sinn des Lebens ist das Leben.« Die Freude meines Lebens ist, dass es ein intensives Leben war. Trotz aller Umwege und Frustrationen, trotz aller Verzweiflung und aller Gefährdungen. Und dass ich gerade darin das Geschenk der Liebe erfahren habe. Einer Liebe, die mein Herz weit überschreitet und, so vielfältig sie war, doch immer nur die eine ist.

Epilog – 2017

Menschen, die alles möglich machten

Sie sagten, wir seien ein Haufen Verrückter. Und vielleicht hatten sie recht. Sie sagten, wir würden nie Erfolg haben, und was die Chancen anging, sprach tatsächlich alles gegen uns. Aber in diesem Fall haben sie sich getäuscht. Obwohl es aussichtslos schien – am Ende haben wir es doch gepackt. Aber wir müssen tatsächlich als ein sehr merkwürdiger Haufen erschienen sein.

Jedes Mal, wenn mir heute Fotografien aus den frühen Tagen in die Hände geraten – Berenice, Jeannine und ich, wie wir durch das dreckige Wasser in der Leprakolonie in der McLeod Road stapfen, jene Hütte, gezimmert aus Packkisten, um die sich die Patienten drängten – dann kommt einem das alles so unwirklich vor, beinahe wie ein merkwürdiger surrealer Film.

Aber es war wirklich so. Sehr wirklich.

Diese Wirklichkeit wird von der erstaunlichen Tatsache bestärkt, dass mir das ursprüngliche Team etwa 35 Jahre lang zur Seite stand. Berenice Vargas war bis in die 1990er Jahre unsere Apothekerin. Sie hat es fertiggebracht, etwas von der Jugendlichkeit jener frühen Tage zu bewahren, und ist wahrscheinlich das einzige Mitglied des Teams, das man auf den alten Fotos sofort erkennen kann. Ich weiß nicht, was ich ohne sie gemacht hätte. Sie hat dabei geholfen, unsere Lepratechniker in Pharmazeutik und im Mischen von Medikamenten auszubilden. Sie war für unsere Arzneimittel verantwortlich und verteilte sie in jeden Winkel und jede Ecke von Pakistan. Alle unsere Patienten, besonders die Kinder, haben sie gekannt und geliebt. Sie wurde zu einem Teil ihres Lebens. Gleichzeitig war ihre Aufgabe unspektakulär. Mit Sicherheit hätte jemand von geringerem Kaliber schon lange das Handtuch geworfen. Der »kleine Weg« von Berenice Vargas hat ein Andenken verdient. Jetzt ist sie schon über achtzig Jahre alt. Trotz einer schweren Erkrankung beteiligt sie sich noch am Leben und an der Arbeit des MALC, dem sie von Anfang an angehörte.

Es war an einem von »jenen Tagen« in der Leprakolonie in der McLeod Road. Die Patienten drängten sich draußen vor der Hütte und in ihrem Inneren, die beinahe aus allen Nähten platzte, wenn sie untersucht wurden. Berenice war in ihrer Apotheken-Ecke beschäftigt, Abdul Rehman und Helen waren von ihrer Arbeit in Beschlag genommen, Jeannine legte Verbände an, und über uns allen brummten die Fliegen. Aus dem Augenwinkel bemerkte ich eine Fremde. Vermutlich wäre es in einem so kleinen Raum merkwürdig gewesen, wenn ich sie nicht gesehen hätte! Aber ich tat so, als nähme ich sie nicht wahr, und machte mit der Untersuchung meiner Patienten weiter. Sie schien ganz und gar am falschen Ort. Fast wie ein Schmetterling, der aus seiner Bahn geraten ist. Tatsächlich eine sehr schöne Frau. Nach einer Weile machte sie sich durch ein Hüsteln bemerkbar. Sie erzählte mir, sie sei Dermatologin und habe viel über uns gehört. Dann bot sie ihre Mithilfe an. »Oh ja«, dachte ich, »das kennt man«, und fuhr mit der Untersuchung der Patienten fort. Einige wenige Frauen ihres Standes waren schon da gewesen, um uns zu sehen, ihre Saris zögerlich um sich geschlungen, wenn sie vorsichtig durch den Schlamm trippelten. Aber es gab keine Fortsetzung. Ein Almosen für die Patienten, ein wenig Unterstützung, und das war es dann. An jenem Abend erzählte mir Berenice, dass sie die Frau schon vor einiger Zeit kennengelernt hatte. Ihre Kinder besuchten die von uns betriebene Schule in Guru Mandir. Sie hatte auch bei einem Seminar über Lepra durch einen Beitrag mitgewirkt. Am meisten überraschte mich, dass sie am nächsten Tag wiederkam, bereit zur Mitarbeit.

Ihr fiel auch auf, dass wir eine merkwürdig aussehende Mannschaft waren, eine Insel aus Fremden. Kein einziger Pakistani zu sehen! Eine deutsche Ärztin, eine mexikanische Apothekerin, eine belgische Krankenschwester, eine amerikanische Hilfskraft, alle zusammen in diese Packkisten-Hütte voller Leprapatienten gesteckt, mit dem Geruch von verfaulendem Fleisch und Geschwüren, als wäre das das Normalste von der Welt.

Trotz alledem blieb Dr. Zarina Fazelbhoy bei uns. Sie wurde ehrenamtliche ärztliche Betreuerin. Ich meine, das Programm hätte sich nicht so gut durchziehen lassen, wie es geschah, wenn es ihre Bemühungen nicht gegeben hätte. Ohne sie hätten wir erst nach Jahrzehnten den Durchbruch geschafft. Es war Dr. Zarina, die als Erste die Vorstellung aufbrach, wonach die Arbeit mit Leprakranken etwas für Missionarinnen und für Verrückte sei. Erst als sie sich dem Team anschloss, fingen auch Außenstehende an, das Projekt als ihre Verantwortung wahrzunehmen. Durch ihr Organisationstalent – Öffentlichkeitsarbeit, *melas, tamashas* –, etwas, wozu ich nie fähig war, konnte sie Geld heranschaffen und die Öffentlichkeit langsam auf unsere Seite bringen.

Dr. Zarina half dabei, die Regierung für das Programm zur Kontrolle der Lepra zu interessieren (ich hätte das ganze Feilschen nicht durchgestanden). So verfasste *ich* die Studien über die Machbarkeit, und *sie* schaffte es, die Regierung zu überzeugen. Kurz nachdem sie sich dem Team angeschlossen hatte, begann sie ihre gesamte Familie in das Projekt einzubeziehen. Ich erinnere mich daran, wie sie den Geburtstag

ihrer kleinen Tochter feierte – mit einer Party im Krankenhaus mit Leprapatienten. Sie ermutigte ihren Jungen dazu,
die Patienten zu unterrichten. Die erste Statistikabteilung
des Krankenhauses entstand an ihrem Esszimmertisch, ihre
Kinder und Freunde halfen dabei, die Karten zu erstellen.

Vor allem aber vermochte Dr. Zarina zu begreifen, dass
wir es todernst meinten. Bei allem, was sie tat, war sie dazu
bereit, die zweite Geige zu spielen. Um der Leprapatienten
willen. Um der Armen willen. Ihr bleibender Beitrag besteht
in der Unterstützung dafür, dass das Programm als pakistanische Verantwortlichkeit betrachtet wurde.

Sie verließ uns viel zu früh. Obwohl sie noch Zeugin davon werden konnte, dass sich ihr Traum von einem Pakistan
erfüllte, in dem die Lepra unter Kontrolle war, hätten wir ihren Beistand auch bei der Förderung des nächsten Schritts
brauchen können: der Ausmerzung der Lepra, zusammen
mit der Tuberkulose und der Kontrolle von Erblindungen.
Dr. Zarina erholte sich von einer schweren Erkrankung und
wollte Bombay wiedersehen, den Ort, wo sie geboren wurde,
wo sie studiert hatte und ihren Mann zum ersten Mal getroffen hatte, an der Universität. Sie schaffte es nach Bombay,
und dort berief sie Gott in sein himmlisches Reich; sie ließ
das Team und die Patienten in der Trauer um eine außergewöhnliche Freundin zurück.

Wir brauchten dringend jemanden, der sich um die Verwaltung des MAC-Krankenhauses kümmern konnte, damit
ich und meine Mitarbeiter uns auf die Bereiche Medizin
und Ausbildung konzentrieren konnten. Dann kam der
Oberst. Er übernahm eine Verwaltung, die in der Anfangs-
phase keine schriftlichen Arbeitsverträge, keine Regeln für
den Jahresurlaub, keine Gehaltsvereinbarungen und keine
vertraglichen Vereinbarungen für disziplinarische Maßnahmen kannte. Alles war nur mündlich abgesprochen. Seine

Ankunft fiel in die Zeit einer längeren Auseinandersetzung mit den Gewerkschaften. Unser Gewerkschaftssekretär hatte den Kampf für eine Lohnerhöhung um 130 Prozent für alle Beschäftigten im MAC-Krankenhaus aufgenommen. Alles kam zum Erliegen, als Ergebnis von Störaktionen. Ich spürte, dass mir die Kraft zum Weitermachen fehlen würde. Der Oberst kam also zur rechten Zeit. Mit einem Hauch von starker Führungsfähigkeit ging er an die Arbeit. Mit militärischer Effizienz schaffte er es, einige der Probleme zu entschärfen.

Sein erster Tag ist im Gedächtnis haften geblieben. Er machte einen Rundgang durch das Krankenhaus. Dann kam die Frage: »Wo genau ist mein Büro?« Ich lachte, denn ich hatte selber kein eigenes Büro. Ich sagte ihm, es stehe ihm frei, für sich etwas zu organisieren, und das tat er auch. Abteilungen wurden herumgeschoben, wurden zusammengelegt. Ergebnis war ein riesiges Büro. Er stellte einen Tisch von enormer Größe hinein. Damit schaffte er es zumindest, Besucher und Stellenbewerber zu beeindrucken. Wenn sie meinen winzigen Tisch gesehen hätten, hätten sie sich wohl gefragt, was sie im Endeffekt erreichen könnten!

Ein weiterer Mensch, der dem Krankenhaus enorm behilflich war, war meine Schwester Armgard. Sie ist zwei Jahre älter als ich. Sie kam zu einer Zeit an, als das Krankenhaus durch Störaktionen von Gewerkschaftsseite mit rechtlichen Problemen zu kämpfen hatte. Armgard ist ausgebildete Juristin. Meine Familie war eher überrascht bei dem Gedanken, dass sich Armgard meinem Team anschließen könnte! Sie kam – und blieb sieben Jahre.

Armgard ist sehr effizient in Verwaltungsangelegenheiten und im Aufdröseln von Problemen. Sie ist couragierter als ich und hat weniger Hemmungen. Als Erstes glättete sie alle rechtlichen Probleme. Dann nahm sie sich der gewaltigen Aufgabe an, ein Gehaltsgefüge zu erarbeiten. Löhne für die Angestellten und ihre Familien. Löhne für die Mittellosen. Sie hat eine Schreibbegabung. Ihre Berichte über Reisen waren so anschaulich, ihre Situationsanalysen so klar, dass der Leser das Gefühl hatte, er wäre gerade mit ihr unterwegs. Sie hat Sinn für Humor, eine unerlässliche Voraussetzung für jeden, der im Bereich der Arbeit mit Leprakranken überleben und bei Verstand bleiben will.

Sie kümmerte sich gewöhnlich um all das, was ich immer tun wollte: Einzelpersonen in schwierigen Situationen helfen, ihr Problem entwirren und sie wieder auf eigene Füße stellen. Das ist etwas von dem, was ich tun möchte, wenn ich eine Art Rentenalter erreicht und mehr Zeit habe. Ich gehöre einer Ordensgemeinschaft an und habe ein Gelübde auf Lebenszeit abgelegt, deshalb habe ich keine Probleme im Blick auf Sicherheit für die Zukunft. Armgard hatte eine Familie in Deutschland. Sie wollte ihre gerade geborene Enkelin sehen; sie machte sich zu Recht Sorgen wegen ihrer Pension. Je länger man weg ist, umso weniger bekommt man unter Umständen. Diese Gründe zwangen sie zur Rückkehr, aber unsere sieben gemeinsamen Jahre waren glücklich und unvergesslich.

Safia Khan kam zu uns auf Vermittlung von Dr. Zarina. Die beiden hatten sich auf der Schule in Poona kennengelernt, und ihre Freundschaft war lebendig geblieben, als sie nach 1947 nach Pakistan kam. Sie war im Erziehungswesen tätig. Ihr letzter Posten war der einer Direktorin der New Town Government Girls School in Karachi. Die neue Schule trägt jetzt ihren Namen. Sie wollte nach ihrer Ausscheiden aus dem Dienst etwas tun: der Menschheit dienen. Und Dr. Zarina brachte sie zu uns. Sie war ehrenamtlich im Marie-Adelaide-Leprazentrum tätig. Durch den Spruch inspiriert: »Es ist besser, eine Kerze anzuzünden, als über die Dunkelheit zu klagen«, besuchte sie Schulen in ganz Pakistan, vermittelte Faktenwissen über Lepra, zeigte Lichtbilder, rief einen Streichholzschachtel-Wettbewerb ins Leben und warb enorme Geldsummen ein.

Sie brachte den Auszubildenden im Kurs für Lepratechniker Englisch bei. Die Studenten aus weit entfernten Gegenden, deren Ausbildungsniveau unter dem der anderen lag, erinnern sich an ihr leidenschaftliches Interesse und ihre grenzenlose Geduld. Als bescheidene, einfache Frau kam sie mit dem Bus zur Arbeit. Auch als sie schon sehr krank war, verschwieg sie tapfer ihre Todeskrankheit. Wenn wir uns nach ihrem Gesundheitszustand erkundigten, pflegte sie mit dem typischen fröhlichen Augenzwinkern zu antworten: »Es ist nur eine leichte Grippe.«

Safia Khan war eine Frau, die auf der Seite der Freiheit stand. Eine Kämpferin für die Unterprivilegierten, eine Anwältin für grundlegende Rechte. Vielleicht war es ein wertvolles Symbol, dass sie am pakistanischen Nationalfeiertag starb. Auch wenn sie nicht von Anfang an bei uns war, war sie eine von denen, die es durchtrugen. Sie blieb buchstäblich bis zum Ende.

Und heute?

Kürzlich wachte ich auf der Intensivstation in Karachi auf. Mein erster Gedanke: »Wie gut, dass – dank euch – das Programm in sicheren Händen ist.« Das ist für mich wirklich ein Geschenk des Himmels. Die Arbeit wird in dem Geist weitergehen, in dem wir sie begonnen haben. Wir haben uns ihr lange genug gewidmet. Als wir noch in dem hölzernen Verschlag in der Leprakolonie waren, Jeannine, Berenice und ich, hatten wir uns schon auf eines verständigt: Wir waren uns darüber einig, unsere Sendung würde erst dann wirklich erfolgreich erfüllt sein, wenn man uns nicht mehr vermissen würde.

Es zeigte sich, dass diese Aufgabe mehr Zeit brauchte. Und sie erwies sich als komplizierter, als wir vorausgesehen hatten. Als ich meinen 35. Geburtstag feierte, eine unvergessliche Feier mit 35 roten Rosen (in Karachi!), schwor ich mir, dass mein Nachfolger gleichfalls mit 35 Jahren im Amt sein würde – das Alter war einfach zu wunderbar, um es sich entgehen zu lassen! Ich schaffte diese Grenze. Dr. O. M. ist seit 21 Jahren bei uns, zunächst als mein Kronprinz, dann als die bestimmende Autoritätsperson. Er ist ehrlich, arbeitet intensiv, ist fachlich außerordentlich fähig; so erklomm er die Leiter ein wenig zu schnell. Als er an die Spitze kam, gab es für ihn keine Aufstiegsmöglichkeit mehr. So versuchten wir es mit der WHO; er arbeitete (immer noch für unser Programm) mit der Weltbank und internationalen Organisationen zusammen, die ihre Expertengehälter zahlten; so entwickelten wir unterschiedliche Prioritäten. Die Missverständnisse wurden tiefer, und in einem langen, schmerzlichen Prozess mussten wir uns trennen. Wir gehörten zu verschiedenen Welten, die nie zueinanderkommen können. Wir können zusammenarbeiten, aber nicht miteinander teilen und leben.

Heute wissen wir, dass es die richtige Entscheidung war. Dr. O. M. ist glücklich in einem Beruf, der ihn aus dem Klein-Klein, der Zeit wie Energie verschlingenden Arbeit auf der operativen Ebene herausnimmt, aus der wir im MALC unser Glück und unsere Zufriedenheit beziehen.

Im Blick auf die gegenwärtige Verwaltungsmannschaft gibt es eine lange gemeinsame Geschichte, sogar eine Lebensgeschichte. Dr. Ashfaq kam zu uns nach seinem Examen. Während des indisch-pakistanischen Krieges von 1971 ging er zur Armee und kam zurück, sobald sich ihm die Möglichkeit dazu bot: »Eine Herausforderung, wie sie die Arbeit mit Leprakranken eröffnet, kann man nirgendwo anders finden!« Heute ist er Hauptgeschäftsführer (CEO) nicht nur von MALC, sondern auch von dem ganzen NGO-Teil des »National Leprosy Control Program« und stellvertretender landesweiter Berater der pakistanischen Regierung. Er ist der geborene Leiter eines Teams. Sein wertvollster Beitrag sind seine kommunikativen Fähigkeiten; den Rest kann man lernen, langsam zwar, aber es ist lernbar. Aber den guten Willen anderer gegenüber kann man besser in einer Position im Management umsetzen! Dr. Ashfaq stützt sich in erheblichem Umfang auf sein Management-Team, den Exekutivrat (EC): den Hauptgeschäftsführer, den medizinischen Direktor, den Verwaltungsdirektor, den Finanzdirektor – wirklich ein Team!

Dr. Zia, der medizinische Direktor, der verlässliche und loyale Arzt mit seiner Begabung für exakte Diagnosen, hätte meiner Meinung nach auch das Schreiben zu seinem Beruf machen können. Das von ihm verfasste Buch »Serving the Unserved« ist auf Englisch geschrieben; bald wird es eine Übersetzung auf Sindhi geben. Und die führende englischsprachige Tageszeitung ist immer froh darüber, Beiträge von ihm veröffentlichen zu können. Im Team schätzen wir seine Fähigkeit, Fakten auf eine überzeugende Weise zusammenzufügen. In den meisten Veröffentlichungen, die MALC herausbringt, lässt sich die Handschrift von Dr. Zia entdecken. Dazu kommt sein instinktiv unfehlbar richtiges moralisches Urteilen – ich habe oft mit Vergnügen seine Interventionen erleben dürfen.

Premachandra aus Sri Lanka, der Finanzdirektor, verfügt über ein ausgeprägtes soziales Empfinden, pflegt einen einfachen Lebensstil und hat ein Herz für Menschen in Not. Gleichzeitig erstaunt mich immer wieder sein präzises berufliches Wissen, mit dem er die finanziellen Angelegenheiten der Organisation bewältigt! Er hat die vom Stab durchgeführten und diesem »gehörenden« Wohlfahrtsaktivitäten eingeführt, die zu einem soliden und sauberen finanziellen Projekt geworden sind. Nein, das Befolgen von Regeln ist nicht sein Ein und Alles. Rechne damit, dass er wenn nicht vierundzwanzig, so doch achtzehn Stunden am Tag arbeitet, um dann die angesammelten Überstunden zusammenzupacken und in Richtung Sri Lanka zu verschwinden. Und wenn Herr Prem nach Sri Lanka verschwindet, kann man nur beten, dass er in absehbarer Zukunft zurückkommt, und wird nie sicher sein, wann genau. Aber er wird zurückkommen, wie alle anderen im Team, die sich nicht mit dem Leprabazillus (Lepra ist heute heilbar), aber mit dem Bazillus der Arbeit für Leprakranke infiziert haben – und der ist unheilbar!

Mervyn Lobo – ich habe ihn Dr. O. M. weggenommen – war der Jüngste und zweifellos der Strahlendste im Team, damals noch nicht im oberen Management. Acht Jahre lang haben wir die gemeinsame Arbeit und die Anliegen in den Provinzen miteinander geteilt, unsere Probleme wie Erfolge. Wir haben selbstmörderische Reisen mit Bus und Jeep erlebt; Erdrutsche in den Bergen von Kaschmir, die Hände von Lobo fest um meine geschlungen, während wir den Schlammlawinen zu entkommen versuchten und es nur mit Mühe schafften, unsere Füße aus dem klebrigen Schlamm zu ziehen (und außerdem das Gepäck zu retten). Wir haben uns an der atemberaubenden Schönheit der Landschaft erfreut und über die seltsame Mentalität der Bergstämme gegrübelt. Wie tief uns diese Jahre zusammengeschweißt haben, ist mir erst klar geworden, als wir nach Karachi zurückkehrten und Lobo das Amt des Verwaltungsdirektors übernahm und die Abenteuer (leider) vorbei waren. Oder sie haben sich im Zuschnitt verändert. Jetzt stellte sich die Herausforderung, ein nationales Lepra-TB-Blindheits-Kontrollprogramm zu managen.

Als sich MALC in den frühen 90er Jahren von dem administrativen Chaos erholte, in das es hineingeraten war, hing das mit seiner Effizienz zusammen. Wenn MALC ein Problem hat – wie jetzt die Notwendigkeit, eine Abteilung für Fundraising einzurichten und die Entwicklung von Ressourcen anzukurbeln –, wird das Team an Lobo herantreten. Wenn ein Mitglied des Stabs bei einer Razzia der Polizei festgesetzt wird, wird es Lobo sein, der zusammen mit Zahoor den Mann aus der Polizeiwache wieder herausbringt und ihn vor der Folter bewahrt. Ich wüsste nicht, was MALC ohne Lobos Einsatz machen würde.

Der Exekutivrat (EC) ist wirklich eine Gruppe und gleichzeitig ein multireligiöses Team! Dr. Ashfaq, ein überzeugter Muslim, ein Sunnit; Herr Prem, ein Buddhist, und zwar ein typischer Buddhist – jeder würde ihn als solchen identifizieren; Dr. Zia, ein recht neuer Katholik; und Mervyn Lobo, Katholik von Geburt: sie alle als eine Gruppe mit dem gleichen Auftrag zusammengewachsen.

Es gibt andere, ohne die ich es niemals geschafft hätte: Mohammed Ashraf, achtzehn Jahre in den Bergen als Lepratechniker, dann verantwortlich für das Lepra-Tuberkulose-Kontrollprogramm in Azad Kaschmir; Mohammed Ali, der Jüngste unter den Lepra-Feldbeauftragten, verantwortlich für Lepra- und Tuberkulosekontrolle in den nördlichen Regionen, von Gilgit bis Skardu; Hamid Shah, der Lepra in den ausgedehnten Wüstenregionen von Belutschistan kontrollierte und immer ein Freund für mich war; Syed Azadar Houssain, der sein Team dazu motivierte, die gleiche Aufgabe im Sindh auszuüben; Abdul Hamid, der sich ihr im Dschungel von Karachi stellte und erfolgreich die unmögliche Aufgabe bewältigte, Lepra in einer Stadt mit 13 Millionen Einwohnern zu kontrollieren; Qurban, der alle Bedrängnisse in Zentralafghanistan sechzehn lange Jahre meisterte, bis die Machtübernahme durch die Taliban ihn dazu zwang, seine Frau und seine Kinder zu retten und nach Pakistan zu fliehen. Wie oft haben wir unser Leben bei den Bemühungen aufs Spiel gesetzt, Außenpatienten zu erreichen, haben wir gefeiert, dass wir gerade noch davongekommen sind, haben wir für neue Herausforderungen und neue Abenteuer geplant!

Und dann das mittlere Management, die Gruppe, die die Ausbildungsabteilung mit mir und für mich reorganisiert: Ilyas, mein persönlicher Assistent in Islamabad; Francis, die letzte Rettung, wenn niemand weiß, was als Nächstes zu tun ist; er findet das fehlende Papier oder die richtige Kontaktadresse, über die wir dann Hilfe bekommen werden; die Abteilung für Koordination zwischen den Provinzen, mit der ich alles und jedes diskutieren kann und die es umsetzen wird, von Interventionen in Sachen Menschenrechte bis zur Logistik bei der Versorgung mit Medikamenten gegen Tuberkulose, Veränderungen bei Förderrichtlinien der Regierung, statistischen Auswertungen, der Reparatur der Jeeps und einer neue E-Mail-Verbindung; die Leprakontrolleure in den Distrikten, die sicherstellen, dass der Gesundheitsdienst der Regierung die Kontrolle auf Lepra, Tuberkulose und Erblindung für Tausende bedürftiger Menschen leistet.

Es geht um 480 Mitarbeiter in Pakistan, von denen jeder und jede seinen bzw. ihren Beitrag leistet, vom obersten Management bis zu den Fahrern. Jeder und jede ist einzigartig. Konflikte werden offen angegangen, und in einer von Gewalt geprägten Gesellschaft werden Wege der gewaltlosen Konfliktbewältigung erprobt. So werden Menschen darauf vorbereitet, die Herausforderungen der Zukunft anzugehen.

Ich mache den Rückblick nach vierzig Jahren. »Wer sind wir?« Das frage ich einen unserer Mitarbeiter. Ein Augenblick Nachdenklichkeit. Dann lächelt Mervyn. »Wir«, sagt er, »sind eine Gruppe gewöhnlicher Menschen, die sich dafür entschieden haben, das Außergewöhnliche zu tun, und damit Erfolg hatten.«

Das stimmt. Das Außergewöhnliche. Mehr als 50.300 Leprapatienten wurden in diesem Land mit 14 Millionen Einwohnern identifiziert, in Berghöhlen und in Zelten in der Wüste, in den endlosen verseuchten Slumvierteln der großen Städte, mit einer Heilungsrate von 97 Prozent. Hunderttausende Freunde wurden gewonnen, Freunde aus den Reihen der Vergessenen und für sie, die Marginalisierten, die Stimme für die still Leidenden.

1960 begannen wir in einem Holzverschlag in dem Lepraghetto an der McLeod Road. 1996 hatten wir die Lepra in Pakistan unter Kontrolle. Im Rückblick auf diese vierzig Jahre bin ich glücklich. Glücklich trotz all des Elends, mit dem wir in Pakistan, in Afghanistan zu kämpfen hatten. Glücklich trotz aller organisatorischen und finanziellen Probleme, die derzeit fast unüberwindbar scheinen; aber wir werden einen Ausweg finden.

Wer wird weitermachen?

Die Lepra ist unter Kontrolle, aber nicht ausgerottet. Sie lässt sich nicht ausrotten, vermutlich niemals, angesichts einer Inkubationsphase von zwei oder fünf bis sogar vierzig Jahren, von zwischen 800 und 1000 neuen Fällen im Jahr in Pakistan und 700.000 weltweit. Es geht nicht nur darum, den Leprabazillus zu besiegen, den Verursacher der Krankheit. Das lässt sich mit einer Kombination von drei Medikamenten erreichen; es wird nicht allzu schwierig sein. Aber was ist mit dem von der Krankheit verursachten langfristigen Schaden: zerbrochene Beziehungen; enttäuschte Freundschaften; verpasste Gelegenheiten; missgebildete Hände, Füße, Gesichter; Pläne, die nie in Erfüllung gehen? Wer kann das Leid ermessen, das die Krankheit schon angerichtet hat und immer noch anrichtet, obwohl wir die Lepra unter Kontrolle haben und die Weltgesundheitsorganisation (WHO) Pakistan von der Liste der von Lepra betroffenen Länder gestrichen hat? »Eine schlichte Lüge«, sagen die Lepra-Techniker, und sie wissen, wovon sie reden. Ende der Lepra? Die Krankheit überwunden? Niemals! Wir haben nur den Keim der Lepra unter Kontrolle, nichts anderes.

Allein in Karachi warten 1000 Patienten auf eine wirksame Behindertenversorgung. 23.000 Patienten und ihre Familien müssen beim Prozess der Rehabilitation begleitet werden, um ihre Würde, ihre Selbstachtung wiederzugewinnen; Kinder müssen in Schulen aufgenommen werden; und die Gemeinschaft – 140 Millionen Menschen in Pakistan – muss dafür gewonnen werden, sie in der Gesellschaft zu akzeptieren.

Nein, von erfolgreicher Heilung lässt sich erst sprechen, wenn unsere Patienten endgültig Zugang zu den sieben Menschenrechten haben, die wir auch in Pakistan beanspruchen: das Recht auf Ernährung, auf Kleidung und auf Schutz; Zugang zu grundlegenden Gesundheitsdiensten und zu Bildung auf der Primarstufe; gesellschaftliche Anerkennung; gleiche Chancen auf dem Arbeitsmarkt (was immer das auch im örtlichen Kontext heißen mag). Erst wenn all das für sie wieder zugänglich ist, erklären wir sie für geheilt. Eine mühsame Aufgabe. Es ist nicht einfach, die Regierung dafür zu gewinnen, dass sie unsere gesamte Infrastruktur weiterführt, auch wenn die Fallzahlen dramatisch gesunken sind. Auch die Mitarbeiter sind nicht mehr zufrieden: Wenn man nach einem langen Weg durch die Berge endlich eine Ansammlung von schmutzigen Häusern erreicht hat, jeden und jede untersucht und feststellt, dass es, Allah sei Dank, keine Lepra gibt, sind da immer noch alte

Menschen mit der Gefahr der Erblindung, ausgemergelte Babys, hustende Mütter.

Deshalb haben wir unsere Arbeit zusammen mit der Bekämpfung von Lepra mit der Kontrolle von Tuberkulose und Erblindung begonnen. Das verschafft den Verantwortlichen das Gefühl, wieder gebraucht und geschätzt zu werden. Bei der Tuberkulose können wir Leben retten, oft auf äußerst dramatische Weise. Wir haben schon mehr als 100.000 Patienten geheilt. Bei der Kontrolle auf Erblindung können wir oft das Augenlicht wiederherstellen, jedes Mal ein Augenblick größten Glücks. Allein im Jahr 2002 haben wir 233.116 Augenpatienten behandelt. Wir haben den Traum, dass das erfolgreiche Lepraprogramm mit seiner etablierten Infrastruktur seine Dienste auch auf eine große Anzahl sonstiger Patienten ausweiten wird: Tuberkulosepatienten, Augenpatienten. Und dass wir Dienste einrichten, die auf die Menschen konzentriert sind, das Wohl jedes einzelnen Patienten im Sinn haben.

»Ich war so durcheinander«, sagt Mohammed Ali, als er von einem seiner Besuche vor Ort zurückkommt. »Ich war im positiven Sinn verrückt. Dort wussten sie, dass ein kleines Mädchen unter Rückenmarkstuberkulose leidet; sie wissen natürlich, dass sie Schmerzen hat, dass sie schwer behindert sein wird, bevor sie herangewachsen ist, sodass die erste Schwangerschaft ihr Leben gefährden wird, wenn es für sie keine Möglichkeit zum Kaiserschnitt gibt. Da konnte ich nicht ruhig bleiben. ›Sind Sie Muslim?‹, fragte ich den Arzt. ›Sie wissen, dass Sie am Tag des Jüngsten Gerichts Rede und Antwort stehen müssen. Was werden Sie sagen, falls dieses Mädchen stirbt?‹ Er schaute einigermaßen verunsichert. Und besorgt. Und jetzt bin ich so glücklich, dass die WHO auch alle Lungenpatienten mit einem besonderen Krankheitsbild behandelt!«

Das ist die Zukunft. Wir sind eine von den wenigen, wenn nicht sogar die einzige Gruppe mit einer jahrzehntelangen Erfahrung im Umgang mit Gemeinschaften. Wir sind eine Gruppe mit einer ausgeprägten »c. i.« einer »corporate identity«, die ihren Werten treu bleibt. Gott sei Dank, dass die Gruppe ihre prophetische Rolle beibehält, während sie einen professionell soliden und menschlich warmherzigen Dienst an Lepra-, Tuberkulose- und Augenpatienten leistet.

Und das wird der letzte Dienst sein: AIDS steht schon vor unserer Tür. Wenn Sie uns dabei helfen möchten, diejenigen zu erreichen, die keine andere Unterstützung genießen …

(Aus dem Englischen von Dr. Ulrich Ruh)

Anhang: Ruth Pfau im Gespräch

Trotzdem: Das letzte Wort wird Liebe sein

In der jüdischen Überlieferung heißt es, für die Weisen sei das Alter die Zeit der Ernte. Ist dieser Satz heute für Sie nachvollziehbar?
Sicher nicht im naiven Sinn, dass alles gut ist. Wenn ich Ja sage, ist es eher ein trotziges Ja. Ein Ja dazu, dass das Leben, nicht nur meines, sondern jedes Leben, »trotz allem« einen Sinn hat. Das richtige Alter fängt übrigens erst jenseits der Ernte an. Insofern ist das Alter auch eine winterliche Zeit. Ein Winter zudem, auf den kein Frühling folgt.

Kein Frühling im landläufigen Sinn zumindest. Vielleicht eine völlig neue Situation jenseits der Berge?
Jenseits der Wolken, ich weiß auch nicht wo. Meine gegenwärtige Seelenlage spiegelt sich eher in dem Psalmvers: »… das ist es, was mein Leid ausmacht, dass die Wege des Herrn sich geändert haben – .«

Geändert in welcher Hinsicht? Im Blick auf das, was früher Sein Plan war, oder was eigene Pläne waren?
Im Blick auf mein Verhältnis zu Ihm als Person. Früher war Er ständig irgendwie gegenwärtig, ich brauchte nur die Augen zuzumachen. Irgendwie war da immer das fraglose Gefühl, auch emotionalen, Gehaltenseins. Und jetzt? Da sind viel mehr Zweifel. Auch die Frage nach dem Leid ist viel quälender. 3 Millionen Flüchtlinge aus Swat – – – . Ich habe, weiß der Himmel, viel Leid erlebt, weniger persönliches, aber des Leid der anderen ist eben auch mein Leid.

Und was jetzt noch und immer wieder an Sinnlosigkeit in mein Leben hineinschwappt, das bringt es dann irgendwie doch zum Überlaufen.

Ist das eine qualitativ neue Erfahrung? Oder sagen Sie: Ich habe nicht mehr wie früher die Kraft dazu, das zu ertragen?
Das ist eine qualitativ neue Erfahrung, denn es betrifft ja meinen »Partner«, mein »Gegenüber«. Ich spiele da nicht die tonangebende Rolle.

Meinen Sie damit, Sie haben die Zügel nicht mehr so in der Hand wie früher?
Ich habe die eigentlich nie so in der Hand gehabt; ich habe mich immer als instrumentell erfahren. Ich bin natürlich nicht mehr so effizient wie früher, aber das ist ja normal. Ich bin jetzt alt, da ist doch nichts falsch dran.
Meine Mitschwester Jeannine und ich haben schon 1960, als wir mit der Lepraarbeit in Karachi angefangen haben, gesagt: Unsere Lebensaufgabe ist erfüllt, wenn man uns nicht mehr braucht und nicht vermisst. Die Absicht, zu übergeben, loszulassen, war Teil unseres Entwicklungskonzepts, von Anfang an. Dass ich im Alter nicht mehr so mitmachen kann wie früher, spielt oberflächlich mit, ist aber nicht das qualitativ Andere.

Ihr Leben ist doch bestimmt von unglaublichen Erfolgen. Sie haben die Lepra besiegt. Sie haben das Leben von Menschen zum Besseren wenden, Sie haben viel bewegen können.
Ja, natürlich. Es gibt wunderbare Erfahrungen. Zum Beispiel, dass ich das als Frau konnte. Zu sehen: Die Männer fragen nicht mal, ob das, was ich tue, richtig ist oder nicht, die laufen mir alle nach. Und dann war es auch wahnsinnig interessant, diese Stammeskultur in Pakistan und Afghanistan so

hautnah erleben zu können. Und in all dem: helfen zu dürfen. Ich erinnere mich noch an ein Erlebnis, ich weiß sogar noch die Farbe meiner Burka, es war ein Rosa und Grau, und auch dieser fliegende Schleier war rosa und grau. Ich fand mich auch ziemlich unwiderstehlich. Nach 25 Jahren hatten wir in Pakistan, in Swat, den Sieg über Lepra gefeiert, auch so ein rauschender Erfolg, da haben wir Fladenbrote und Hülsenfrüchte, das Alltagsessen der Armen, serviert im besten Hotel der Stadt, mit viel Top-Prominenz: Das hat so einen Eindruck gemacht, dass ich das zwölf Jahre später in Islamabad noch hörte, als mich jemand vorstellte: Schau mal, das ist die, die hat dieses Fest für die Armen gegeben.

Ich erinnere mich aus früheren Gesprächen an einen Satz: »Es geht eigentlich immer gut aus.« Und mir ist ein Satz von Václav Havel begegnet, der sagt: Hoffnung ist nicht die Überzeugung, dass eine Sache gut ausgeht, sondern die Gewissheit, dass etwas Sinn hat, egal, wie es ausgeht.

Ich habe »gut« immer mit »sinnvoll« gleichgesetzt. Ich habe ja nicht gesagt: Die Finanzen stimmen letztendlich immer. Daran festzuhalten, ist allerdings eine trotzige Entscheidung – wenn ich alle einbeziehe, nicht nur mich, dann ist es eben keine Erfahrung mehr. Die Wirklichkeit ist anders, wenn ich mir Empathie leiste, wenn ich frage: Warum geht es bei mir so gut (und das geht es in der Tat) und bei so vielen nicht? Diese Frage, die in Golgata beginnt und bis Auschwitz reicht – –

Ist das die Sinnlosigkeit des Leidens und des Kreuzes, oder die Dunkelheit, die nicht aufgelöst wird, die diese Fragen hervorrufen?

Vielleicht hängen die Zweifel, die jetzt im Alter verstärkt in mir hochkommen, auch mit dieser alten Frage zusammen: Hatte Gott wirklich keine andere Möglichkeit, seine Liebe kundzutun, außer seinem Sohn dieses exzessive Leid zuzumuten? Allmählich, allmählich komme ich zu der Überzeugung: Es gibt keinen anderen Weg.

Sie sprechen jetzt vom Leiden Jesu?
Ja. Ich spreche von seiner Hilflosigkeit. Er hat ja auf alle Hilfsmittel verzichtet. In dem amerikanischen Film »Die Passion Christi« ist eine Szene, in der er keuchend zu seiner Mutter sagt: »Siehe, ich mache alles neu.« Das ist stark.

Muslime sehen im Kreuzestod des Gottessohnes eine Blasphemie. Ist das Kreuz, die Erlösung durch das Kreuz, für Sie also normal?
Nein, überhaupt nicht. Niemals. Ich halte es für eine Beleidigung, das Kreuz als normal anzusehen. Wir haben uns von Geburt an oder durch den kulturellen Kontext viel zu sehr an das Kreuz gewöhnt. Diese domestizierten Kruzifixe in allen den Zimmern, in denen ich schlafe, wenn ich in frommen Häusern unterwegs bin. Wenn ich alleine irgendwo übernachte, habe ich die prinzipiell sorgsam von der Wand genommen und in den Schrank getan, bis ich wieder auszog. Wenn ich jetzt mit meiner Begleitung unterwegs bin, nehme ich auf deren Gefühle Rücksicht.

Und trotzdem haben Sie vorhin gesagt, Sie sähen dazu eigentlich keine Alternative …
Jetzt, ja. In unserer Liebe steckt so viel Eigensucht. Deshalb kann man Liebe, reine Liebe, die wirklich den, die anderen meint, vielleicht nur im äußersten Leid beweisen –. Vielleicht ist das etwas Neues in meinem Alter. Ich habe ja immer gesagt, ich will noch etwas Neues, etwas qualitativ Neues haben. Vielleicht öffnet sich jetzt ein qualitativ anderer Zugang zum Leid?

Und was könnte es sein? Eine neue Sicht auf das Ganze, eine andere Art der Bilanz?

Ich würde sagen, etwas, was sich immer schon gemeldet hat, was immer schon irgendwie da war, dem ich mich aber nie gestellt habe. Ich stelle mich vermutlich jetzt im Alter den noch nicht aufgearbeiteten Fragen neu und anders. Ja, meine, die »eschatologische Liste« war eine Überlebensmethode, die auch heute noch nützlich ist, aber sie war nicht gut für Aufarbeitung.

Das war die Liste der Fragen, die Sie Gott am Jüngsten Tag vorlegen wollten. Aber die Fragen sind ja die gleichen geblieben?

Ja. Aber meine Liste hatte sich so vollgestopft, dass sie jetzt irgendwie geplatzt ist. Wir hatten in diesem Jahr wieder gefeiert: Über 90 Prozent unserer Patienten haben wir auch rehabilitiert. Das heißt, dass diese Menschen das Recht auf Nahrung und Kleidung haben, auf ein Dach über dem Kopf, auf Zugang zu Bildungschancen, Zugang zu medizinischer Grundversorgung, soziale Akzeptanz und gleiche Chancen auf dem Arbeitsmarkt. Das haben wir mit Ausnahme von Karachi landesweit erreicht.

Im Grunde ist das ja eine fantastische Bilanz. Und trotzdem sagen Sie: Das Fass ist übervoll.

In gewissen Teilen Belutschistans und in Sindh haben wir nach der Überschwemmungskatastrophe wieder ganz von vorn anfangen müssen, und 3 Millionen Flüchtlinge im Norden Pakistans haben diese Grundrechte nicht mehr. In Swat sind viele derer, die wir da aus der Kartei genommen und für rehabilitiert erklärt haben, unter den 3 Millionen Flüchtlingen neu gefährdet. Und auf der anderen Seite kommen die illegalen Flüchtlinge aus Afghanistan ins Land, die in Karachi ohne Hilfe sind und die auf uns angewiesen sind. Und da wir keine Lepra mehr haben, erhalten wir auch nicht mehr fünfzig Prozent unseres Budgets vom Deutschen Aussätzigen-Hilfswerk. Wir reden also bloß noch über Geld und rennen nur noch hinter Geld her. Aber wir wollen den Flüchtlingen helfen, weil wir das Netzwerk haben, mit dem man jetzt auch die ersten sinnvollen Schritte tun kann und Gemeindeentwicklung einleiten kann, eine sinnvolle Maßnahme gegen die Talibanisierung. Wir wollen deshalb nicht abbauen, auch wenn wir die Außenstationen für die Lepraarbeit allein nicht mehr auslasten.

Ist es das Gefühl des Sisyphus, der seinen Stein nach oben gewälzt hat, der immer wieder runterrollt?
Es wäre okay, wenn das nur mein Stein wäre. Das ist es nicht. Ich bin in der Zwischenzeit überzeugt, das ist eine Grundstruktur im Leben. Leben ist so. Wir können den Leidenden wirklich oft nur anbieten: Wir sind mit euch. Ich denke an das schreckliche Erdbeben in Azad Kaschmir, als ich zufällig im Katastrophengebiet in den Bergen war. Ich hatte nichts dabei, wirklich nichts außer dem, was ich zufällig im Jeep hatte. Wir haben uns eine Holzbank aus den Trümmern gezogen, auf der haben wir gesessen. Ich habe nichts gesagt, und die Menschen, die alles verloren haben, Angehörige, Haus, ihr ärmliches Hab und Gut, haben auch nichts gesagt. Hinterher habe ich erfahren, was das für sie bedeutet hat, dass ich überhaupt da war in dieser Situation totaler Hilflosigkeit. Dass ich dort nur gesessen habe. Ich war fix und fertig. Wir haben nachts im Jeep geschlafen, das Wasser getrunken, das uns das deutsche Heer geliefert hatte, Gott sei es gedankt, die hatten Überlebensbiskuits und Wasserflaschen dabei und haben mit uns geteilt …

Sie sagen, Sie haben einen neuen Blick auf die Grundstruktur des Lebens, der verschatteter ist, finde ich, als er früher war?
Verschattet nicht. Höchstwahrscheinlich sehe ich heute sogar klarer. Und daher sage ich: Ja, das Alter ist die Zeit der Ernte. Aber ich wusste nicht, dass die Trauben so sauer sind. Auf den Geschmack muss ich noch kommen. Aber wenn das so die Wahrheit ist, ist sie kostbar, denn sie wird uns frei machen. Das ist es, was unsere heiligen Bücher uns verheißen.

In den Titeln Ihrer Bücher steht oft das Wort Liebe. Würden Sie heute noch dem Satz zustimmen, dass Liebe stärker ist als das Negative?
Ja. Das würde ich nicht hinterfragen. Aber ich bin erst am Anfang dieser Wege, dieser neuen Erkundung. Geschichtlich, in Seinem individuellen Leben hat sich – bis zur Hinrichtung – der Hass als stärker erwiesen als die Liebe.

Das war nicht das letzte Wort, was Jesus angeht. Und was die Wirkung der Liebe angeht …
Das ist das, was unsere heiligen Bücher sagen. Und von daher leben wir wirklich auf Hoffnung. Aber ich gehöre zu der Generation, die das Auschwitz-Trauma zu verarbeiten hat, das nicht verarbeitbar ist. Trotzdem: Das letzte Wort wird Liebe sein. Wenn ich daran nicht glauben könnte, stünde meine geistige Gesundheit auf dem Spiel, stünde mein Leben auf dem Spiel.

Sich auf das Leben einlassen

Führen alle Wege nach Rom?
In Karachi heißt es: »Von Karachi nach Rom ist es weit.«
Man geht nicht davon aus, dass es eine zentralistisch geleitete Weisheit gibt, und erwartet nicht, dass in Rom etwas
entschieden wird, was für unsere Lebensverhältnisse hilfreich oder wegweisend ist. Ich weiß sicher mehr über die
Notwendigkeit von Schwangerschaftsverhütung, als der
Papst das wissen kann. Ich kannte goanesische Katholiken,
die waren überzeugt, es sei eine Sünde, wenn man als verheirateter Katholik den Geschlechtsverkehr um der Freude
willen sucht und nicht wegen des Zwecks der Fortpflanzung. Sollten katholische Theologen das je gesagt haben,
dann haben die nie die Freude der Sexualität erfahren.

Was sind Gottesaugenblicke in Ihrem Leben?
Es ist schwer, wenn nicht unmöglich, darüber zu sprechen.
Für mich ist »Tabu« durchaus eine Haltung, die der Wirklichkeit Gottes angemessen ist. Grundsätzlich: Entweder das
Leben als solches qualifiziert diese Augenblicke – oder der
Einsatz lohnt sich nicht. Es gibt in unserer Gesellschaft
keine Tabus mehr, und dem entspricht ja durchaus auch
die Feststellung vom Verdunsten religiöser Erfahrung. Es
gibt heute keine Sprache mehr, um über religiöse Erfahrungen zu sprechen. Vielleicht hindert uns das auch daran, solche Erfahrungen überhaupt zu erkennen. Passieren tun sie
bestimmt in jedem Leben.

Staunen Sie manchmal über Gott?
Was sonst? Gott erreicht man überhaupt nicht mit unseren
begrenzten intellektuellen oder sinnesbezogenen Möglichkeiten. Wenn man ihm aber je näherkommt, dann höchstens

über das Staunen. Naturerfahrungen können hier wichtig sein. Die unberührte Natur Azad Kaschmirs oder Belutschistans bietet für mich eine solche Erfahrung. Oder das Staunen über eine Blume, die aufregend schön sein kann, die Erfahrung beim Rot der Passionsblume, die nur einen Tag aufgeht und blüht, oder der Anblick eines Babys – das können ganz besondere Augenblicke sein. Vielleicht ist für andere auch die Musik ein Weg? Ich weiß es nicht.

Kann Gott sterben?

Wenn er Gott ist, kann er alles. Er wird mich nicht um Rat fragen. Aber wenn wir ihn nicht mehr erkennen, nicht mehr wahrnehmen und nicht mehr über ihn sprechen, dann stirbt er für uns. Dag Hammarskjöld hat einmal gesagt: Unser Gottesbegriff schadet ihm nicht. Karl Rahner sagt: Es kann durchaus sein, dass der Mensch Gott vergisst und sich zurückentwickelt zu einem findigen Tier. Technisch begabt und intelligent, aber ohne metaphysische Sehnsucht. Das betrifft aber den Menschen. Nicht Gott.

Was vermissen Sie an Jesus?

Er ist für mich der vollkommene Mensch. Das Abbild seines Vaters. Wenn ich etwas vermisse, muss ich sehen, dass ich meinen Blickwinkel ändere.

Würden Sie zu den Zehn Geboten noch ein elftes hinzufügen, und welches?

Darüber bin ich glücklicherweise hinaus. Ich bin nicht einmal sicher, ob ich die zehn Gebote auswendig hersagen könnte. Diese Texte sind eine wichtige Stufe vorwärts im Zusammenleben der Menschen. Aber sie sind nun auch nicht gerade die Nahrung meines geistlichen Lebens. Das ist das Neue Testament. Nicht nur: Liebe deinen Nächsten oder

deinen Volksgenossen, sondern: Liebe deinen Feind. Tue
Gutes denen, die dich hassen. Das ist eine andere Radikalität.

Welchen Satz aus dem Munde Jesu mögen Sie besonders?
»Und da er sich einmal entschieden hatte, sie zu lieben,
liebte er sie bis zum Ende« (irgendwo im Johannes-Evan-
gelium).

Welches übergehen Sie lieber?
»Werft eure Perlen nicht den Säuen vor.« Das ist ein bisschen stark. Wenn ich mir einmal angewöhne, die, denen
ich nicht notwendigerweise etwas Wichtiges anzuvertrauen
möchte, unter »Säue« einzuordnen, wäre das für mich riskant. (Obwohl ich es genieße, dass er so unverblümt ist.)

Was ist das Anliegen Jesu?
Ich hoffe, er teilt das mit mir am letzten Tage.

Passt Jesus zum Glück?
Himmel, sind Sie Christ? Oder was verstehen Sie unter
»Glück«? Jedenfalls ist Glück nichts, was ein bloßes Wohl-
gefühl beschreibt. Ich habe mein ganzes Leben geglaubt,
dass wir Menschen zum Glück geboren sind. Aber heute,
wenn ich mir das Leid in der Welt ansehe, das Leid, das ich
um mich herum einfach nicht übersehen kann, bin ich
nicht sicher, ob ich das noch aufrechterhalten kann. Auf
diese Frage könnte ich also nur antworten: Ich hoffe es.

*Wenn von Gottes dunklen Seiten gesprochen wird, welche nen-
nen Sie zuerst?*
Ich würde mich aus solchen Diskussionen heraushalten. Er
ist jenseits unserer Vorstellungen. Aber die Frage nach dem
Sinn des unverschuldeten Leidens, die bleibt ein Stachel.

Welche Gestalt der Menschheitsgeschichte steht Jesus am nächsten?

Ich weiß nicht. Vermutlich jemand, der nie Schlagzeilen gemacht hat. Nahe stehen ihm vermutlich Franziskus, Gandhi und zahllose andere. Besonders solche, von denen wir es nicht wissen.

Beten Sie mit Jesus oder auch zu ihm?

Ich habe nie an so eine Unterscheidung gedacht.

Welche Frage würden Sie Jesus stellen, wenn Sie heute mit ihm sprechen könnten?

Warum kann ich heute nicht mit ihm sprechen?

Mit welchen Worten würden Sie einem Materialisten das Wort »Geist« erklären?

Ich würde ihn fragen: Haben Sie Lust, mal mit uns ins Afghan-Flüchtlingslager zu kommen? Dort arbeiten zwei christliche Schwestern mit Frauen und Kindern. Ich bin überzeugt: Alles, was man über das Christentum erklären will, lässt sich nicht theoretisch oder abstrakt sagen. Es geht nicht durch Worte, nur über das eigene Tun. Und dadurch, dass man den anderen mit hereinnimmt in sein eigenes Leben. Der Geist wirkt freilich nicht nur durch Christen. Aber die spannende Frage ist doch: Gerade weil da nur zwei Christen mitarbeiten – warum ist da ein ganzes Hilfsprojekt von diesem Geist getragen?

Wenn jemand vor Gott fliehen möchte, wohin raten Sie dann?

Pakistan ist eine durch und durch religiöse Kultur. Ich glaube nicht, dass mir hier jemand diese Frage stellen würde.

Neben wem möchten Sie an der himmlischen Hochzeitstafel sitzen?

Ich hoffe, es ist ein Büffet, Tafeln finde ich langweilig. Bei einem Buffet kann man sich entscheiden, mit wem man reden will.

Einfach leben: Was bedeutet das für Sie?

Damit haben wir glücklicherweise keine Probleme. Das Leben sorgt dafür. Also: sich auf das Leben einlassen.

(Beide Interviews erschienen in: einfach leben, hrsg. von Rudolf Walter, Verlag Herder)

Ist Helfen schön?

Nachwort von Rudolf Walter

»Die Schönheit rettet die Welt«: Dieser Satz stammt von Dostojewskij. Und Kant hat unsere Beziehung zum Schönen als »interesseloses Wohlgefallen« beschrieben. Schön und gut, aber: Hat das auch mit dem praktischen Leben zu tun, mit Engagement, mit zupackendem Eingreifen? Als Ruth Pfau von der Zeit-Stiftung den Dönhoff-Preis (»Für Menschen, die wissen, worauf es ankommt«) verliehen bekam, zitierte Rupert Neudeck in seiner Laudatio den Literaturnobelpreisträger Heinrich Böll: »Es ist schön, ein hungerndes Kind zu sättigen, ihm die Tränen zu trocknen, ihm die Nase zu putzen, es ist schön, einen Kranken zu heilen. Recht und Gerechtigkeit sind auch schön, und sie haben ihre Poesie, wenn sie vollzogen werden.«

Das beschreibt ziemlich genau das ganze Leben von Ruth Pfau. Sie wusste, worauf es ankam, sie hat Hungernde gespeist, Kranke geheilt, aus der Gesellschaft Verstoßene integriert, Menschen aus Kerker und Folter geholt, Flüchtlingen geholfen, sich für unterdrückte Frauen eingesetzt, gegen Gewalt gestritten, sie hat Leiden gelindert, es bei Verzweifelnden in Erdbebengebieten ausgehalten und Trauernde getröstet.

Aber was ist daran schön oder gar poetisch? Schon der einleitende Text dieses Buches, der vom panischen Hunger eines Kindes erzählt, zeigt, dass man diese Rede von Schönheit und Poesie »gegen den Strich« jeder Romantisierung lesen muss. Dass sie nicht etwas beschreibt, was ist, sondern etwas, was sein sollte. Dass beileibe nicht schon alles gut und schön ist, wenn man hilft. Nein, da klafft noch eine schreckliche Lücke. Aber wir müssen helfen – damit der Welt ihre Schönheit nicht völlig verloren geht. Wir müssen zumindest anfangen damit. »Leben heißt anfangen« ist ein Wahlspruch Ruth Pfaus und der Titel eines ihrer Bücher. Wir sind zwar nicht für die ganze Welt verantwortlich. Aber wir sind ganz konkret angesprochen. »Wer *ein* Leben rettet, rettet die ganze Welt«, diesen Satz aus dem Koran zitierte Ruth Pfau immer wieder.

Von Helfen zu reden, das ist keine Tugendrhetorik. Generell: Nur von der Tugend allein kann man nicht leben, sagt Ruth Pfau. Sie hatte zudem ihre eigene Vorstellung von Schönheit, die keineswegs oberflächlich ist. Nicht glatte, hohle, oberflächliche Schönheit ist gemeint, wenn sie von Schönheit spricht. Die langweilt sie, weil sie nicht in der Tiefe berührt. Sie erinnert sich an die goldene Schönheit der über die Nussbäume wachsenden Reben im Norden Pakistans – zu einer Zeit, als Ärzte ihr nur noch zwei Lebensjahre gaben: »die glücklichste Zeit meines Lebens«. Aber auch daran, dass sie schon als Studentin in der Kostbarkeit des Schönen eine Durchsichtigkeit spürte, die aus der Vergänglichkeit rührt. Sie liebt die Berge des Himalaya und die üppige, überbordende Pracht der Blumen in dem so schwierigen Land Pakistan – auch das ist für sie transparent auf Anderes: Schönheit – für sie ein Gottesbeweis »trotz allem«.

Auch durch den Schleier des Leides erreicht sie die Schönheit. Auch im entstellten Gesicht des durch die schreckliche Krankheit der Lepra Verstümmelten wird für sie die Erfahrung eines Lebens sichtbar, entdeckt sie die Schönheit der Seele eines Menschen: »Der Mensch kann nichts Hässliches lieben, das geht nicht. Die Vorstellung, dies alles plötzlich nicht mehr lieben zu können, hat mich manchmal in Panik versetzt. Bis mir ein Lied einfiel, ein Chanson des französischen Sängers Aimé Duval: ›Das hässliche Gesicht, das noch keiner geküsst hat …‹ Dieses Gesicht, das schön wird, wenn man beginnt, es zu lieben.«

Ruth Pfau verabscheut »Statements«, sie erzählt Geschichten. Das Elend trägt für sie einen konkreten Namen, hat ein Gesicht. Ihre Methode: achtsam sein, genau hinsehen, die Erfahrungen anhören, bei jedem. Wenn Gott die Liebe ist, »dann gilt auch, dass Gott keine Ausschussware schafft. Irgendetwas Schönes, Kostbares ist in jedem Menschen, vielleicht auch nur etwas Tragisches, aber immer etwas, was ich doch lieben kann.«

Helfen, wenn es von Herzen kommt, hat kein »Interesse« in dem Sinn, dass es von dem etwas »will«, dem geholfen wird. Es dient keinem Zweck und will keinen Nutzen. Es zielt nicht auf Selbstbestätigung, vielleicht nicht einmal auf Dank. Es ist eine spontane Reaktion auf die Not des anderen – und ganz einfach »Dasein für den anderen«, auch wenn es keine konkreten Lösungen gibt.

»Helfen«, sagt Ruth Pfau einmal, »in einem elementaren Sinn ist ein Akt der Liebe.« Bedingungslose Zuwendung also zu einem anderen, weil ich mich mit ihm verbunden fühle, von seiner Not berührt, und daher Ja zu ihm sage, in aller Konsequenz – das ist Liebe. Im Notleidenden das Liebenswerte, das verborgene Schöne, »das Wunderschöne«, vielleicht sogar das Heilige zu sehen: Man kann das durchaus auch im Sinne Kants verstehen: als »interesseloses Wohlgefallen«.

Mut, Dienst und Hingabe, das zeichnet solches Helfen aus, das gut tut und durch Gutes-Tun die aus der Ordnung geratene Welt wieder ins Lot bringt, sie heiler und schöner macht: Das ist eine Erfahrung, die in den Büchern von Ruth Pfau lebendig wird.

Als »Dienst« an der für sie oft so schwer zu verstehenden pakistanischen Kultur hat sie es noch erduldet und erlitten, dass man sie am Ende nur schwer sterben ließ und gegen ihren erklärten Willen immer wieder lebensverlängernde medizinische Maßnahmen ergriff, als sie längst bereit war, zu gehen. Am 12. August 2017 ist sie gestorben.

Als sie am 19. August 2017 in Karachi beerdigt wurde, waren in ganz Pakistan die Flaggen auf Halbmast. Die muslimische Regierung hatte ein Staatsbegräbnis angeordnet. Und Ministerpräsident Shahid Khaqan Abbasi schrieb: »Pakistan wird ihren Mut, ihren Dienst und ihre Hingabe nie vergessen.«

In Deutschland war die Aufmerksamkeit für ihre Arbeit immer groß. Ein Leser schrieb an die FAZ: »Ich dachte, anlässlich des Todes von Ruth Pfau würden die deutschen Bischöfe ›Santa subito!‹ rufen.«

Eine Ordensfrau aus Deutschland als Vorbild für Muslime – und eine Heilige für Christen, die vom Erscheinungsbild ihrer Kirche hier und heute enttäuscht sind?

Was immer man davon hält – hinter der Verehrung von Heiligen steckt im Kern eine Sehnsucht: Christsein sollte ausstrahlen, in der Welt, im wirklichen Leben, im Alltag. Auch wenn nicht jeder das Christsein in Vollkommenheit leben kann – es tut gut, zu wissen, dass es immer wieder Menschen gibt, die das können.

Ruth Pfau hat dadurch, *wie* sie ihr Leben dem Helfen gewidmet hat, dem, was Christsein in der Tiefe ausmacht, ein unverwechselbar strahlendes, ja ein schönes Gesicht gegeben.

Wer helfen will

Der Verein Lepra-Hilfe Karachi e. V. mit Sitz in 56653 Maria Laach wurde 1968 gegründet. Alle Spenden kommen der Lepra-Fachklinik in Karachi zugute, und ebenso den mehr als 130 Leprastationen im Land, welche die Kranken versorgen, und den Werkstätten, in denen die Leprapatienten zum eigenen Lebensunterhalt beitragen können:

LEPRAHILFE KARACHI
Kto-Nr. 111 00 09
Raiffeisenbank Neuwied BLZ 574 601 17
IBAN: DE68 5746 0117 0001 1100 09
BIC: GENODED1NWD

Durch die 1996 gegründete Ruth-Pfau-Stiftung hat die vom DAHW in Würzburg finanzierte Lepra- und Tuberkulosehilfe in Pakistan ein wichtiges Standbein erhalten:

Ruth Pfau Stiftung
IBAN: DE98 7908 0052 0307 9697 00
BIC: DRESDEFF790, Commerzbank Würzburg

Bildquellen

Wir sind allen Rechteinhabern für die Überlassung der Fotos dankbar, insbesondere Dr. Hans Kutnewsky, Wiesbaden, Claudia Villani, Wien, und Harald Meyer-Porzky, Würzburg.

Hans Knapp/KNA: 1 · DAHW/Sabine Ludwig: 5 · DAHW/Dr. Hans Kutnewsky: 2, 3, 6, 7, 8, 9, 10, 11, 12, 13, 14 · Claudia Villani: 15, 16, 17, 19, 25 · Rudolf Walter: 18, 20 · DAHW/Harald Meyer-Porzky: 21, 22, 23, 24

1: 1960, als alles begann: Dr. Ruth Pfau mit einfachster medizinischer Ausrüstung, im täglichen Dienst an den Ärmsten der Armen in der McLeod Road, in bedrückender Enge, bei Hitze, Lärm und Gestank.

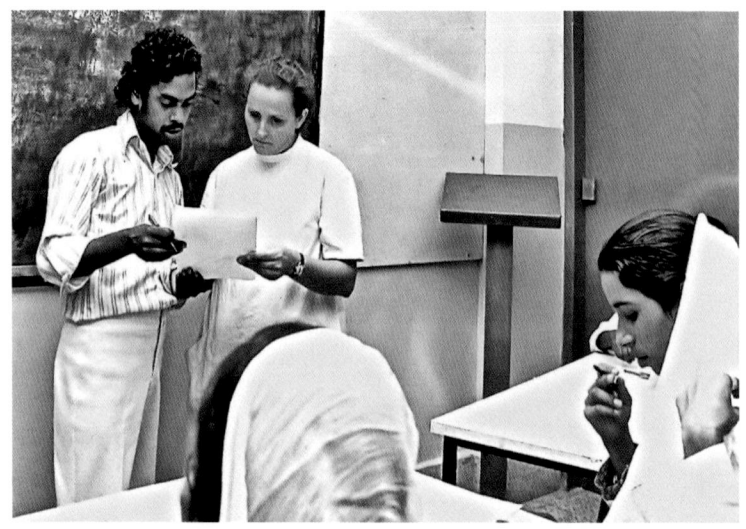

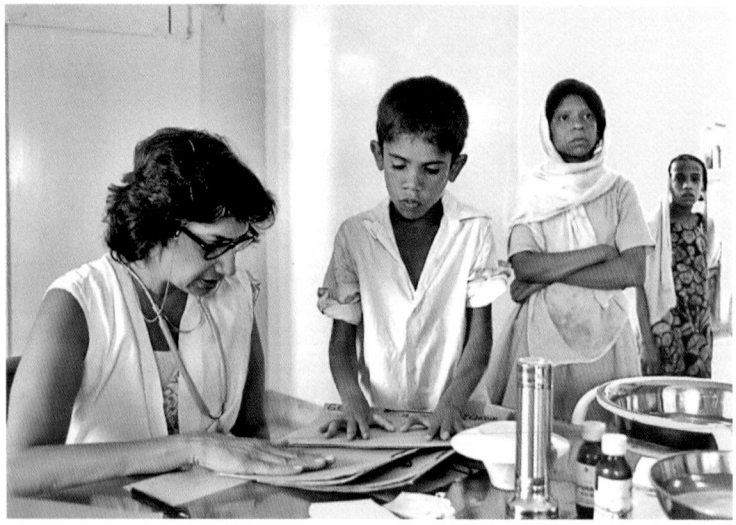

2: Zwei wichtige Weggefährtinnen: Oben: Die belgische Krankenschwester Jeannine Geuns beim Unterricht im MALC-Schulungsraum.
3 (unten): Dr. Zarina Fazelbjoy, einheimische Unterstützerin seit Beginn, bei einer ihrer regelmäßigen ehrenamtlichen Sprechstunden in einem Vorort von Karachi.

4: Landesweit ist Dr. Pfau unterwegs auf der Suche nach Kranken. Sie kommen auch von weither nach Karachi: Mutter mit schwerkrankem Kind.
Sie warten darauf, von der »fremden Doktorin« behandelt zu werden.

5: Nach der Bretterbude im Slum ein neues Domizil. 1963 wurde der Umzug in ein organisiertes Krankenhaus im Zentrum Karachis möglich: Teilansicht des Marie Adelaide Leprosy Centre (MALC). Heute ein nationales Gesundheitszentrum.

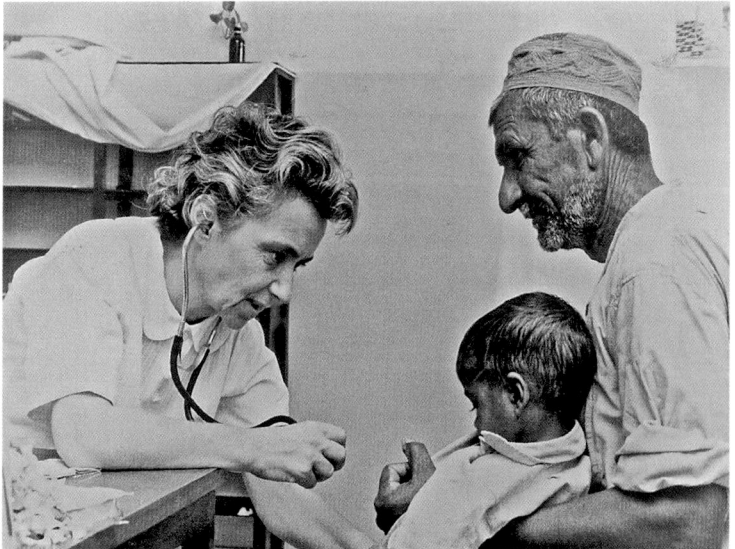

6: Dr. Pfau bei der Ausbildung künftiger Lepra- und TN-Techniker im MALC-Schulungsraum.
7 (unten): Regelmäßige ärztliche Versorgung der Armen in einem Vorort von Karachi.

8: Aufbruch in der Provinz Belutschistan. Medizinvorräte werden verladen.
9 (unten): Sprechstunde im Freien. Den ganzen Tag drängen sich die Patienten.

10: Samariterdienst in der Wüste: Behandlung am Straßenrand in Makran.
11 (unten): Ein Stammesvorstand und religiöser Führer empfängt das Team
zum Nachmittagstee.

12: Improvisierte Sprechstunde auf dem Dach eines Basars in einem Seitental des Neelum-Tales in Kaschmir.

13 (unten): Basar in Nagdar. Mutter mit schwerkrankem, fiebrigem Kind wartet auf eine Behandlung.

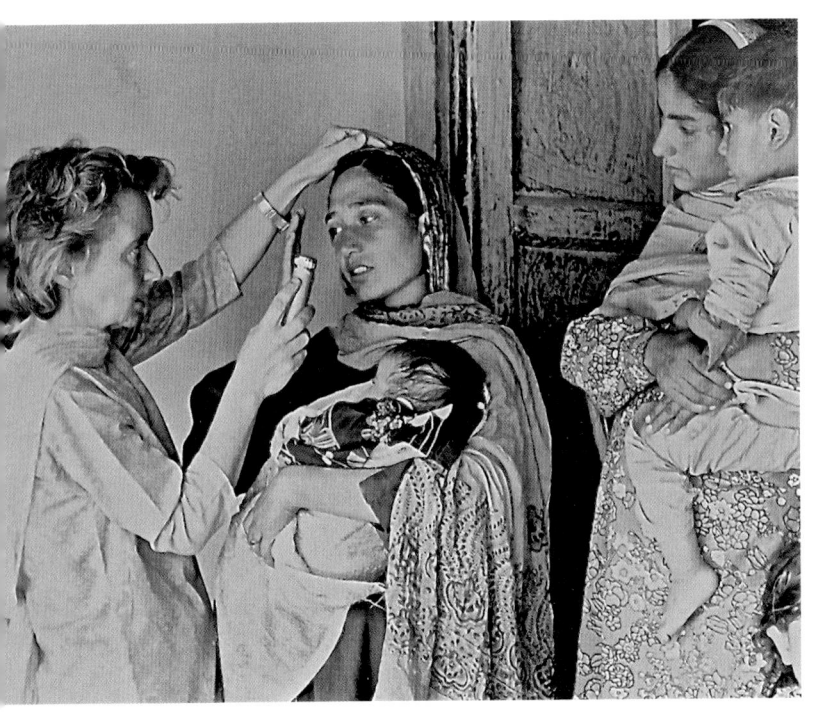

14: Oktober 1976, Neelum-Dorf. Auch Wohlstand schützt nicht vor Ansteckung. Doch das Bewusstsein für Hygiene und die Notwendigkeit einer
Behandlung ist hier ausgeprägter. Daher sind auch die Heilungschancen höher.

*»Mahatma Gandhi, ein großer Freund der Leprakranken, hat einmal gesagt:
›Wenn du das Leben eines Kranken verwandelst oder den Wert seines Lebens
verändern kannst, so kannst du sein Dorf und sein Land verändern.‹ Das kann
ich unterschreiben.« (Ruth Pfau)*

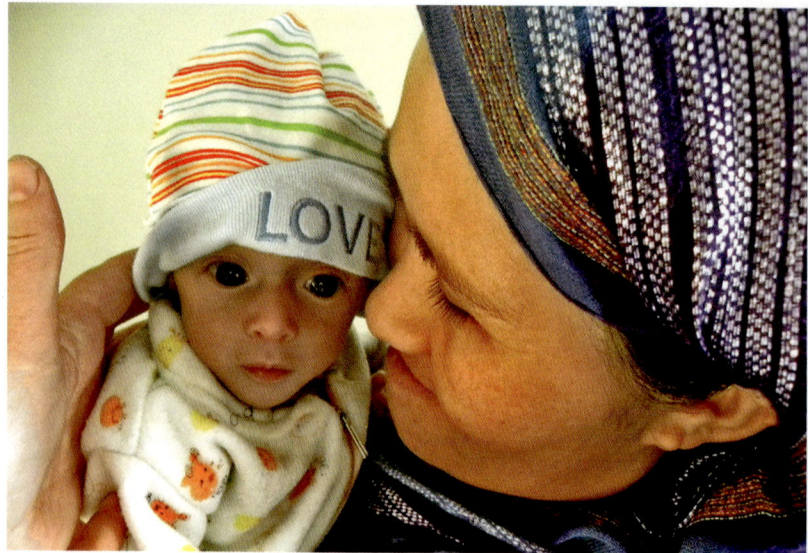

15: Kinder sind Hoffnung und Zukunft eines Landes. Ihnen gilt die besondere Zuwendung.

16 (unten): Mutter mit Kind in einem Lager mit afghanischen Flüchtlingen.

17: Junge Frauen in einem Slum von Karachi. Die Frauenfrage gehört zu den ungelösten Themen in muslimischen Gesellschaften.
18 (unten): Im Gespräch mit einheimischen Mitarbeiterinnen: 2013 bei einer Geburtstagsfeier in Karachi.

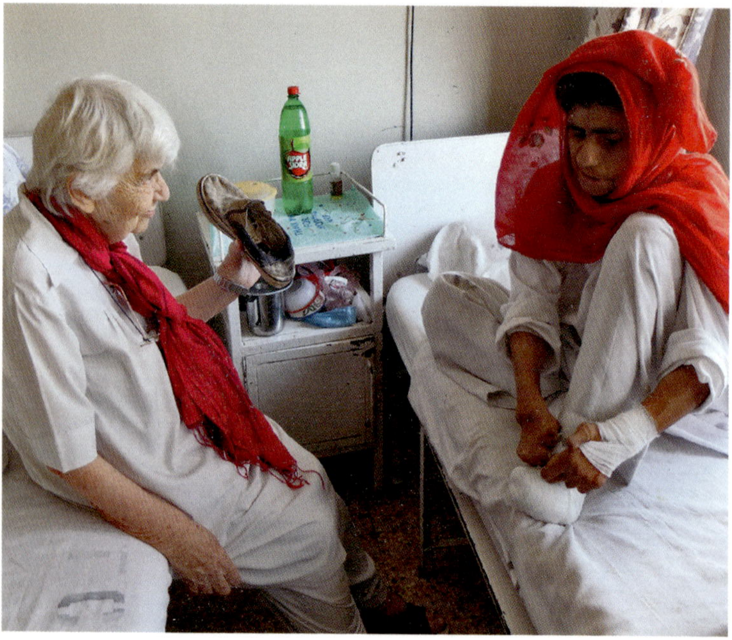

19: Claudia Villani, eine Mitarbeiterin aus Wien, mit Ruth Pfau im Lager der Afghanistanflüchtlinge.
20 (unten): Noch im hohen Alter regelmäßig auf Visite in der Krankenstation des MALC.

21: Ganz nah bei ihren Kranken: Ruth Pfaus privater Wohn- und Arbeitsraum in der Klinik. An der Wand die Dreifaltigkeitsikone von Rubljow, die ihr immer sehr wichtig war.

»Das letzte Wort wird die Liebe sein. Trotz allem und in allem sind die Christen der Welt dieses Zeugnis der Hoffnung schuldig. Und es ist kein naiver Optimismus, wenn wir so leben, wie die Menschheit immer schon im Angesicht aller Bedrohung hat leben müssen. In der kleinen Welt um uns herum können wir den kleinen Frieden schaffen, der in unserer Hand liegt und die Vorbedingung für den großen Frieden ist.« (Ruth Pfau)

22: Karachi, 19. August 2017. Die Trauerfeier für Ruth Pfau wird als Staatsakt begangen und vom Fernsehen landesweit übertragen. Ein Blick von der Galerie der St.-Patricks-Kathedrale auf den aufgebahrten Sarg.

23: Der mit Rosenblättern bedeckte Sarg wird unter großer Anteilnahme der Bevölkerung durch die Millionenstadt eskortiert.

24 (unten): Letzte Ruhestätte auf Karachis ältestem christlichen Friedhof Gora Qabaristan. Gedenken an eine große Christin.

25: Ruth Pfau.
Geboren am 9. September 1929 in Leipzig.
Gestorben am 10. August 2017 in Karachi.

»In jedem Moment kann ich die heilende Entwicklung in der Welt fördern, sie erleichtern – oder mich zu ihr querlegen, sie hemmen. Wer hat bloß die Lüge aufgebracht, das Leben sei folgenlos und unverbindlich? Alles, was gesät wird, geht auf. Alles. Das eine spät, das andere schnell, eines zum Guten, eines zum Bösen.
Ja, ich bin Gott dankbar, dass er mich nach Pakistan gerufen hat. Und ich bin dankbar für alle Menschen, die mich unterstützt haben, denn ich weiß, alleine hätte ich das alles nie geschafft.« (Ruth Pfau)